10 STEP

CCC10단계 성경교재

인도자용

1-4단계

순출판사
CCC 한국대학생선교회

CCC 10단계 성경교재 인도자 교범(1-4단계)

1985년 12월 5일 초판 발행
2013년 4월 20일 개정판 1쇄 발행
2024년 7월 22일 개정판 6쇄 발행

지 은 이 빌 브라이트
발 행 처 순출판사
감 수 교육개발팀
디 자 인 (주)아이엠크리에이티브컴퍼니
일러스트 (주)아이엠크리에이티브컴퍼니
주 소 서울시 종로구 백석동 1가길 2-8
전 화 02)722-6931~2 팩 스 02)722-6933
등록번호 제 2020-000159 호

값 11,000원
ISBN 978-89-389-0273-3

책 내용과 관련된 문의는 한국대학생선교회_교육개발팀 (02-397-6267)으로 문의 바랍니다.

CCC
10단계
성경교재

〈개정판〉

그리스도인은 날마다 영적으로 성장해야 합니다. 그리스도인이 성숙할수록 주님의 은혜를 더욱 풍성히 누리고 또 세상에서 주님을 위해 영향력 있는 삶을 살 수 있습니다.

CCC 10단계 성경교재〈개정판〉은 영적 성장에 필요한 하나님 말씀의 기본적이고 핵심적인 내용들을 담고 있습니다. 이 책을 공부하면 성경에 대한 지식과 중요한 교리뿐만 아니라 기독교 신앙의 광범위한 개관을 체계적으로 알 수 있으며 그리스도인의 삶의 특성과 그리스도인의 특권과 책임에 대해서도 배울 수 있습니다. 또한 나 자신의 영적 성장만 아니라 다른 사람을 그리스도에게 인도하거나 그의 믿음이 성장하도록 도울 수 있습니다.

이 교재는 중·고등학생에서부터 대학생과 성인, 모두가 사용할 수 있으며, 혼자서 공부할 수도 있고 그룹으로 함께 공부할 수 있는 주제별 성경공부 교재입니다.

CCC 10단계 성경교재〈개정판〉은 국제 CCC 창설자이신 고(故) 빌 브라이트 박사님의 지도하에 만들어진 책입니다. 책의 앞에 나오는 글은 빌 브라이트 박사가 하신 이야기입니다. 이 책은 본래 있던 교재를 다시 개정한 것입니다.

순(筍)

이새의 줄기에서 뻗어 나온 연한 순(筍)은 주님을 가리킨다(사 11:1; 53:1-12). 순은 가지에서부터 무한히 뻗는 동안 잎과 꽃과 열매를 맺는다. 순은 자신을 위해 있는 것이 아니라 숨어버리는 무한한 생명의 전달자요, 나룻배요, 어머니요, 수단이요, 기능일 뿐이다. 오늘도 CCC의 순(제자화를 위한 소그룹)은 이 땅에 '푸르고 푸른 그리스도의 계절'이 오도록 강인한 생명력으로 힘차게 뻗어가고 있다.

순(筍)출판사는 주님의 지상명령 성취와 한국 교회를 섬기기 위한 CCC의 문서사역을 감당합니다.

저자의 글

주님은 우리에게 모든 사람에게 가서 복음을 전하고 그들에게 말씀을 가르치라는 지상명령을 주셨습니다(마 28:18-20). 이 말씀에 따라 2,000년 전 주님의 교회가 세워진 이래 복음을 듣고 그리스도를 영접한 수많은 사람들이 그리스도의 지상명령을 성취하기 위해 헌신하고 있습니다. 그러나 오늘날 신문, 방송, 교육, 정치 등 여러 중요한 영역에서 나타나는 기독교의 영향력은 너무 미약합니다. 무엇인가 잘못된 것이 분명합니다.

그리스도인들은 믿음의 성숙 정도에 따라 주님께 쓰임을 받습니다. 그리스도인이 영적으로 성숙할수록 주님은 그들을 효과적으로 사용하실 수 있습니다. 그리스도를 위해 영향력 있는 삶을 살기 위해서는 영적으로 성장해야만 합니다. 사람들을 그리스도에게로 인도하는 방법을 알고 다른 그리스도인들을 더 성숙한 믿음의 단계에 이르도록 도와줄 수 있어야 합니다. 이를 위해 가장 중요한 일은 하나님의 말씀을 깊이 연구하는 것입니다.

신앙생활의 성장을 위한 『10단계 성경교재』는 그리스도인들이 영적으로 성장할 수 있도록 돕기 위해 고안된 것으로, 기독교의 중요한 교리들을 명확하게 다루고 제시합니다. 이 책을 진지하게 공부하면 영적 진리를 깊이 알게 되고, 이 책의 가르침대로 행하면 능력 있는 그리스도인의 삶을 살게 될 것입니다. 세상에 복음을 전하고 말씀을 가르칠 필요가 절실한 이때에 많은 사람들이 좌절감과 무력감을 느끼고 있습니다. 『10단계 성경교재』(*Ten Basic Step: Ten Step, TBS*라고 부르

기도 함)를 진지하게 공부하고 배운 대로 행한다면, 두려움과 패배감에서 벗어나 새로운 차원에서 믿음을 전달하게 될 것입니다.

『10단계 성경교재』는 원래 대학생들을 대상으로 쓰여진 책이지만 성인들과 십대 청소년들에게도 효과적으로 사용될 수 있습니다. 현재 세계 곳곳에서 번역되어 개인 성경공부 교재로 또는 교회와 가정, 군대, 교도소 등에서 다양한 소그룹의 성경공부 교재로 사용되고 있습니다. 특히 『10단계 성경교재, 인도자용』은 성경공부 모임의 인도자, 심지어 처음으로 성경공부를 인도하는 초보교사라 하더라도 효과적으로 가르칠 수 있도록 다양한 정보와 그 지침을 제공합니다.

이 책이 당신의 삶에 복이 되어 당신 삶을 영적으로 성숙시키고, 풍성한 삶을 경험하는 도구로 쓰여지길 기도합니다. 또한 당신이 그리스도를 증거 하는 일에 더 효과적으로 사용될 것을 확신합니다.

고(故) 빌 브라이트(국제 대학생선교회 창설자)

10단계
성경교재 인도를 위한 지침

1. 순장의 역할

순장은 소그룹 성경공부 모임인 '순'을 이끌어 가는 인도자로 '옳고 그름을 판단하는 자'가 아니라, '순원들이 스스로 공부하도록 돕는 자'이다. 최고의 스승(Master Teacher)은 우리 주 예수 그리스도이시다. 주님은 순원들에게 필요한 것을 정확하게 아신다. 예수님을 선생님으로 모시고 그분에게 순종함으로 그분이 당신을 통해서 순원들을 가르치시게 하라.

1) 순장은 강의자가 아니라 토의 인도자이다. 순장이 토의를 지배해서는 안 된다.

2) 순장은 순원들의 생각에 자극을 주고, 요구된 답 이상의 지식을 찾아내기 위해 더 깊이 탐구하도록 격려해야 한다.

3) 순장은 얻은 지식을 생활에 적용시키는 방법을 가르쳐야 한다. 행동과 삶이 바뀌기 전까지는 참다운 배움이 이루어진 것이 아니기 때문이다.

4) 순장은 순모임을 인도하기 전에 이 교재의 내용을 여러 번 읽고 숙지하며 미리 준비해 야 한다.

5) 순모임에 가기 전에 순원들의 마음을 성령께서 준비시켜 주시도록 기도로 온전히 맡기라.

2. 10단계 성경교재 인도 방법

1) 이 시간은 단순히 성경에 관한 지식을 순장이 일방적으로 전달하는 시간이 아니라 토론과 질문을 통해 성경 말씀을 각자의 삶에 실제적이며 진지하게 적용해 보는 시간임을 기억하라.

2) 함께 공부하는 순원이 10명을 넘지 않는 것이 좋다. 10명을 넘으면 친밀감이 사라진다.
3-6명 정도의 소그룹이 이상적이다. 둥글게 앉는 것이 가장 좋다. 교회 성경공부처럼 큰 모임에서는 먼저 인도자가 공부할 과의 핵심 내용이나 배경에 관한 것을 다루고, 그 후에 소그룹으로 나누어 훈련된 순장들이 인도하는 것이 효과적이다.

3) 순원이 질문에 대답을 할 때, 순장은 그가 한 대답에 적절하게 반응하라. 그가 머뭇거릴 때에는 그를 도와주고, 작은 부분이라도 그의 대답에 감사와 칭찬을 아끼지 말라.

4) 순원들이 질문의 의미를 이해하는지 확인하고, 문제에 대답하기 어려워할 때는 문제를 좀 더 쉽게 다른 말로 풀어서 설명해 주라.

5) 먼저 사람을 지명하여 대답을 듣기보다는 모든 순원들에게 개인적으로 대화하듯이 자연스럽게 질문하는 것이 좋다.

6) 대답할 충분한 시간을 주라. 조급하게 대답을 요구할 경우 생각을 자극하고 발전시키기보다는 오히려 모임이 경직될 수 있다.

7) 질문에 대답할 기회를 모든 순원들에게 주되, 순서대로 하지 말고 자연스럽게 하라.

8) 질문에 대한 이해력이 빠른 순원과 늦은 순원에게 관심을 가지고 각자의 지식과 경험에 따라 대답할 수 있도록 기회를 주라. 자원하는 순원이나 수줍어하는 순원 모두에게 대답할 기회를 주라.

9) 한 순원이 자신의 의견을 말하면 다른 순원들

에게도 의견을 물으라. 그들에게 그 이유도 말하게 하라. 토론을 통해 더 많은 것을 배울 수 있다.

10) 순장은 토의를 조직적으로 이끌기 위해 교재를 충분히 예습하고 철저히 준비해야 한다. 적절한 예화들이나 자료들을 더 준비하는 것도 좋겠다.

3. 교재의 구성

1) 『10단계 성경교재』의 각 단계는 일반적으로 6과로 구성되어 있다. 각 단계 첫 머리에 각 권의 주제를 소개하는 내용이 나온다. 성경공부를 진행하기 전에 이것을 주의 깊게 읽음으로 공부할 주제에 대해 명확한 통찰을 얻을 수 있다.

2) 각 과는 다음과 같이 구성된다.

* **색 구별** : 검정색은 학생용과 동일한 부분이며 색이 다른 것은 교사용으로 구분되어 있다. 색이 다른 부분을 숙지해 가야 한다.

* **학습 목표** : 각 과마다 학습 목표를 두어 배워야 할 핵심 내용이 무엇인지 알 수 있게 했다. 학습목표를 염두하고 인도함으로 순원들이 배워야 할 지식, 태도, 행동의 목표 달성을 돕도록 했다.

* **토의 시작을 위한 동기 부여** : 성경공부 도입 부분의 내용은 그 과의 주제를 이해하고 공부하는 데 동기부여가 될 것이다. 또한 도입 질문을 통해 자연스럽게 성경공부를 시작할 수 있다.

* **성경공부** : 교재의 문제들을 차례로 토의하고 공부해 나갈 때 각 과의 주제에 대해 더 깊이 이해할 수 있게 된다.

* **순장 보충 자료** : 교안 중 네모 칸 안에 있는 내용은 각 질문들에 대한 답을 좀 더 깊이 이해할 수 있도록 돕는 보충자료이다. 성경 본문의 문맥이나 역사적 배경, 어려운 단어 설명, 도움말 등을 포함하고 있어 내용을 더 잘 이해하도록 했다.

* **적용** : 이 단계는 성경공부의 지적인 이해에서 행동의 단계로 옮겨 가는 시간이다. 이때 순원들이 개인적인 결단을 하도록 이끌어야 한다. 그들의 생각을 이끌어 주고 그들의 가치관, 태도, 행동이 변화되도록 도우라.

* **외울 말씀, 읽을 말씀** : 순원들이 '외울 말씀'의 구절을 외우도록 격려하고, 또 외운 구절을 잊지 않도록 규칙적으로 복습하는 것이 중요하다.
'읽을 말씀'은 순모임에서 읽기보다는 순원들 각자가 다음 순모임에 오기 전에 반드시 읽도록 숙제를 주라. 순원들이 이를 충실히 실행하도록 격려하고 칭찬하라. 순원들이 이런 훈련을 통해 기쁨과 승리와 능력을 경험하게 될 것이다.

목차

1단계 그리스도인의 출발

2단계 풍성한 삶 누리기

3단계 성령의 능력을 받으라!

4단계 능력 있는 기도

10 STEP

그리스도인의 성장을 위한
CCC 10단계 성경교재

1

그리스도인의 출발

10 STEP

그리스도인의 성장을 위한
CCC 10단계 성경교재

1단계
그리스도인의 출발

예수 그리스도와 함께 시작하는 삶

예수 그리스도 한분 외에는, 그 어떤 종교의 창시자도 자신을 하나님이라고 주장한 사람이 없다. 이슬람교의 창시자 마호메트는 자신을 하나님의 예언자로 자칭했고, 그의 시체는 무덤 속에 남아 있다. 석가모니, 공자, 조로아스터를 포함한 다른 모든 종교의 창시자나 지도자의 경우도 마찬가지이다.

그러나 나사렛 예수는 다르다. 여러 면에서 그들과는 비교할 수 없다. 그의 출생은 이미 수백 년 전, 구약의 선지자들에 의해 어디서 어떻게 태어날 것인지 자세하게 예언되었다. 이 모든 예언을 성취한 그의 생애나 모범된 일생은 아무도 따라할 수 없다. 스스로 하나님이라고 주장하셨기 때문에 십자가에 달려 죽으셨고, 자신의 주장을 확증하기 위해 그분은 다시 살아나셨다. 역사는 그의 부활이 사실임을 확실히 증거하며, 그 예수는 지금도 살아 계신다.

그렇다면 이 모든 사실들이 우리에게 어떤 의미가 있는가? 분명한 것은 그의 부활이 우리의 실제 생활에서 생명으로 역사한다는 사실이다. 우리 안에 거하기 시작하신 예수 그리스도는 우리의 모든 것을 그에게 맡기기 원하신다. 그를 우리 인생의 주인으로 삼기를 원하신다.

골로새서 1:15, 16은 '그리스도는 보이지 않는 하나님의 형상이시며 모든 피조물보다 먼저 계셨기 때문에 영적인 것이나 물질적인 것이나 모든 것이 그를 통해 창조되었다.'고 말씀하고 있다. 이 창조 과정에는 사람도 포함되었다.

우리는 하나님의 아들 예수 그리스도에 의해 창조되었기 때문에 '나는 어디서 왔는가? 나는 왜 여기 있는가? 나는 어디로 갈 것인가?'에 관한 가장 근본적인 질문에 대답할 분은 오직 예수 그리스도밖에 없다.

당신의 생명을 창조하신 바로 그분을 당신 삶에 초청할 때 당신은 새 생명, 즉 부활의 생명을 얻게 된다. 그분이 당신 삶을 다스리시기 때문에 당신은 패배와 좌절의 삶에서 벗어나, 그분이 주시는 삶의 목적에 따라 의미 있고 능력 있는 삶을 살게 된다. 당신은 이제 더 이상 우연의 존재가 아니라 하나님의 자녀이다.

많은 사람들이 기독교는 하나님 나라에 소망을 둔 채, 이 땅에서 고난을 견뎌 내는 삶을 사는 것이라고 오해한다. 그러나 그리스도인들을 향한 주님의 뜻은 그들이 풍성한 열매를 맺는 삶을 사는 것이다. 당신이 예수 그리스도를 개인의 구주와 주님으로 모셔들인다는 것은 이 세상에서 경험할 수 있는 그 어떤 것보다도 가장 위대한 특권과 모험이 될 것이다.

참고 : '조로아스터'는 고대 페르시아 종교의 창시자 '자라투스트라'의 그리스식 발음이다. 조로아스터의 출생 연대는 B.C. 7세기 말에서 B.C. 6세기 초로 추정된다. 조로아스터는 방랑생활을 하다가 서른 살쯤에 천사장을 만났다. 천사는 참된 신은 '아후라 마즈다'이고 조로아스터는 '그의 예언자'라고 말했다고 한다. 이때부터 조로아스터는 이 진리를 전하기 시작했고 급속히 퍼졌다. 제사를 지낼 때 불을 사용함으로 불을 숭배하는 것으로 알려져 배화교로도 불린다. 조로아스터는 헬레니즘 시대(B.C. 300경-A.D. 300경)에 페르시아 근동과 지중해 지역에서 신비한 지식 및 마술과 관련한 전설적인 인물이 되었다. 7세기(A.D.) 이후, 이슬람에 의해 사회에서 소외되기 전까지 수 세기 동안 수많은 이란 국민들의 국가적인 혹은 지역적인 종교로 받아들였다.

제1과

하나님 나라의 비자 받기

- 그리스도인의 확신 -

학 습 목 표 : 새 신자에게 영생과 구원의 확신을 갖게 한다.

우리가 해외여행을 할 때 가장 먼저 준비해야 할 일은 여권을 만들고 비자를 발급받는 일일 것이다. 그리스도인이 되는 것도 이와 비슷하다고 할 수 있다. 하나님 나라를 여행하기 위해서는 하나님 나라에 들어가기 위한 영적 여권과 비자를 발급받아야 한다.

이 과에서는 어떻게 하나님 나라 비자를 받을 수 있는지, 하나님 나라에서 우리가 얻게 되는 유익과 누리게 될 특권이 무엇인지 알아볼 것이다.

구약 시대의 사람들은 오실 메시아를 믿음으로 기다렸고 신약 시대의 사람들은 오신 메시아를 믿음으로 받아들인다. 이들이 믿고 받아들이는 일들은 모두 예수 그리스도의 독특한 생애 속에서 이루어졌다. 예수님의 생애에서 이루어진 십자가의 죽음과 부활이라는 역사적 사건이 그리스도인들의 신앙의 근거가 된다.

예수 그리스도의 십자가의 죽음과 부활은 그가 하나님께서 구약에 약속하신 메시아요, 세상의 구주이심을 증거한다. 우리는 예수 그리스도를 믿음으로 하나님 나라에 들어갈 수 있다. 요한복음은 '믿는다'는 단어를 여러 번 반복하고 있으며, 그 기록 목적은 예수 그리스도를 믿게 하는 것이다. 요한복음 20:31은 복음서의 기록 목적을 우리에게 말해 주고 있다. "너희로 예수께서 하나님의 아들 그리스도이심을 믿게 하려 함이요 또한 너희로 믿고 그의 이름을 힘입어 생명을 얻게 하려 함이니라"(밑줄은 편집자 강조).

1 그리스도인의 확신

† 일반적으로 사람들은 어떤 사람이 하나님 나라에 들어갈 수 있다고 생각하는가?

† 그리스도인이 되기 전, 당신은 어떻게 그리스도인이 될 수 있다고 생각했는가?

† 그리스도인은 아니지만 착하게 사는 사람들은 어떻게 되겠는가?

1) 성경은 그리스도인이 되기 위해 어떻게 해야 한다고 가르치고 있는가?

(1) 요한복음 1:12-13

예수 그리스도를 영접해야 한다.

하나님의 자녀가 되는 것은 인간의 힘으로는 할 수 없는 초자연적인 일이다. 즉 하나님께서 보내신 예수 그리스도를 받아들일 때만 자녀가 되는 권리를 얻을 수 있다. 하나님의 자녀가 될 수 있는 다른 방법은 없다. 다시 말해 성경이 제시하는 방법 외에는 없다. 그 방법은 바로 예수님을 '영접'하는 것이다.
그리스도를 영접한다는 것은 '받아들이다'는 뜻이다. 즉 '어떤 사람이 주는 선물을 손을 내밀어 받는 것과 같은 것'을 의미한다(반하우스, Donald Gray Barnhouse). "하나님의 선물은 우리 주 예수 그리스도 안에서 누리는 영원한 생명"이다(롬 6:23, 표준새번역, 밑줄은 편집자 강조). 우리는 그것을 받기만 하면 된다.
'그의 이름을 믿는다'(요 1:12)는 것은 '그의 모든 것을 믿는다'는 의미이다. 즉 예수 그리스도를 영접한다는 것은 예수 그리스도를 나의 구주와 하나님으로 받아들이는 것이다. 누구든지 예수님을 개인적으로 믿기로 결심할 때 그리스도인이 된다.

(2) 요한복음 5:24

예수 그리스도를 믿고 영생을 얻어 심판에서 벗어나야 한다.

어떻게 영생을 얻는가? 예수님을 영접하면, 즉 예수님의 말씀을 듣고 또 예수님을 보내신 하나님을 믿으면 영생을 얻고 심판을 면하게 된다.
기독교 신앙은 죽은 후 하나님 나라에서 얻어질 어떤 것이 아니다. 지금 이 세상에서 새 생명을 얻는 것이다. 영생은 장래에 하나님 나라에 들어갈 때 주어지는 것이 아니고, 바로 지금 소유하는 것이다. 영생이란 하나님과의 생생한 인격적인 관계를 통해 얻어지는 하나님 중심의 충만하고 풍성한 생명을 말한다(요 10:10).

2) 그리스도는 우리의 죄를 어떻게 하셨는가? (벧전 2:24-25)

베드로전서 2:24-25 [24]친히 나무에 달려 그 몸으로 우리 죄를 담당하셨으니 이는 우리로 죄에 대하여 죽고 의에 대하여 살게 하려 하심이라 그가 채찍에 맞음으로 너희는 나음을 얻었나니
[25]너희가 전에는 양과 같이 길을 잃었더니 이제는 너희 영혼의 목자와 감독 되신 이에게 돌아왔느니라

십자가에서 죽으심으로 그의 몸으로 우리 죄를 담당하셨다.

그 결과는 당신과 어떤 관계가 있는가?

만약 당신이 자동차 속도위반으로 법정에 출두했는데, 재판장이 바로 당신 아버지였다고 가정해 보자. 당신이 재판장의 아들이기 때문에 형벌을 받지 않고, 다른 사람들에게만 형벌을 부과했다면 공정한 재판이라고 생각하는가? 아니다. 아버지가 재판장이었지만 공정한 재판이 진행되었고, 당신은 천만 원 벌금형이나 90일 구류형을 선고받았다. 그런데 벌금을 지불할 돈이 없어 당신은 90일 동안 형을 살아야 할 위기에 처했다. 당신 아버지는 어떻게 하겠는가? 아마도 아버지는 법복을 벗고 내려와 사랑하는 아들을 위해 천만 원을 대신 지불해 줄 것이다. 그러면 당신은 형을 살지 않고 자유를 얻을 수 있을 것이다. 당신이 자유를 누릴 유일한 방법은 아버지의 벌금 지불을 받아들이는 것뿐이다.

우리도 하나님의 법을 범했고, 죽음의 형벌이 선고되었다. 그러나 하나님이 우리를 사랑하셔서 그의 아들을 보내어 십자가에서 대신 죽게하심으로 우리 죄의 대가를 지불하셨다. 우리는 예수님이 치르신 지불 행위를 받아들이기만 하면 우리의 모든 죄는 용서받게 되고 심판을 받지 않게 된다.

3) 우리는 어떻게 그리스도인임을 확신할 수 있는가?

(1) 예수님을 따르는 양의 특징은 무엇인가? (요 10:27)

예수님의 음성을 들으며, 예수님은 그들을 알며, 그들은 예수님을 따른다.

'예수님의 음성을 들으며 예수님을 따른다.'는 것은 예수님의 가르침에 순종한다는 의미이다. 즉, 예수님의 메시지를 이해하고 그분 말씀의 의도대로 순종하는 것이다. '그분의 음성을 듣는다.'는 것은 그분의 뜻대로 행한다는 의미이다. 착한 자녀는 부모의 말씀을 잘 듣는다. 착한 양도 목자의 음성(지시사항)을 잘 따른다.

(2) 예수님이 친히 말씀하신 그리스도와 당신과의 관계는 어떠한가? (요 10:28-30)

생명을 얻었고 멸망치 않으며 아무도 아버지의 손에서 나를 빼앗을 수 없는 관계이다.

(3) 하나님께서 그 아들에 관해 주신 증거를 믿지 않는 자에 대해 성경은 어떻게 묘사하고 있는가? (요한일서 5:9-11)

예수님을 믿지 않는 자는 하나님을 거짓말 하는 자로 만드는 사람이다.

요한일서 5:9-11 9만일 우리가 사람들의 증언을 받을진대 하나님의 증거는 더욱 크도다
하나님의 증거는 이것이니 그의 아들에 대하여 증언하신 것이니라 10하나님의 아들을 믿는
자는 자기 안에 증거가 있고 하나님을 믿지 아니하는 자는 하나님을 거짓말하는 자로 만드나니
이는 하나님께서 그 아들에 대하여 증언하신 증거를 믿지 아니하였음이라 11또 증거는 이것이니
하나님이 우리에게 영생을 주신 것과 이 생명이 그의 아들 안에 있는 그것이니라

사람이 법정에서 증언을 하면 우리는 그것을 받아들인다. 하물며 하나님의 증언을 어찌 받아들이지 않겠는가? 하나님은 그의 아들에 대해 증언하신다(9절). 하나님의 아들을 믿는 자는 마음속에 각자 증거를 가지고 있다. 그러나 하나님이 아들에 대해 증언하신 것을 믿지 않는 자들은 하나님을 거짓말쟁이로 만드는 자들이다. 하나님이 거짓 증언하시겠는가!(10절)
하나님의 증거는 하나님이 우리에게 영생을 주셨다는 것과 그 영생이 예수님 안에 있다는 것이다. 그러므로 예수님을 믿는 자는 영생도 함께 소유하게 된다(11절).

태평양은 우리가 그것을 보거나 경험하는 것과 관계없이 있는 그대로 존재한다. 안개가 가득 차 우리 시야에서 바다가 사라지고, 심지어 가까이에 있는 것조차 볼 수 없을 때가 있다. 보이지 않는다고 바다가 없는가? 바다는 거기 그대로 있다. 왜냐하면 그것은 변함없는 사실이기 때문이다. 영생 또한 우리가 그것을 느끼든 못 느끼든 간에 존재하는 변함없는 사실이다.

요한일서 5:12에 의하면, 그리스도인은 의심할 여지없이 영생을 소유했다는 것을 확신할 수 있다. 그리스도를 영접했다면 영생을 소유하지 못하는 일은 없다. 이 확신은 하나님의 선물인 그의 아들을 영접하는 것에 근거하며, 감정이나 경험이 아니라 하나님의 약속의 말씀에 근거한다. 우리는 때때로 실망하거나 하나님께로부터 멀어졌다고 느낄 수도 있다. 그러나 우리가 그리스도를 진심으로 영접했다면 이러한 실망이 우리가 소유한 영생에 대해 어떤 영향도 미칠 수 없다.

세상에는 오직 두 종류의 사람만 있다. 그리스도를 모심으로 영생을 소유한 사람과 그렇지 않은 사람이다. 중립적인 사람은 없다. 전 세계의 모든 사람은 한국 국민이거나 아니거나 둘 중에 하나이다. 당신이 바로 옆 중국에 살든 지구 반대편 브라질에 살든 상관없이 한국인의 한 사람으로 태어나거나 또는 귀화했다면 한국 국민이다. 한 사람이 그리스도를 몹시 존경하거나 그를 믿고 싶어 한다 할지라도, 그가 그리스도를 영접할 때까지는 무신론자와 똑같이 그리스도인이 아니다.

하나님 나라를 가기 위한 비자를 얻었는가?

예수님만 믿으면 비자를 받는다. 이제 하나님 나라를 여행할 자격이 주어졌다.

2 새 생명

먼지 속을 기어 다니는 쐐기벌레는 털이 많고 흉한 모습을 갖고 있다. 그러나 어느 날부터 이 벌레는 자기 몸 둘레에 고치를 짓는다. 얼마 후 고치에서는 아름다운 나비가 나온다. 우리는 그동안 무슨 일이 일어났는지 정확하게는 모른다. 우리가 아는 것은 먼지 속을 기어 다니던 벌레가 아름다운 나비가 되어 하늘 높이 날아다닌다는 사실뿐이다. 그리스도인의 생활도 이와 같다. 과거에는 죄 많고 자기중심적인 생활을 했지만, 이제는 하나님의 자녀로서 충만하고 풍성한 생활을 체험하며 가장 높은 기준의 삶을 살게 되었다.

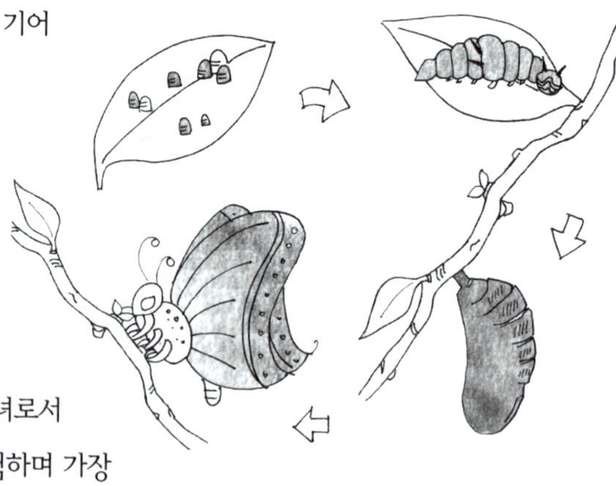

우리는 영적 출생을 통해 그리스도인이 될 수 있다.

1) 예수님은 니고데모에게 하나님 나라에 들어가려면 어떻게 해야 한다고 말씀하셨는가? (요 3:3, 7)

누구든지 하나님의 나라에 들어가려면 거듭나야 한다고 말씀하셨다.

니고데모는 유대인들을 지도하는 바리새인이었고, 당대 위대한 종교 지도자 중 한 사람이었다. 그는 매우 도덕적이고 윤리적인 사람이었으며 하루에 일곱 번 기도했고 하루에 세 번씩 성전에서 예배를 드렸다. 그는 선한 사람이었지만, 예수님은 그에게 "거듭나야 한다."고 말씀하셨다.

거듭난다는 것은 무슨 뜻인가?

(1) 거듭난다는 것은 '새로운 생명을 가진 새로운 존재로 태어난다'는 근본적인 변화를 말한다.

(2) 선한 사람이든 악한 사람이든 모두 다 거듭나야 한다.

그것은 니고데모가 육체적으로 엄마 뱃속에 다시 들어갔다가 나와야 한다는 뜻이 아니라 '영적으로 새롭게 태어나야 한다.' 는 뜻이다. 영적으로 새롭게 태어나려면 예수님을 믿고 새 생명을 얻어야 한다. 출생은 생명을 부여 받는 것이다. 이 새 생명은 우리가 그리스도를 영접할 때 받는 영생을 말한다.

2) 사람은 출생을 통해 자연스럽게 가족, 사랑, 부귀, 돌봄, 보호 등 여러 가지 특권들을 부여받게 된다. 하나님의 자녀로 태어날 때도 그렇다. 영적 출생으로 하나님의 자녀가 되면 영생을 얻고 영적 유산을 받으며 하나님의 사랑과 보호와 돌보심을 선물로 받는다. 이것은 모두 하나님의 무한하신 사랑의 선물이다. 하나님의 선물은 사람의 감정에 의존하지 않고 그분의 절대 변치 않는 말씀 위에 근거를 둔다.

아래 말씀에 근거하여 당신이 하나님께 선물로 받은 것들을 적어 보라.

(1) 에베소서 1:7 구속, 죄 용서함

에베소서 1:7 우리는 그리스도 안에서 그의 은혜의 풍성함을 따라 그의 피로 말미암아 속량 곧 죄 사함을 받았느니라

우리가 하나님 자녀가 되면 죄 용서함을 받는다. 하나님께 대한 우리의 모든 불순종이 영원히 용서받는다. 예수 그리스도만이 모든 죄를 해결해 주신다.

(2) 로마서 5:1 하나님과의 화평

로마서 5:1 그러므로 우리가 믿음으로 의롭다 하심을 받았으니 우리 주 예수 그리스도로 말미암아 하나님과 화평을 누리자

우리는 하나님과 화목하게 되었다. 성경에 의하면, 믿지 않는 자들은 자신이 알든 모르든 하나님과 싸우고 있다. 평화는 오직 예수 그리스도를 영접할 때 이루어진다. 그리스도를 통해 화해하기 전까지는 하나님과의 교제나 친밀함을 누릴 가능성은 전혀 없다.

(3) 로마서 3:22 하나님의 의

로마서 3:22 곧 예수 그리스도를 믿음으로 말미암아 모든 믿는 자에게 미치는 하나님의 의니 차별이 없느니라

우리는 의롭게 되었다. 이것은 인간적인 의로움이 아니라, 우리가 그리스도를 영접할 때 우리에게 주어지는 하나님의 의로움이다. 그분이 십자가에서 고통 받으심으로 하나님은 그리스도의 의를 우리에게로 돌리시고, 우리의 죄를 그리스도에게로 돌리셨다. 하나님께서는 그리스도의 의를 모든 믿는 이들에게 차별 없이 주신다.

(4) 골로새서 1:27 영광의 소망이신 그리스도가 내 안에 거하심

골로새서 1:27 하나님이 그들로 하여금 이 비밀의 영광이 이방인 가운데 얼마나 풍성한지를 알게 하려 하심이라 이 비밀은 너희 안에 계신 그리스도시니 곧 영광의 소망이니라

그리스도께서 우리 안에 계신다. 하나님은 우리를 용서하시고 우리와 평화를 이루시고 우리를 그리스도의 의로 옷 입히셨다. 그리스도가 우리 마음속에 계시지 않으면 이 생명이 우리에게 아무런 유익이 없다. 그리스도가 우리 마음에 계심으로 우리는 그분에게서 새 힘을 얻고 그분의 계명을 지킬 수 있게 된다.

3) 당신이 예수 그리스도를 안다는 것을 확신시켜 줄 세 가지 증거는 무엇인가?

(1) 요한일서 2:3 그의 계명을 지키는 것

요한일서 2:3 우리가 그의 계명을 지키면 이로써 우리가 그를 아는 줄로 알 것이요

(2) 요한일서 3:14 형제를 사랑하는 것

요한일서 3:14 우리는 형제를 사랑함으로 사망에서 옮겨 생명으로 들어간 줄을 알거니와 사랑하지 아니하는 자는 사망에 머물러 있느니라

(3) 로마서 8:16 성령께서 친히 우리가 하나님의 자녀인 것을 증거 해주심

로마서 8:16 성령이 친히 우리의 영과 더불어 우리가 하나님의 자녀인 것을 증언하시나니

당신은 항상 당신 부모님의 자녀다. 이것은 변하지 않는다. 당신은 부모님과 논쟁할 수도 있고 심지어 한 동안 아무 말도 하지 않고 교제 없이 지낼 수도 있지만, 여전히 그분들의 자녀다. 만약 우리가 그리스도인이라면, 우리는 언제나 하나님의 자녀다. 심지어 죄를 지어 그분과의 교제를 잠시 잃을 때에도 그분의 자녀인 것은 변함이 없다.

적용

1. 이 과에서 당신에게 가장 의미 있는 것은 무엇인가?

2. 당신은 하나님 나라의 비자를 받았는가? 받았다면, 이제 무엇을 기대하는가?

3. 당신이 하나님 나라의 비자를 받고 하나님 나라에 들어왔다면 많은 특권을 누리게 될 것이다. 그 중 하나인 하나님과 화평을 누린다면, 당신에게 어떤 유익이 있겠는가?

우리가 그리스도를 영접했을 때 그가 우리에게 영생을 주셨다는 것을 확신한 결과는 무엇인가? 확신이 없는 그리스도인은 하나님께서 자신 안에 계신지를 알 수 없기 때문에, 하나님을 두려움으로 바라보게 된다. 그래서 항상 패배하고 비참한 생활을 한다. 그러나 확신을 가진 그리스도인은 자신이 하나님께 속해 있음을 알기 때문에 기쁘게 살 수 있으며 하나님을 두려워하기보다는 그를 사랑하고 섬기는 것을 배울 것이다. 또한 하나님이 우리를 위해 계획하신 목적에 따라 의미 있는 생활을 하며, 하나님을 기쁘시게 할 수 있다.

외울 말씀 요한복음 10:27
내 양은 내 음성을 들으며 나는 그들을 알며 그들은 나를 따르느니라

읽을 말씀 요한복음 3:1-20; 요한일서 5:9-15

제2과

여행자의 마음가짐

- 그리스도가 주관하시는 생활 -

학 습 목 표 : 그리스도인의 삶은 자신이 주관하는 삶이 아니라 그리스도가 주관하시는 삶이라는 것을 알게 한다.

여행을 하다보면 다양한 사람들을 만나게 된다. 그들 중에는 자신들이 정한 목적지를 향해 계획한 시간에 도착하기 위해 부지런히 가는 사람들이 있는가 하면, 어떤 사람들은 가는 도중에 다른 것들에 관심을 쏟느라 정작 가야 할 여행 목적지에 도달하지 못하거나 목적지에서만 누릴 수 있는 여행 최고의 즐거움을 놓쳐버리는 사람들이 있다. 어떤 사람이 미국 횡단여행을 계획했는데 그만 라스베이거스에서 카지노 게임에 빠져 여행을 위한 돈과 시간을 다 써버리고 말았다. 그는 결국 자신이 계획한 여행 본래 목적을 상실한 채, 그 여행을 실패로 끝내게 될 것이다.

당신의 삶에서도 이런 경험이 있었는가? 혹은 이런 사람들을 알고 있는가?

하나님 나라로 가는 영적 여행에도 바른 마음가짐을 갖지 못해 엉뚱한 방향으로 여행하거나, 뜻하지 않은 실패로 여행을 끝내는 사람들이 있다. 영적 여행에서 나타나는 세 종류의 사람들에 대해 알아보고 어떻게 해야 올바른 영적 여행을 할 수 있는지 공부해 보자.

사람들은 그리스도인의 신앙생활에 대해 많은 오해를 한다. 어떤 사람은 믿음으로 예수 그리스도를 영접한 후에는 스스로 최선을 다해 살아감으로써 하나님을 기쁘시게 할 수 있다고 생각한다. 또 어떤 사람은 그리스도께서 그의 삶에 들어오셔서 자신이 살고자 하는 대로 도와주는 든든한 후원자 정도로 생각하고, 이것이 하나님의 영광을 위한 일이라고 생각한다. 이런 생각들은 옳은 것 같아 보이지만, 그리스도인의 삶에 가장 중요하면서도 기초가 되는 것을 오해하고 있으므로 생명력 있는 그리스도인의 삶을 방해한다.

사실 그리스도인의 온전한 삶은 힘든 정도가 아니라 불가능하다. 오직 예수 그리스도 한 분만이 그리스도인의 삶을 살 수 있다. 그분은 오늘도 그리스도인들을 통하여 그분의 삶을 살기 원하신다. 필립스(Phillips)는 그가 번역한 신약성경의 서문인 〈개척교회에 보내는 편지〉에서 이렇게 말한다.

> "이 편지들(신약성경의 서신서)을 보면 초대 기독교와 현대 기독교 사이에는 큰 차이가 있다. 즉 우리에게는 모방에 불과한 반면, 그들에게는 생생한 체험이었다. 우리는 때로 기독교 신앙을 하나의 법전 혹은 마음이나 생활의 규율로 전락시키지만 초대 기독교인들은 새로운 삶의 질로 그들의 생활에 받아들였다. 그들은 이것을 '그리스도가 내 안에 사심'(갈 2:20)이라고 고백하기를 주저하지 않았다."

"어떻게 생명력 있는 신앙생활을 할 수 있을까?"

성경에 나오는 세 종류의 사람을 살펴보고 그 비결을 알아보자.

고린도전서 2:14-3:3에서는 세 종류의 사람, 즉 비그리스도인, 성령 충만한 그리스도인, 세상적인 그리스도인을 소개하고 있다. 당신이 그리스도인으로서 신나는 믿음의 여행을 즐기고 싶다면, 다음에 등장하는 세 종류의 사람 중에서 어떤 사람이 되어야 하겠는가?

고린도전서 2:14-3:3을 읽으라.

1 비그리스도인

† 세상 사람들이 추구하는 것은 무엇인가, 그것을 얻었다고 해서 인생의 행복이 보장되는가?

돈, 쾌락, 권력, 명예, 흥미, 성취감, 자아실현, 즐거움 등. 어떤 사람은 자기가 추구하는 것을 성취하고 모든 것을 가져서 너무 행복한데, 이 행복이 무너질까 봐 두렵다고 했다. 행복한 순간에도 마음 한 구석에는 깊은 두려움이 자리 잡고 있다는 고백이다.

문학의 천재 헨리 소로우(Henry Thoreau)는 "사람들은 대부분 고요한 절망 속에서 살고 있다."고 했으며, 미국의 일류 만화가 랄프 바톤(Ralph Barton)도 죽기 전에 "나는 친구가 많았고 성공도 했으며 어려움이라곤 별로 없었다. 결혼도 여러 번 해 보았고, 이 집 저집 옮겨다니며 살아보았으며, 여러 나라를 여행해 보았지만 단 하루도 마음의 피로가 사라진 날이 없었다. 하루 24시간을 메우는 일에 진력이 났다."고 말했다. 무엇으로도 채울 수 없는 인생의 공허함에 대해 철학자 파스칼(Pascal)은 "모든 사람의 마음속에는 하나님이 만드신 하나의 공백이 있다. 이것은 어떠한 피조물로도 채워질 수 없고 오직 예수 그리스도를 통해 하나님에 의해서만 채워질 수 있다."고 말했다.

다음 그림은 여행의 목적지를 모르는 사람, 곧 그리스도를 구주와 주님으로 영접하지 않은 비그리스도인의 삶을 나타내고 있다(고전 2:14).

내가 나의 주인인 삶

나 – 내 인생의 왕좌에 나 자신이 앉아 있으며

✝ – 그리스도는 내 인생의 밖에 계신다.

● – 모든 일을 나 자신이 주관하므로
자주 좌절과 혼란에 빠진다.

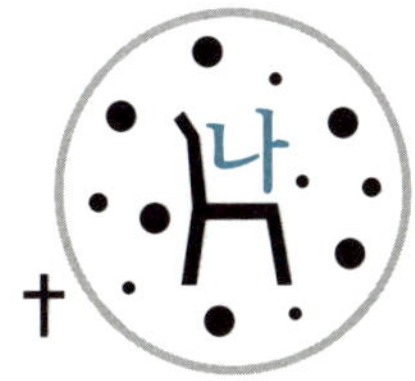

1) **성경은 비그리스도인을 어떻게 표현하고 있는가?**

(1) 고린도전서 2:14

육에 속한 사람, 성령이 하시는 일을 깨닫지 못하는 사람이다.

(2) 로마서 6:6

죄의 몸이며 죄에게 종노릇한다.

2) **'육에 속한 사람은 하나님의 성령의 일을 받지 않는다.'는 말씀은 무슨 뜻인가? (고전 2:14)**

예수 그리스도를 믿지 않는 사람은 성경을 지적으로는 이해할 수 있으나, 진리를 깨닫거나 받아들일 수 없다는 말이다.

"예수 그리스도를 믿지 않는 사람은 선천적인 분별 능력이 상실된 것이 아니라, 그들 마음의 악의 경향성(傾向性)과 죄(罪)의 법이 하나님 나라에 관한 영적 문제에 있어서 하나님의 뜻을 따르는 것을 싫어하게 하고, 자신의 힘과 능력만을 의지하게 한다."

– 매튜 헨리(Matthew Henry)

위대한 철학자인 버트런드 러셀(Bertrand Russel)은 영국 귀족의 후예였을 뿐만 아니라, 다재다능하고도 명석한 학자였으며, 중요한 책을 많이 저술한 저자였고, 1950년에 노벨문학상을 받은 사람이다. 그러나 그는 시종일관 기독교를 적대시했으며 상당한 방해자였다. 그는 『나는 왜 기독교인이 아닌가?』(*Why I am not a Christian?*)라는 책을 썼을 정도다. 그는 성경을 지적으로는 명백하게 이해할 수 있었으나, 그 진리를 받아들이지는 않았다.

3) 그리스도가 없는 사람의 세 가지 특징은 무엇인가? (엡 2:1-3)

에베소서 2:1-3 [1]그는 허물과 죄로 죽었던 너희를 살리셨도다 [2]그 때에 너희는 그 가운데서 행하여 이 세상 풍조를 따르고 공중의 권세 잡은 자를 따랐으니 곧 지금 불순종의 아들들 가운데서 역사하는 영이라 [3]전에는 우리도 다 그 가운데서 우리 육체의 욕심을 따라 지내며 육체와 마음의 원하는 것을 하여 다른 이들과 같이 본질상 진노의 자녀이었더니

허물과 죄로 죽은 자

불순종의 아들 (세상 풍조를 따르고 공중 권세를 잡음)

진노의 자녀(육체의 욕심을 따라 지내며 육체와 마음의 원하는 것을 함)

그리스도가 없는 사람은 '모두' 사탄의 지배 아래 있음에 주목하라. '공중 권세 잡은 자'는 바로 사탄을 말한다.

4) 예수님께서 말씀하신 사람의 마음속에서 나오는 열두 가지 나쁜 생각을 적어 보라. (막 7:20-23)

악한 생각 : 음란, 도둑질, 살인, 간음, 탐욕, 악독, 속임, 음탕, 질투, 비방, 교만, 우매

5) 비그리스도인과 하나님과의 관계를 요약해 보라. (요 3:36)

하나님의 아들에게 순종하지 않는 자는 하나님의 진노가 그 위에 머물러 있다.
즉 비그리스도인은 하나님의 진노의 대상이다.

2 성령 충만한 그리스도인

이 그림은 여행의 목적지를 분명히 알며, 목적지를 향해 갈 때 곁길로 가지 않는 사람, 곧 성령 충만한 그리스도인의 삶을 나타낸다. 성령 충만한 그리스도인은 그리스도 중심의 생활을 하며 자신은 삶의 중심에서 내려와 모든 것을 그리스도에게 맡기는 사람이다(고전 2:15-16).

· 사랑
· 희락
· 화평
· 인내
· 자비
· 양선
· 충성
· 온유
· 절제

· 그리스도 중심의 생활
· 성령의 권능을 받음
· 다른 사람을 그리스도께 인도
· 응답받는 기도 생활
· 하나님의 말씀을 깨달음
· 하나님을 신뢰
· 하나님께 순종

1) 성령 충만한 삶을 사도 바울은 어떻게 말하고 있는가? (갈 2:20)

> 갈라디아서 2:20 내가 그리스도와 함께 십자가에 못 박혔나니 그런즉 이제는 내가 사는 것이 아니요 오직 내 안에 그리스도께서 사시는 것이라 이제 내가 육체 가운데 사는 것은 나를 사랑하사 나를 위하여 자기 자신을 버리신 하나님의 아들을 믿는 믿음 안에서 사는 것이라

나는 그리스도와 함께 죽었다. 이제는 내가 사는 것이 아니라 내 안에서 그리스도께서 사신다. 즉 삶의 주인이 바뀌었다. 이제 내가 육체로 사는 것은 나를 사랑하사 나를 위하여 자기 몸을 버리신 하나님의 아들을 믿는 믿음 안에서 사는 것이다.

케네스 웨스트(Kenneth Wuest)는 변화된 바울의 삶에 대해 다음과 같이 말한다. "바울은 자기 힘으로 율법에 순종하여 살려고 하지 않고 하나님을 기쁘시게 하는 삶을 살기 위해 내주하시는 성령님과 동행했다."

갈라디아서 2:20의 그리스도가 주관하시는 생활은 예수 그리스도가 그리스도인을 통하여 살고 계신다는 것을 분명하게 말해 준다. 그리스도가 우리를 통해 사신다고 해서 우리의 개성이 무시되는 것은 아니다. 삶의 과정 가운데 어떤 모난 부분은 고치실 수도 있겠지만, 우리의 독특한 개성을 통해 그리스도는 그분 자신을 표현하신다. 바울은 회심하기 전에는 논리적인 사상가였고, 하나님께서는 그의 학문적 깊이를 사용하셔서 논리 정연한 로마서를 쓰게 하셨다. 반면에 하나님께서는 직관과 감성이 풍부한 요한을 사용하셔서 영적이고 상징이 풍부한 요한복음을 쓰게 하셨다. 하나님께서는 사람들의 개성을 완전히 바꾸시는 것이 아니라, 그들의 개성을 그분의 도구로 사용하신다.

2) 성령 충만한 그리스도인의 삶을 사는 능력은 어디에서 받는가? (빌 4:12-13)

> 빌립보서 4:12-13 12나는 비천에 처할 줄도 알고 풍부에 처할 줄도 알아 모든 일 곧 배부름과 배고픔과 풍부와 궁핍에도 처할 줄 아는 일체의 비결을 배웠노라 13내게 능력 주시는 자 안에서 내가 모든 것을 할 수 있느니라

하나님이 능력을 주시며 우리는 그 안에서 모든 것을 할 수 있다.

빌립보서의 문맥을 보면 바울은 풍부할 때에도 궁핍할 때에도 하나님께서 능력을 주시므로 어느 상황에서나 잘 이겨낼 수 있음을 고백한다. 그리스도인이 되면 어려움이 없어진다는 것이 아니라 어떤 상황을 만나든지 그것을 이겨나갈 힘을 주신다는 의미이다.

3) '내가 나를 지배할 때'와 '성령이 나를 지배할 때' 어떤 차이가 있는가?

사례 1 : 누가 나를 비방할 때

내가 나를 지배할 때 : 화를 내고 욕하며 나도 똑같이 상대방을 비방하여 보복하려고 한다.

성령 충만할 때 : 이해와 용서하는 마음을 얻고 자신을 돌아볼 수 있는 능력을 얻는다. 이것이 잘 안될 때에는 하나님께 기도함으로 그렇게 할 수 있는 힘을 얻을 수 있다.

사례 2 : 내가 경제적으로 어려울 때

내가 나를 지배할 때 : 비관하고 원망한다. 요행을 바란다. 남과 비교하게 된다. 절망하거나 나쁜 생각을 할 수도 있다.

성령 충만할 때 : 하나님의 도우심을 구하며 열심히 일하고 자신의 가치를 경제적인 잣대로 평가하지 않는다. 어렵지만 희망을 잃지 않으며 하나님께서 주실 때까지 인내하고 기다리며 열심히 산다. 만일 학생의 경우, 등록금이 없으면 기도하며 하나님의 뜻을 기다리고 그 뜻에 따라 다음의 행보(휴학, 아르바이트, 후원 등)를 밟는다. 아르바이트도 좋은 경험이 될 수 있음을 기뻐한다.

사례 3 : 갑작스런 어려움(예: 질병, 부모님의 이혼, 억울하게 해고 당함 등)을 당할 때

내가 나를 지배할 때 : 분노하고 절망한다. 복수하려 한다. 모든 꿈을 포기한다. 두려워한다. 겁을 내고 잘못된 결정을 한다.

성령 충만할 때 : 하나님의 시각으로 보려고 노력한다. 하나님께서 상황을 극복할 힘을 주실 것을 믿는다. 다른 좋은 꿈을 꾸며 비전을 가지고 기도한다. 어떤 상황에서나 하나님을 신뢰하며 소망을 갖는다.

성령께서 주관하시는 삶의 특징은 성령의 열매를 맺는 것이다. 갈라디아서 5:22-23에 의하면, 성령의 열매는 사랑, 희락, 화평, 오래 참음, 자비, 양선, 충성, 온유, 절제이다.

갈라디아서 5장에서 "업적" 대신에 "열매"라는 말을 선택한 것은 성도 안에 맺혀진 새롭고도 거룩한 결실로써 그리스도인의 체험에 대한 적절한 표현이라고 케네스 웨스트(Kenneth Wuest)는 말한다. "열매"라는 말은 단수인데, 이는 성령의 열매의 아홉 가지 요소들이 잘 조화되어 하나의 열매로 온전한 그리스도인의 삶과 인격에 나타남을 의미한다.

성령의 열매의 각 요소들을 살펴보자.

사랑 - 인간의 사랑을 훨씬 뛰어 넘는 것으로 하나님만이 부어주실 수 있는 사랑.

희락 - 행복(Happiness).

화평 - 하나님과 올바른 관계에서 오는 마음의 평정, 불안에서 벗어난 자유로움.

오래 참음 - 부당한 박해에도 분노나 복수할 생각 없이 꾸준히 참음.

자비 - 다른 말로 하면 '친절'이다.

양선 - 도덕적인 성실.

충성 - '신실함', '신뢰할 만함'의 뜻이다.

온유 – 바인(W. E. Vine)은 말하기를 "영어 표현의 '온유'나 '온화' 등은 일반적으로 연약함을 암시하기 때문에 단순히 '온유'라는 말로 번역하는 것은 의미를 충분히 드러내지 못한다. 헬라어의 '온유'라는 말은 자기 주장이나 자기 이익에 반대되는 말, 즉 들뜬 것도 침체된 것도 아니며 자기에게 사로잡히지 않은 영적 평온을 의미한다."고 했다. 온유(meekness)는 점잖은 얌전함이지 나약함(weakness)이 아니다.

절제 – 헬라어로 '자기 제어'의 뜻이다. 이것은 자기 욕망이나 충동을 억제하는 것을 말한다. 성(性), 재물, 지식, 명예, 인간관계 등 어떤 분야에서든 자제력을 잃은 그리스도인들은 영적 그리스도인이 아니다.

3 세상적인 그리스도인

세 번째 사람은 여행의 목적지는 알지만 여행 중에 길을 잃거나, 다른 것들에 정신이 팔려 본래 여행 목적을 잃어버려서 목적지에서 맛보게 될 복을 누리지 못하고 힘들고 괴로운 여행을 하는 사람이다. 고린도전서 3:1–3에 의하면 이런 믿음의 여행을 하는 사람을 세상적인 그리스도인이라고 부른다. 아래 그림은 그리스도인이지만 자기의 힘으로 살아가려고 하는 사람을 보여 준다. 그 결과 하나님과 친밀한 교제를 누리지 못하고 비그리스도인 같은 삶을 산다.

· 율법적 태도
· 불순한 생각
· 질투
· 죄책감
· 걱정
· 낙심
· 비판적인 태도
· 좌절

· 목적 상실
· 두려움
· 영적 유산에 대한 무관심
· 불신
· 불순종
· 하나님과 다른 사람에 대한 사랑을 잃어버림
· 부실한 기도생활
· 성경공부에 대한 열이 식음

1) 고린도전서 3:1-3에서 언급한 육신에 속한 그리스도인에 대해 말해 보라.

육신에 속한 자는 비그리스도인처럼 자신의 죄악된 본성을 따라 행한다. 즉 그리스도 안에서 미성숙한 어린 아이요, 시기와 분쟁을 하며 사람을 따라 행한다.

'육적'이라는 말의 의미는 무엇일까?
사전적인 정의는 세상적인, 땅에 속한, 영적이 아닌, 거룩하거나 성결하지 않음을 말한다.
'육적인 생각' 즉 자기중심적인 자아는 하나님과 원수가 되며 복종하기를 원하지 않고, 복종할 수도 없다. 우리의 자아는 본래 "하나님의 권위에 반항하고 하나님의 계획에 반대하며, 하나님의 관심을 외면하고 하나님의 얼굴에 침을 뱉는다."
(매튜 헨리, Matthew Henry)

루스 팩슨(Ruth Paxson)은 육신에 속한 사람에 대하여 다음과 같이 말했다.
"그리스도를 그 마음에 모셨지만 가장 높고 가장 좋은 자리에 모시지 않았다. 그는 하늘과 땅, 두 세계의 생활을 다 잘하려고 애쓴다. 그러나 그는 둘다 실패한다."

2) 우리가 육체적 본능에 굴복함으로써 생기는 육체의 일을 모두 적어 보라. (갈 5:19-21)

갈라디아서 5:19-21 19육체의 일은 분명하니 곧 음행과 더러운 것과 호색과 20우상 숭배와 주술과 원수 맺는 것과 분쟁과 시기와 분냄과 당 짓는 것과 분열함과 이단과 21투기와 술 취함과 방탕함과 또 그와 같은 것들이라 전에 너희에게 경계한 것 같이 경계하노니 이런 일을 하는 자들은 하나님의 나라를 유업으로 받지 못할 것이요

음행, 더러운 것, 호색, 우상숭배와 주술, 원수 맺는 것, 분쟁, 시기, 분냄, 당 짓는 것, 분열, 이단, 투기, 술 취함, 방탕함

육체의 행위들

갈라디아서 5:19-21은 예수 그리스도 대신 옛 죄의 본성이 우리를 주관할 때 생기는 결과를 보여 준다.

성적 영역의 죄(17절)

(1) 음행(Sexual Immorality) - 모든 종류의 불법적 성적인 관계를 일컫는다. 이 단어는 헬라어로 *porneia*(포르네이아)이며 여기에서 나온 단어가 포르노(pornography)이다.

(2) 더러운 것(Impurity) - 생각, 언어, 행동에 있어 도덕적 부정함을 말한다. 극단적인 음행, 더러운 농담이나 생각들.

(3) 호색(Sensuality) - 부끄러운 것을 모르고 공개적으로 음란한 행동을 하는 것.

종교적 영역의 죄(20절)

우상숭배(Idolatry)와 주술 (sorcery) - 고대 사회의 공통적인 거짓 종교, 마법, 점성술, 길흉예견(fortune telling), 강신술(Seances) 등을 우상숭배의 행위라고 할 수 있다. 현대에는 이러한 행위가 나타나지 않는다 하더라도 가정, 돈, 명예, 친구, 좋은 성적, 직업 등의 어떤 것을 하나님보다 더 중요하게 여기는 것은 본질적으로 우상숭배에 해당한다.

사회적, 인간관계 영역의 죄(20-21절)

이 영역에는 여덟 가지가 기록되어 있다. 이것은 가정, 교회 그리고 사회생활에서 인간관계를 깨뜨리는 죄이다.

(1) 원수 맺는 것(Enmities) - 다른 사람에 대한 적대감, 사랑의 반대.

(2) 분쟁(Strife) - 다툼, 싸움. 미움의 결과.

(3) 시기(Jealousy) - 경건한 모습이 아닌 이기적인 유형.

(4) 분냄(Anger) - 분노를 터트리며 분별력을 잃음. 성격 조절을 못함. 시기심의 결과로 나타나기도 함.

(5) 당 짓는 것(Disputes) - 당파심이 강함, 다른 사람과 잘 지낼 수 없음.

(6) 분열함(Dissensions) - 나누이는 것, 다른 그룹에 대항하는 모임,

(7) 이단(Factions : 종교적 이단의 의미가 아니라 당파를 의미함) - 분열로 이끄는 '자기 의지적인 견해들.'

(8) 투기(Envy) - 다른 사람이 가진 것을 빼앗고 싶어 함.

절제 영역의 죄(21절)

(1) 술 취함(Drunkenness) - 술에 취해 자신을 절제할 수 없는 지경이 되는 것.

(2) 방탕함(Orgies) - 취하도록 마시며 벌이는 술잔치나 음탕한 파티. 당시 술의 신인 박카스를 숭배할 때의 모습이기도 하다.

3) 육신을 따르는 그리스도인의 삶을 하나님 앞에서 어떻게 평가할 수 있는가? (롬 8:7)

로마서 8:7 육신의 생각은 하나님과 원수가 되나니 이는 하나님의 법에 굴복하지 아니할 뿐 아니라 할 수도 없음이라

육신을 따르는 그리스도인의 삶은 하나님에 대해 적대적이다. 그들은 하나님의 말씀에 복종하지 않으며 할 수도 없다.

어떻게 하면 세상적인 그리스도인이 자기중심적인 생활의 문제를 해결할 수 있는가?

4 해결책 : 영혼의 호흡

세상적인 그리스도인이 성령 충만한 그리스도인이 되기 위한 해결책은 바로 "영혼의 호흡"이다. 영혼의 호흡이란 우리가 숨을 쉴 때 이산화탄소를 내뿜고 산소를 들이마시듯이 우리의 더러운 죄를 내뿜고 성령 충만을 받는 것이다.

영혼의 호흡은 다음의 3단계를 통해 이루어진다.

1) 1단계 : 당신의 모든 죄를 고백하라.

내가 내 생활을 주관한 죄와 함께 도덕적인 모든 죄를 고백하는 것은 영혼의 호흡에서 내뿜는 것에 해당한다.

(1) 하나님께 죄를 고백하면 하나님은 어떻게 하시는가? (요일 1:9)

죄를 사하시며 모든 불의에서 깨끗하게 하신다. ('미쁘다'는 말은 '믿을 만하다'는 뜻이다.)

(2) 죄를 숨기는 것과 인정하는 것의 결과는 어떻게 다른가? (시 32:1-5)

> 시편 32:1-5 [1]허물의 사함을 받고 자신의 죄가 가려진 자는 복이 있도다 [2]마음에 간사함이
> 없고 여호와께 정죄를 당하지 아니하는 자는 복이 있도다 [3]내가 입을 열지 아니할 때에 종일
> 신음하므로 내 뼈가 쇠하였도다 [4]주의 손이 주야로 나를 누르시오니 내 진액이 빠져서 여름
> 가뭄에 마름같이 되었나이다 [5]내가 이르기를 내 허물을 여호와께 자복하리라 하고 주께 내
> 죄를 아뢰고 내 죄악을 숨기지 아니하였더니 곧 주께서 내 죄악을 사하셨나이다

① 다윗이 죄를 숨기고 고백하지 않았을 때의 심정을 묘사해 보라. (3-4절)

종일 괴로워 신음하므로 뼈가 쇠함, 하나님의 손이 밤낮으로 눌러 힘(진액)이 빠져 여름 가뭄에 마름같이 되었다. 이는 죄책감과 불안과 공포로 죽을 것 같은 심정을 말한다.

② 다윗이 죄를 고백했을 때 어떤 일이 일어났는가? (5절)

즉시 하나님께서 죄악을 용서해 주셨다.

③ 다윗은 자신의 경험을 통하여 어떤 결론을 내리는가? (1-2절)

죄와 허물을 용서받은 자가 복된 자이다. 행복한 자는 죄 용서함을 받고 마음에 거짓이 없는 자이다.

죄를 숨기면 형통할 수 없다. 즉 끊임없이 죄책감과 불안에 시달리게 된다. 죄를 고백하면 불쌍히 여김을 받고 즉시 용서받는다. 시편 32:1의 '자신의 죄가 가려진 것'은 '허물의 사함을 받았다'는 것과 같은 말이다.
우리가 알고 있는 그리고 성령께서 생각나게 해주시는 모든 죄를 고백해야 한다. '고백하다'는 말은 호모로게오(*Homologeo*)인데, '꼭 같다'는 뜻의 호모스(*Homos*)와 '말하다'는 뜻의 레고(*Lego*)의 합성어이다. 따라서 '고백하다'는 '(다른 이와) 같은 말을 하다' 또는 '(다른 사람에게) 동의하다'는 뜻이다. 죄 고백은 죄에 대한 하나님의 생각과 지적해 주시는 죄에 대해 동의하는 것이다.
- 케네스 웨스트(Kenneth Wuest)

2) 2단계 : 삶의 중심을 그리스도께 드려라.

성령께서 내 마음의 중심에 계셔서 나를 다스리시도록 내어드리는 것은 성령 충만을 받는 것이다. 이는 영혼의 호흡에서 들이마시는 것에 해당한다.

삶의 중심을 드린다는 것은 무슨 뜻인가? "이는 나의 몸과 마음과 영혼, 즉 나의 전 존재를 창조하시고 구속하심으로 정정당당히 소유하실 권한이 있는 그리스도께 그분이 지배하시고 사용하시도록 신중하고 자발적으로 이전(移轉) 하는 것을 말한다. 문제는 '내가 하나님께 속했는가?'가 아니라, '이미 하나님께 속한 나의 모든 것을 그분께 드렸는가?'이다."

– 제임스 맥콘키(James McConkey)

로마서 12:1-2에서 우리 자신을 드리는 것에 대해 바울이 어떻게 묘사하는지 당신 자신의 말로 써보라.

3) 3단계 : 삶의 중심을 그리스도께 드릴 때, 나를 다스려주심을 믿음으로 확신하라.

(1) 당신이 그리스도 중심의 삶을 살기 위해 기도할 때, 그리스도께서 당신 중심에 들어오심을 어떻게 확신할 수 있는가? (요일 5:14-15)

구하면 주시겠다고 약속하신 말씀에 근거하여 확신할 수 있다.

(2) 우리가 그리스도를 영접한 후 그리스도께서 계속 우리 삶을 다스리시도록 하려면 어떻게 해야 하는가? (골 2:6-7)

골로새서 2:6-7 [6]그러므로 너희가 그리스도 예수를 주로 받았으니 그 안에서 행하되 [7]그 안에 뿌리를 박으며 세움을 받아 교훈을 받은 대로 믿음에 굳게 서서 감사함을 넘치게 하라

그리스도를 주로 받아들였으므로 그 안에서 지속적으로 믿음으로 살아야 한다.

그 안에 뿌리를 박고 세움을 받아 교훈을 받은 대로 믿음에 굳게 서야 한다.

미혹하는 교리들과 잘못된 가르침에 흔들려서는 안 된다.

감사하는 마음이 넘치는 생활을 해야 한다.

(3) 그리스도인이 계속해서 믿음으로 사는 것이 왜 그렇게 중요한가?
(히 11:6; 롬 14:23; 1:17)

믿음이 없이는 하나님을 기쁘시게 하지 못한다.

믿음으로 하지 않는 모든 것이 죄다.

의인은 믿음으로 산다.

그리스도인들이 예수 그리스도를 영접했지만, 승리하지 못하는 것은 무엇 때문인가? 믿음의 결핍 때문이다. 내 마음의 문을 열고 내 삶을 드렸다면, 그리스도가 내 안에 들어오셔서 거하시는 것을 지속적으로 믿어야 한다.

〈보충〉

린젤과 우드브리지(Lindsell and Woodbridge)는 믿음의 두 요소에 대해 다음과 같이 말한다.

① 지식(knowledge) - 믿음은 무지가 아니다. 사실에 대해서 눈을 감는 것이 아니다.

신앙은 사실을 정면으로 보기를 두려워하지 않는다. 인간은 지식으로 구원을 받지 않으나 지식 없이는 구원을 받을 수가 없다.

② 개인적 응답(personal appropriation) - 지적 동의만으로는 부족하다. 우리의 의지로 결단을 내려야 한다.

우리는 하나님께서 우리의 생활을 주관하신다는 것을 믿어야 한다. 그리고 우리는 믿는 진리에 대해 지적인 동의를 해야 한다. 결혼을 한 후에도 부부가 하나가 되기 위해서는 서로에게 충분한 신뢰를 가져야 하는 것처럼, 그리스도께서 주관하시는 것이 실제가 되려면 그가 우리의 생활을 주관하시는 것을 믿고, 지속적으로 우리 자신을 믿음으로 그리스도께 맡겨야 한다.

적용

풍성한 생활의 비결은 매순간마다 예수 그리스도께 우리의 삶을 주관하시도록 맡기는 것이다. 죄를 지었다는 것을 깨닫는 순간, 즉시 그 죄를 하나님께 고백하고 그가 용서해 주신 것을 감사드리며, 마음의 중심을 그리스도께 다시 양도하여 계속해서 하나님과의 교제 가운데 행해야 한다.

1. 이 과에서 당신에게 가장 의미 있는 것은 무엇인가?

2. 당신의 생활 가운데 예수 그리스도의 지배를 받을 필요가 있다고 생각하는 부분은 어떤 것인가?

3. 요한일서 1:9을 생활에 의미 있게 적용하려면:
   종이에 당신의 죄와 잘못된 것들을 생각나는 대로 모두 적어라. 그 위에 요한일서 1:9을 써서 그 은혜를 당신의 것으로 받아들여라. 용서해 주심과 깨끗하게 해주심에 대해 하나님께 감사드리고 그 종이를 태워버려라.

약 5-7분 정도 시간을 내어 순원들이 죄를 적게 하고 그 목록 위에 요한일서 1:9을 쓰게 한 후 용서하심과 깨끗하게 하심에 대한 감사의 기도로 끝맺으라.

외울 말씀 빌립보서 4:13
내게 능력 주시는 자 안에서 내가 모든 것을 할 수 있느니라

읽을 말씀 고린도전서 2:11-3:5; 갈라디아서 5:16-24

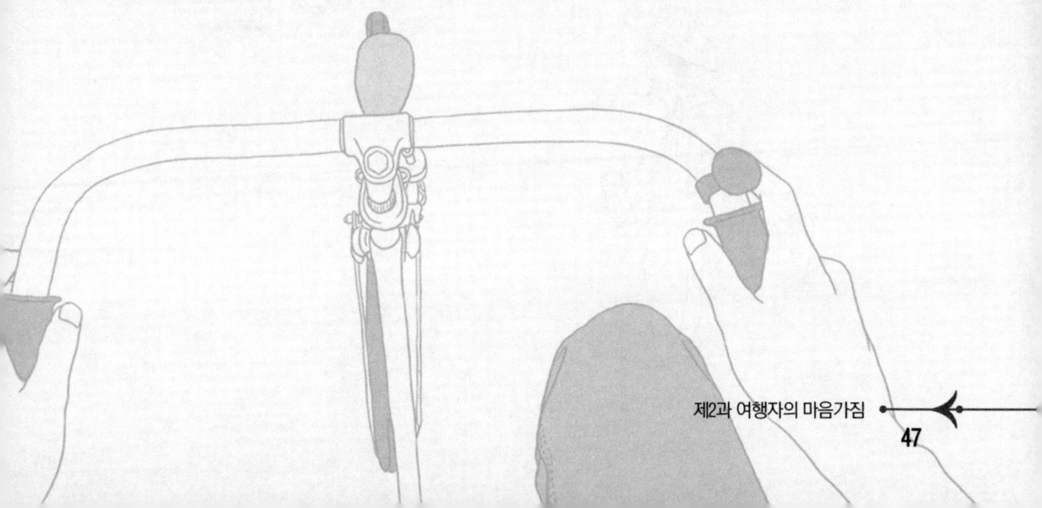

제3과

다섯 가지 여행 필수품

-신앙 성장을 위한 5대 원리-

학 습 목 표 : 신앙 성장에 필수적인 다섯 가지 요소를 이해하고 실천한다.

당신이 무인도 탐험을 위한 여행을 한다면 꼭 가지고 가고 싶은 다섯 가지는 무엇인가?

다른 나라를 여행하려고 할 때 여권과 비자를 발급 받은 다음에는 여행 필수품들을 준비하는 것이 중요하다. 예수 그리스도와 함께하는 하나님 나라의 여행에도 반드시 준비해야 할 필수품들이 있다.

그리스도를 영접하는 것은 당신 생애에 가장 중대한 결단이다. 그러나 그리스도를 영접했다고 해서 저절로 영적으로 성숙하는 것은 아니다. 그리스도인의 삶은 믿음으로 시작해서 믿음으로 살아가는 하나의 과정이다.

이 과에서는 그리스도인으로서 믿음의 여행을 100배 즐기기 위해 꼭 필요한 준비물이 무엇인지 알려 줄 것이다.

1 첫 번째 필수품 - 나침반 : 성경

여행을 할 때 특히 산행을 하거나 정글이나 오지 탐험 같은 여행을 할 경우에 나침반이 필수적이다. 나침반은 기준이 되는 방향을 정해주고, 혹시라도 길을 잃었을 경우 원위치로 돌아와 다시 목표지점을 찾아가도록 도와준다. 그리스도인의 여행에도 영적 나침반, 즉 성경이 꼭 필요하다.

1) 그리스도인에게 성경이 필요한 이유는 무엇인가?

(1) 시편 119:105

> 시편 119:105
> 주의 말씀은 내 발에 등이요 내 길에 빛이니이다

하나님의 말씀은 그리스도인이 어떻게 살아야 하는지, 어디로 가야 하는지, 어떤 결정을 내려야 하는지 등을 가르쳐 준다.

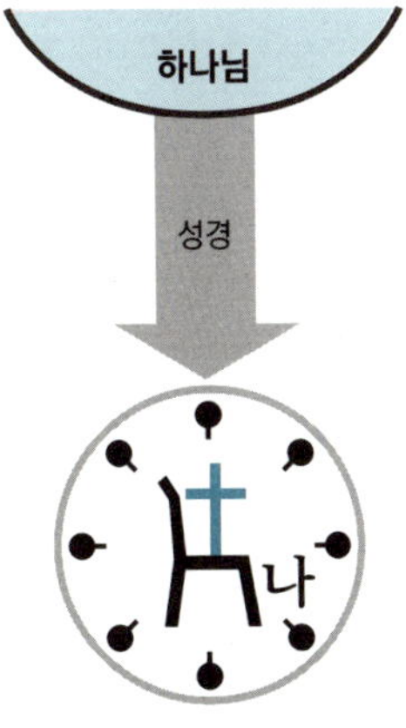

(2) 시편 119:9-11

시편 119:9-11 9청년이 무엇으로 그의 행실을 깨끗하게 하리이까 주의 말씀만 지킬 따름이니이다 10내가 전심으로 주를 찾았사오니 주의 계명에서 떠나지 말게 하소서 11내가 주께 범죄하지 아니하려 하여 주의 말씀을 내 마음에 두었나이다

죄를 짓지 않고 거룩한 삶을 살 수 있도록 인도해 주신다.

2) 예수께서는 "사람이 떡으로만 살 것이 아니요."라고 말씀하셨다. 예수님은 우리가 무엇으로 살아야 한다고 말씀하셨는가? (마 4:4)

하나님의 입으로 나오는 모든 말씀으로 살아야 한다.

3) 하나님께서 인정하시는 일꾼의 두 가지 특성을 써보라. (딤후 2:15)

(1) 진리의 말씀을 옳게 분별한다. (바르게 이해하고 가르친다)

(2) 하나님의 일꾼으로 부끄러울 것이 없는 자로 하나님께 자신을 드린다.

즉, 하나님의 진리의 말씀을 옳게 분별하지 못하면 부끄러운 일꾼이 될 수밖에 없다.

메튜 헨리(Matthew Henry)는 이 구절에 대하여 다음과 같이 해석했다. "서투르거나, 신실하지 못하거나, 게으른 일꾼은 부끄러움을 당한다. 그러나 그들의 일에 마음을 기울이고, 그 일을 계속해 가는 일꾼들은 부끄러움을 당하지 않는다."

필립스(Phillips)는 디모데후서 2:15을 다음과 같이 번역했다. "네 자신 스스로 하나님의 인정을 얻고 부끄러울 것이 없는 일꾼이 되기를 힘쓰라. 그리고 말씀을 사용하는 방법을 가장 잘 아는 사람이 되라."

4) 예수님은 하나님의 말씀을 읽고 믿는 자들에 대해 어떻게 말씀하셨는가? (요 8:31)

너희는 참 내 제자이다.

〈보충〉 성경에 대한 명언들

하나님과 성경이 없이 세계를 옳게 다스린다는 것은 불가능하다.

- 조지 워싱턴(George Washington)

나는 성경을 읽음으로 많은 유익을 얻고 있다. 이 책을 온전히 취하라. 그러면 당신은 한층 더 훌륭한 생애를 살 수 있을 것이다.

- 아브라함 링컨(Abraham Lincoln)

영적 생활의 힘은 우리의 생활과 생각 중에 차지하는 성경의 위치에 정확하게 비례한다.

- 조지 뮬러(George Mueller)

나는 믿음을 달라고 기도했다. 그러나 믿음은 오는 것 같지 않았다. 어느 날 로마서 10장을 읽을 때, "믿음은 들음에서 나며 들음은 그리스도의 말씀으로 말미암았느니라"(17절)는 말씀을 보았다. 나는 성경을 덮은 채로 신앙을 달라고 기도했다. 그 후 나는 성경을 펴고 공부하기 시작했고, 그 이후로 신앙은 계속 성장하고 있다.

- 드와이트 무디(D. L. Moody)

2 두 번째 필수품 - 휴대 전화 : 기도

여행의 또 다른 필수품은 휴대전화다. 언제 어디에 있든지 항상 가족이나 친구와 여행의 즐거움을 나누고 또 위급한 상황에서 구조를 요청하기 위해서 휴대전화는 필수적이다. 영적 여행에도 휴대전화 같은 기능을 하는 것이 있는데 그것이 바로 기도다.

1) 마태복음 26:36-46을 읽으라.

(1) 예수님은 무엇을 명령하셨는가? 또 그 이유는 무엇인가?

시험에 들지 않기 위해 깨어 있어 기도하라고 하셨다.

예수께서 그의 제자들에게 '깨어 있어 기도하라'고 명령하셨다. '깨어 있다'라는 말은 '깨어 경계하는 것'을 뜻한다. "경계와 기도는 서로 뗄 수 없는 관계이다. 전자는 위험을 분별하고, 후자는 그것들에 대항하여 무장을 하는 것이다."

–알렉산더 맥클라렌(Alexander Maclaren).

(2) 베드로가 완전히 실패한 이유는 무엇인가?

기도하지 않았기 때문에 그의 믿음이 약해져 있었다.

베드로가 실패한 원인은 기도하지 않은 것이다.
왜 베드로는 기도하지 않았을까? 아마 그가 기도할 필요성을 절실히 느끼지 않았기 때문일 것이다. 그는 오히려 잠을 자고 싶었을 것이다. 육체적으로 지쳤을 때,

잠을 자는 것이 기도하는 것보다 더 중요할 수 있다. 그러나 위기의 상황임을 감안할 때, 베드로는 기도했어야 했다. 마태복음 26장을 좀 더 살펴보면 베드로가 기도의 필요성을 느끼지 못했던 이유와 비참한 실패의 원인이 나타난다. 마태복음 26:33, 35에 보면 베드로가 자기 확신으로 가득 차 있었음을 알 수 있다.

메튜 헨리는 베드로의 실패에 대해 다음과 같이 말한다. "베드로는 어느 누구보다도 자신이 유혹에 대항할 준비가 잘 된 것처럼 착각했다. 그러나 이것이 그의 약점이고 어리석음이었다."

(3) 기도하지 않음으로 베드로에게 생긴 가장 중대한 결과는 무엇이었는가?

세 번이나 예수님을 부인했다.

(4) 그리스도는 그분의 생애에 있어서 가장 가혹한 시련을 어떻게 이기셨는가?

많은 시간을 기도에 집중하심으로 이기셨다.

2) 우리는 얼마나 자주 기도해야 하는가? (살전 5:17)

쉬지 말고 기도해야 한다.

쉬지 않고 기도한다는 것은 하루 종일 단순하고 자유로운 방법으로 하나님 아버지와 대화하는 것이다. 우리의 기도 생활은 주 예수 그리스도를 인격적으로 더 깊이 알게 되는 것이어야 한다. 우리와 그리스도의 관계가 친밀할수록 우리의 기도 생활은 더욱 깊어질 것이다.

기도는 우리가 사랑하는 하나님 아버지와 대화하고 교제하는 영적 체험이다. 다른 어떤 경험도 기도만큼 그리스도인에게 모든 문제를 이길 수 있는 힘을 주고 문제를 초월하게 해주는 것은 없다. 패배하는 그리스도인의 생활은 많은 경우 기도하지 않기 때문이다. 기도하기가 어려울 때일수록 힘써 기도해야 한다.

〈보충〉 기도에 관한 명언들

예수님은 기도에 많은 시간과 힘을 기울이셨다. 기도에 많은 시간을 소모하지 않는 사람은 예수 그리스도를 따르는 자라고 부를 수 없다.

- 토레이(R. A. Torrey)

나는 무슨 일을 당했을 때 어떤 시간이나, 어떤 방법으로나, 어떤 모양으로나 진실하게 기도하지 않은 적이 없다.

- 아도니람 저드슨(Adoniram Judson)

3 세 번째 필수품-친구와 동행하기: 그리스도인들과의 교제

여행할 때 가장 중요한 것 중에 하나는 마음에 맞는 친구와 함께 가는 것이다. 물론 혼자 여행하는 사람들도 있지만, 친구들과 함께 여행할 때 많은 유익이 있다. 즐거움도 함께 나누고, 서로 다른 관점에서 보는 여행지의 아름다움이나 신기함을 나눌 때 기쁨은 배가될 것이다. 그리고 여행 중에 혹시 만날 수 있는 어려움도 함께 해결할 수 있어 큰 도움이 된다.

1) 하나님의 자녀로서 우리가 중요하게 생각해야 할 것은 무엇인가? (히 10:23-25)

히브리서 10:23-25 [23]또 약속하신 이는 미쁘시니 우리가 믿는 도리의 소망을 움직이지 말며 굳게 잡고 [24]서로 돌아보아 사랑과 선행을 격려하며 [25]모이기를 폐하는 어떤 사람들의 습관과 같이 하지 말고 오직 권하여 그 날이 가까움을 볼수록 더욱 그리하자

그리스도인들이 서로 돌아보고 사랑과 선행을 격려하며 함께 모이기를 힘써야 한다.

세상 속에서 우리가 속할 수 있는 한 그룹의 모임을 생각해 보자. 친목회도 좋고 어떤 정치그룹이나 사교그룹도 좋다. 만일 우리가 속한 그룹의 회원들이 한번도 함께 모이지 않고, 서로를 잘 알지도 못하며 모든 업무는 우편을 통해 처리된다고 상상해 보자. 과연 이 그룹이 존재할 이유가 있겠는가? 회원들에게는 이 모임이 얼마나 의미가 있으며 유익하겠는가? 회원들이 열심을 내어 활동하겠는가? 아마도 해체 일로에 놓일 것이다.

그리스도인들도 마찬가지이다. 서로 관계를 갖지 않고 함께 모이지 않으면, 믿음을 유지하거나 성장하기 어렵다. 또한 그들은 주님을 위해 아무것도 성취할 수 없을 것이다. 만약 초대 그리스도인들이 상호 격려와 예배를 위해 모이지 않았다면, 오늘날 우리는 그리스도를 알지 못했을 것이다!

2) 우리가 모여서 서로를 위해 할 수 있는 것은 무엇인가? 초대교회의 예를 통해 찾아보라. (행 2:42)

사도행전 2:42 그들이 사도의 가르침을 받아 서로 교제하고 떡을 떼며 오로지 기도하기를 힘쓰니라

1) 사도의 가르침을 받음 - 함께 성경을 공부한다.

2) 서로 교제함 - 함께 삶을 나눈다. 서로의 어려움을 돕고 함께 봉사활동을 한다.

3) 함께 떡을 땜 - 함께 예수님의 삶과 죽음과 부활을 기념하는 예식을 행하고 함께 식사를 한다.

4) 기도하기를 힘씀 - 함께 모여 기도하고 또한 중보기도를 한다.

브루스(A. B. Bruce)는 초대교회 교인들의 친밀감과 비교하여 오늘날의 많은 교회들을 식당에 비유했다. "각 계층의 사람들이 좁은 공간에 모여 함께 앉았다가 서로 알고 싶어 하거나 관심도 없이 흩어져버린다."

〈보충〉

사도행전 2:42-43은 그리스도의 교회가 형성된 직후의 모습을 묘사한다. 42절은 당시 교회의 네 가지 특징을 보여 준다.

(1) 사도들의 가르침(지금 신약 성경에 포함되어 있는 내용)을 고수했다. 우리는 성경을 해석하고 가르치는 교회를 선택해야 한다.

(2) 교제(fellowship) : 그리스도인들이 교제와 상호 격려를 위해서 정기적으로 함께 모였다.

(3) 떡을 뗌 : 성찬예식(Communion Service)을 말한다. 초대 그리스도인들은 교회 건물이 없었으므로 가정에서 이 예식을 행했다. 보통 그들은 식사도 함께했는데, 그것을 '애찬'(love feast)이라고 불렀으며 그 시간에는 아주 친밀한 교제가 이루어졌다.

(4) 기도 : 개인이 기도할 뿐 아니라, 조직적으로 함께 모여 분명하고도 열정적으로 기도했다.

43절을 통해 이 새로운 모임이 외부 세계에 끼쳤던 영향을 살펴보면, 초대교회 교인들은 오늘날 많은 교회들이 상실한 친밀감과 교제와 생기가 있었다.
친교(fellowship)는 우정(friendship) 이상의 의미를 갖는다. 친교는 헬라어로 코이노니아(Koinonia)인데 '함께 나누다'(sharing in common)의 뜻이다. 우리는 믿는 사람들과 함께 모여 그리스도인으로서 서로의 체험을 나누는 것이 반드시 필요하다. 캠퍼스나 직장, 가정 등에서의 모임도 많은 도움을 준다. 교회는 하나님의 말씀을 듣고 다른 그리스도인들과 만나 교제하도록 하나님이 계획하신 특별한 장소이다.

3) 당신의 시간의 90퍼센트를 불신자와 함께 지내고 10퍼센트를 신자와 함께 지낸다면 어느 편이 당신 생활에 더 영향을 끼치겠는가? 그렇다면 당신은 어떻게 다른 그리스도인들과 교제하는 시간을 늘릴 수 있겠는가?

....

....

교제는 예수님을 사랑하는 사람들과 함께 시간을 보내고 같이 일하는 것을 말한다. 그리스도인은 함께 모이면 열정이 타오르지만 혼자 있으면 열정이 식기 쉽다. 교제는 신앙 성장에 있어서 생수와도 같다. 교회 출석이 중요한 이유가 바로 여기에 있다.

〈보충〉 교회에 관한 명언들

그리스도를 따르는 자들이 함께 모이는 것은 그리스도의 뜻이다. 성도들의 교제는 큰 도움과 특권이며, 꾸준함과 인내를 배우는 좋은 방법이다.

- 메튜 헨리(Matthew Henry)

진실로 그리스도를 따르는 모든 사람들은 어떤 방법으로든지 그리스도인 공동체와 행동을 같이 해야 한다. 교회는 사람을 필요로 한다. 그러나 사람은 교회를 더 필요로 한다.

- 린젤과 우드브리지(Lindsell and woodbridge)

4 네 번째 필수품 - 새 친구 사귀기 : 전도

여행의 특별한 재미 가운데 하나는 여행지에서 만난 낯선 사람들을 사귀는 것이다. 또 그들 중에 목적지가 같거나 마음이 맞는 사람이 있어 함께 여행한다면 즐거움은 더 커질 수 있다. 영적 여행도 마찬가지이다. 계속해서 사람들에게 복음을 전하는 것이 중요하다. 그것은 우리에게 꼭 전해야 할 특별한 복음의 메시지가 있고, 우리가 만나는 모든 사람들에게 이 복음의 기쁜 소식을 전할 책임이 있기 때문이다.

1) 당신이 만약 암에 대한 치료책을 발견했다면 어떻게 하겠는가?

2) 그러면 당신이 복음(Good news)을 발견했다면 어떻게 하겠는가?

3) 로마서 1:14-16에서 바울은 '나는···' 이라는 말을 세 번이나 사용하면서 복음의 증인 된 자의 태도를 설명하고 있다. 괄호 안에 자신의 이름을 넣고 큰 소리로 읽어보라.

(1) 14절 ( )는 문화인이든 야만인이든, 지혜로운 사람이든 어리석은 사람이든, 모든 사람에게 빚진 자입니다.

(2) 15절 ( )는 복음을 전파하기를 갈망합니다.

(3) 16절 ( )는 복음을 부끄러워하지 않습니다.

이 세 가지의 뜻을 하나하나 묵상해 보자!

(1) 나는 빚진 자이다 : 생명의 복음을 거저 받았기 때문에 모든 사람에게 복음의 빚을 지고 있다.

(2) 나는 갈망한다 : 의무감이 아니라 기꺼이 하려는 뜻과 열정을 가지고 있다.

(3) 나는 부끄러워하지 않는다 : 즉 사람들이 거부하더라도 나는 복음을 부끄러워하지 않는다.

바울은 세 가지 중요한 '나는···이다'를 말했다.
"나는 빚진 자이다." - 당시 세계는 헬라 문화권 아래 있었고 헬라어가 세계공용어였으므로 여기서 바울이 말한 헬라인들은 유식한 자라는 의미를 가진다. 여기서 '야만인'이란 일반적으로 학식이 적고 뒤떨어져 있지만 반드시 미개인은 아니었다. 다만 헬라 문명과 관련을 갖지 못한 자들이었다. 지혜 있는 자들은 도덕적인 삶을 사는 자들이고, 어리석은 사람들은 도덕적 수준이 낮은 자들이다. 바울이 이 구절에서 우리가 모든 계층의 사람들, 즉 문화인, 야만인, 선인, 악인에게 다 보편적으로 빚을 지고 있다고 명시한다.

"나는 갈망한다." - '갈망한다'는 말은 문자적으로 '앞을 향한 마음'(a forward mind)으로 자진하여 기꺼이 하려는 뜻(willing)과 열정(eager)을 의미한다. 바울은 단순한 의무감으로 전도하지 않았다. 그는 주님을 섬기는 데 매우 열심이 있었다. 하나님은 우리에게 강압적으로 전도하라고 하시지 않는다(참조 고후 5:14).

"나는 부끄러워하지 않는다." - 복음에는 바울이 부끄러워할 수 있는 것들이 많았다. 왜냐하면 복음은 십자가에 못 박혀 죽은 한 사람에게 집중되어 있기 때문이다. 그것은 당시 학자들에게는 흥밋거리가 못 되었고, 예수 그리스도의 추종자들은 박해를 받고 무시를 당했다. 그러나 바울은 부끄러워하지 않았다.

제임스 데니(James Denney)는, "능력으로써의 복음의 개념은 논증에 의해서가 아니라 복음이 행하는 것에 의하여 나타난다. 복음이 할 수 있는 것을 실제로 보는 것이다. 바울은 어디에서나 복음 전하는 일을 자랑스럽게 여겼다."라고 말했다.

4) 베드로는 우리에게 무엇을 항상 예비하라고 했는가? (벧전 3:15)

베드로전서 3:15 너희 마음에 그리스도를 주로 삼아 거룩하게 하고 너희 속에 있는 소망에 관한 이유를 묻는 자에게는 대답할 것을 항상 준비하되 온유와 두려움으로 하고

너희 안에 있는 소망에 관하여 대답하도록 예비하라.

5) 사도행전 1:8에서 예수님이 하신 약속은 무엇인가?

능력을 받아 예수님의 증인이 될 것이라고 약속하셨다.

6) 그리스도의 능력 안에서 전도할 대상 중 적어도 세 사람의 이름을 적어 보라.

....

....

증인이란 보고 들은 것을 증언하는 사람이다. 그는 자신의 개인적 체험을 간증한다. 누구든지 그리스도와 생명 관계를 맺은 사람은 그리스도의 증인이 될 수 있다. 전도는 그리스도인 생활의 흘러넘치는 표현이다. 우리 생활이 그리스도의 임재로 충만해 있다면 우리가 만나는 사람마다 그리스도를 전하지 않고는 견딜 수 없을 것이다. 생명력 넘치는 그리스도인의 생활은 전염성을 가지고 있다. 자신의 영향권의 사람들에게 그리스도의 복음을 전하는 것은 모든 그리스도인들의 의무이자 특권이다.

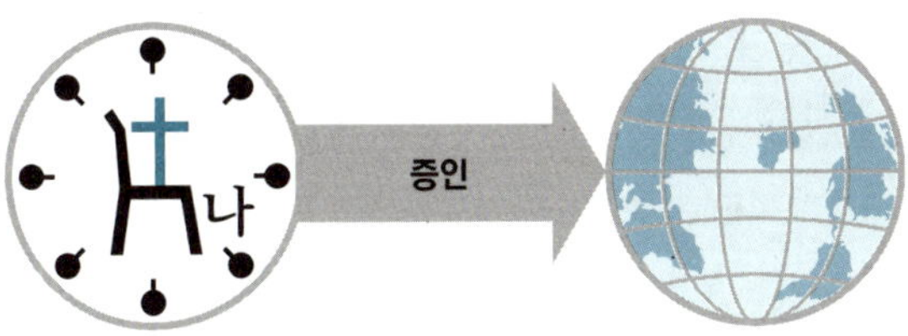

만일 효과적인 전도 방법을 알고자 한다면, '사영리'와 같은 전도지를 사용해 보라. 아래의 웹주소로 사영리와 그 외의 전도 자료를 신청하라.

순출판사 www.soonbook.co.kr

〈보충〉

전도하는 데 도움이 되는 말들:

(1) 적극적이고 재치 있게 하라.

사람들이 항상 먼저 당신에게 다가오지 않는다. 때때로 당신은 복음을 전하기 위해 그들에게 가서 자신을 내 보여야 한다. 이때 사랑으로 재치 있게 해야 한다. 때로는 상대방에게 민감하지 못한 무조건적이고 공격적인 전도 방법이 사람들에게 회복할 수 없는 상처를 줄 수도 있다. 만일 당신에게 이런 경향이 있다면, 즉 사람을 얻기보다는 오히려 쫓아버리는 사람이라면 방법을 바꾸어야 한다.

(2) CCC에서 구할 수 있는 '사영리'같은 전도지를 사용하는 것도 좋은 방법이다.
이것은 당신의 전도를 좀 더 조직적이고 간결하고 효과적으로 하도록 도울 것이다.

(3) 논쟁을 피하라.
논쟁은 사람을 얻기보다는 대개는 쫓아버린다. 만일 논쟁하기를 좋아하는 사람을 만나면 사영리를 다 읽고 나서 그 쟁점을 이야기하자고 말하라. 사영리를 읽는 중에 문제가 해결될 수도 있기 때문이다.
만일 그 사람이 그 제안을 받아들이지 않는다면 전도를 계속할 필요가 없다.

(4) 사람들이 그리스도를 믿을 것을 기대하라.
요한복음 15:5, 8에서 예수님은 우리가 그를 따르면 많은 열매를 맺게 해주시겠다고 약속하셨다. 수많은 사람들이 복음을 들으려고 기다리고 있으므로 사람들에게 접근하는 것을 두려워하지 말라. 어떤 사람이 그리스도를 영접하지 않았다고 실망하지 말라. 그에게 시간이 더 필요한 것일 수 있다. 그 사람이 아니지만, 조만간에 다른 사람들이 영접할 것이다.

5 다섯 번째 필수품 - 여행 지침 따르기 : 순종

성공적인 여행의 마지막 필수품은 여행 지침서를 따라 여행하는 것이다. 특히 한번도 가보지 않은 나라나 지역, 또는 돌발적인 위험이 예상되는 곳일수록 준비된 지침이나 규칙을 철저하게 따라야 한다. 그렇지 않다면 즐거워야 할 여행이 힘들거나 위험한 여행이 될 수도 있다. 영적 여행도 만족스럽고 성공적인 여정이 되려면 말씀에 순종해야 한다.

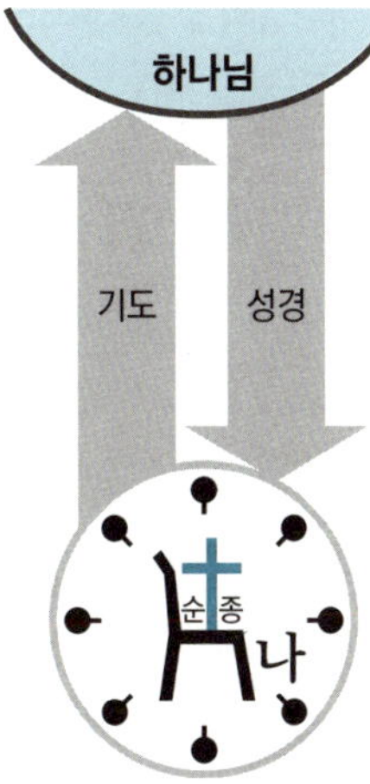

1) '성공의 비결에 대한 책을 읽었는데 아주 실제적인 조언이 많았다. 그래서 새로운 계획과 결심을 많이 했었다. 그런데 시간이 지난 후 나의 모습은 그 책을 읽기 전과 동일했다.' 이러한 경험이 있는가? 있다면 무엇이 문제이며 왜 그렇다고 생각하는가?

각자 자기 이야기를 하게 하라.

2) 그리스도의 계명을 지킨 결과는 무엇인가? (요 14:21; 15:10, 11)

우리가 그의 사랑 안에 거하고, 우리의 기쁨이 충만해진다.

3) 누가복음 6:46-49에 나오는 예수님의 비유에 비추어 볼 때, 그리스도께 순종하는 것이 왜 중요한가?

누가복음 6:46-49 46너희는 나를 불러 주여 주여 하면서도 어찌하여 내가 말하는 것을 행하지
아니하느냐 47내게 나아와 내 말을 듣고 행하는 자마다 누구와 같은 것을 너희에게 보이리라 48
집을 짓되 깊이 파고 주추를 반석 위에 놓은 사람과 같으니 큰물이 나서 탁류가 그 집에 부딪치되
잘 지었기 때문에 능히 요동하지 못하게 하였거니와 49듣고 행하지 아니하는 자는 주추 없이
흙 위에 집 지은 사람과 같으니 탁류가 부딪치매 집이 곧 무너져 파괴됨이 심하니라 하시니라

하나님의 말씀을 듣고 행할 때 영적 성장이 일어나며 하나님이 예비하신 풍성한 삶을 경험할 수 있다.

하나님의 말씀에 순종하지 않는다는 것은 내 뜻대로 산다는 의미인데, 이러한 삶은 내적으로 영적인 갈등과 좌절과 실패를 경험하며 외적으로는 선한 영향력을 끼칠 수 없다.

우리가 하나님께 순종해야 할 몇 가지 이유들

① 우리가 그분을 사랑하기 때문이다(요 14:21).

② 우리는 우리 자신의 것이 아니기 때문이다(고전 6:20).

③ 불순종하면 하나님이 예비하신 풍성한 삶을 누릴 수 없기 때문이다 (갈 6:7-8; 욥 9:4).

회심하기 전, 바울은 기독교를 사기집단이요 이단이라고 확신하고서 그리스도인을 하나도 남기지 않고 진멸하려고 돌아다녔다. 그러나 회심한 후, 그는 자신의 잘못을 깨닫고 진심으로 하나님을 섬기기 시작했다. 바울은 기독교를 찬성하거나 반대하거나 둘 중 하나였지 결코 중립적 입장을 취하지는 않았다.

메튜 헨리는 마태복음 6:24에 대해 더 상세하게 설명한다. "우리 주 예수님은 하나님과 세상을 구분하셨다. 이 세상에서 보물을 갖고 하늘에서도 보물을 가지려는 자들을 드러내셨다. 그리고 우리에게 하나님과 재물(mammon)을 겸하여 섬길 수 없다고 말씀하셨다."

"하나님께 대한 우리의 사랑은 신실해야 한다. 그를 사랑한다고 말하지만 마음은 다른 곳에 있는 자들처럼 말과 혀로만 사랑해서는 안 된다. 모든 영적인 능력을 그리스도로부터 공급받아야 하고 그분을 위해 사용해야 한다. 이것이 크고 첫째 되는 계명이다."

- 메튜 헨리

4) 하나님의 뜻에 순종할 수 있는 힘은 어디에서 얻을 수 있는가? (빌 2:13)

우리 안에서 일하시는 하나님께로부터 얻는다.

그리스도인의 삶의 성장 비결은 하나님의 뜻에 순종하는 것이다. 성장의 원리를 안다 해도 실제로 적용하지 않으면 아무런 가치가 없다. 우리를 사랑하고 우리에게 무엇이 가장 좋은가를 홀로 아시는 분께 순종하지 않는 것은 어리석은 일이다. 그리스도는 당신이 풍성한 삶을 사는 것을 당신보다 더 원하고 계심을 기억하라.

"만일 그리스도가 하나님이시고 나를 위해 죽으셨다면, 내가 그를 위해 무엇을 하더라도 부족하다."

- 스터드(C. T. Studd)

(스터드는 하나님을 위해 가족, 명예, 행복, 편안한 삶을 포기하고 아프리카에서 사역했던 선교사이다.)

적용

1. 이 과에서 당신에게 가장 의미 있는 것은 무엇인가?

2. 신앙 성장을 위한 다섯 가지 요소 중 당신에게 부족하다고 여겨지는 요소들은 어떤 것들인가? 이 요소들을 어떻게 세워 나갈 것인가?

우리가 그리스도를 영접했을 때 그가 우리에게 영생을 주셨다는 것을 확신한 결과는 무엇인가? 그 결과는 근본적으로 우리가 두려움과 의심에서 해방되었고, 그분이 우리를 위해 계획하신 목적에 따라 의미 있는 생활을 하며, 하나님을 기쁘시게 할 수 있다는 것이다.

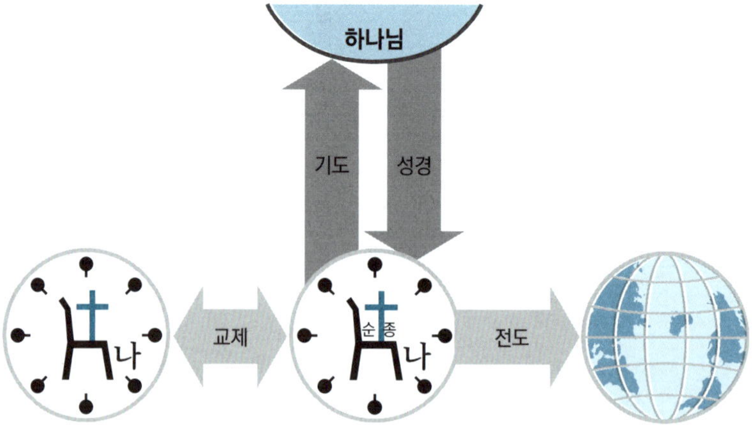

외울 말씀 요한복음 14:21
나의 계명을 지키는 자라야 나를 사랑하는 자니 나를 사랑하는 자는 내 아버지께 사랑을 받을 것이요 나도 그를 사랑하여 그에게 나를 나타내리라.

읽을 말씀 사도행전 2:14-47

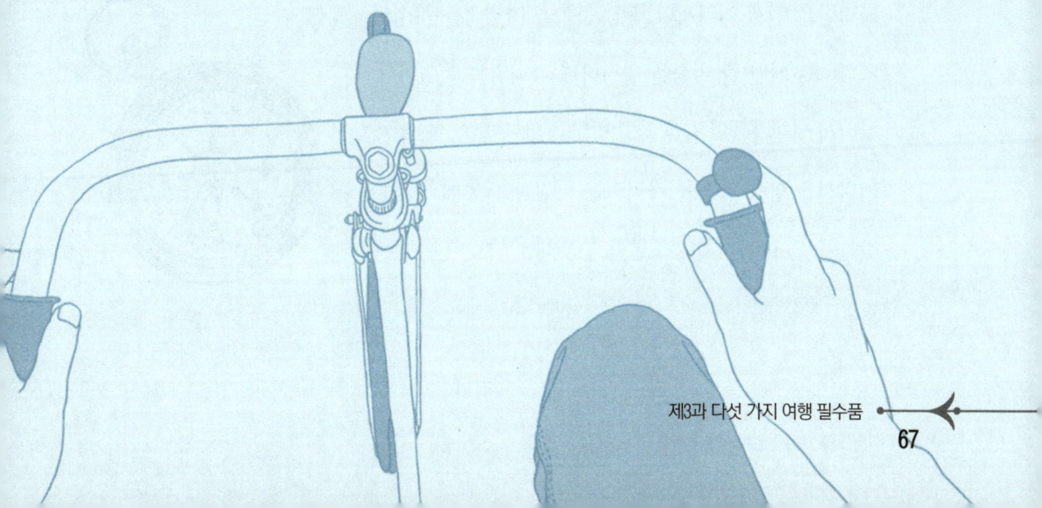

제4과

여행 필수품 1

나침반 : 성경

학 습 목 표 : 그리스도인의 일상생활에서 성경이 가지는 역할과 능력을 이해할 수 있다.

3과에서 간략하게 여행의 다섯 가지 필수품을 살펴보았다. 이번 과에서는 여행의 첫 번째 필수품인 나침반에 대해 자세히 알아볼 것이다. 여행자에게 나침반이 필요하듯이 그리스도인들에게는 영적 나침반인 성경이 필요하다.

† 나침반의 특징은 무엇인가?

나침반은 언제 어디서나 항상 북쪽을 가리키는 특성이 있다. 즉, 어떤 한 방향을 일정하게 가리키는 특성이다. 따라서 여행자들이 길을 잃고 방향을 알 수 없을 때, 언제 어디서든 항상 북쪽을 가리키는 나침반을 통해 방향을 찾을 수 있고 목적지에 도달할 수 있다.

† 성경이 가지고 있는 나침반과 같은 특징은 무엇인가?

성경도 나침반과 비슷한 특성이 있다. 나침반이 항상 북쪽을 가리키는 것처럼 성경의 모든 책이 예수 그리스도를 가리키고 있다(눅 24:44). 나침반이 길을 인도하듯이 성경은 그리스도인들이 하나님의 뜻을 알게 함으로 나아가야 할 삶의 방향을 잃지 않도록 인도한다.

무인도나 밀림 또는 사막을 여행할 때 그 지역에 대한 지식과 정보가 많다고 해도 방향을 정확히 알지 못하면 아무 소용이 없다. 어디로 가야할지 알 수 없는 상황 속에서는 가야할 방향을 가르쳐주는 나침반을 절대적으로 의지해야 한다. 마찬가지로 소용돌이치는 우리의 삶의 여정에서도 절대적으로 의지해야 하는 것이 바로 하나님의 말씀인 성경이다.

예수님은 '성경은 하나님 말씀이요 폐하지 못한다.'고 말씀하셨다(요 10:34-36). 마귀의 시험을 당하실 때에도 성경 말씀(구약성경)을 권위 있게 사용하심으로 마귀의 유혹을 물리치셨다(마 4:4-7, 10). 이것은 그리스도께서 구약성경에 대해 높이 평가하셨음을 보여 준다. 뿐만 아니라 그리스도는 그를 따르는 사람들에게 자신이 바로 하나님의 말씀을 하고 있음을 나타내셨고(요 3:34), 그의 말씀은 천지가 없어져도 없어지지 않는 영원히 살아 있는 권위임을 가르치셨다(마 24:35). 또한 예수님이 하신 말씀을 사람의 기억이나 이해력에만 의존하지 않고, 성령께서 오셔서 그것을 기억나게 하여 정확하게 기록하고 전하도록 도와주실 것을 말씀하셨다(요 16:12-15). 예수님은 성경 말씀을 하나님의 말씀이요, 그의 삶과 사역에 절대 권위로 받아들이셨다.

1 성경의 권위에 대한 성경의 주장 (성경의 내적 증거)

1) 구약의 예언자들은 자신들의 기록에 대해 어떻게 주장했는가?

(1) 이사야 43:1, 12

이사야 43:1, 12 [1]야곱아 너를 창조하신 여호와께서 지금 말씀하시느니라 이스라엘아 너를
지으신 이가 말씀하시느니라 너는 두려워하지 말라 내가 너를 구속하였고 내가 너를 지명하여
불렀나니 너는 내 것이라
[12]내가 알려 주었으며 구원하였으며 보였고 너희 중에 다른 신이 없었나니 그러므로 너희는
나의 증인이요 나는 하나님이니라 여호와의 말씀이니라

'너를 창조하신 여호와께서 말씀하신다.'

(2) 예레미야 23:1-4

예레미야 23:1-4 [1]여호와의 말씀이니라 내 목장의 양 떼를 멸하며 흩어지게 하는 목자에게
화 있으리라 [2]그러므로 이스라엘의 하나님 여호와께서 내 백성을 기르는 목자에게 이와 같이
말씀하시니라 너희가 내 양 떼를 흩으며 그것을 몰아내고 돌보지 아니하였도다 보라 내가
너희의 악행 때문에 너희에게 보응하리라 여호와의 말씀이니라 [3]내가 내 양 떼의 남은 것을 그
몰려 갔던 모든 지방에서 모아 다시 그 우리로 돌아오게 하리니 그들의 생육이 번성할 것이며 [4]
내가 그들을 기르는 목자들을 그들 위에 세우리니 그들이 다시는 두려워하거나 놀라거나 잃어
버리지 아니하리라 여호와의 말씀이니라

'여호와께서 하신 말씀이다.' 1-4절에 '여호와의 말씀이라'는 표현이 4회나 나온다.

(3) 호세아 1:1

호세아 1:1 웃시야와 요담과 아하스와 히스기야가 이어 유다 왕이 된 시대 곧 요아스의 아들 여로보암이 이스라엘 왕이 된 시대에 브에리의 아들 호세아에게 임한 여호와의 말씀이라

'호세아에게 임한 여호와의 말씀이다.'

칼 헨리(Carl F. H. Henry)는 구약 예언자들에 대하여 다음과 같이 말한다.

"구약의 예언자들은 말과 글에서 자신들을 살아 계신 하나님의 대변자로 구별하고 확증했다. '여호와께서 말씀하시기를 …'이라는 말은 모든 예언자들이 특징적으로 사용한 끊임없이 반복되는 형식으로, 하나님이 그들을 하나님의 의사 전달을 위해 선택한 대리인이라고 그들 스스로 자처했음을 말해 준다."

2) 신약의 저자들은 구약성경이나 자신들의 글에 대해 어떻게 평했는가?

(1) 바울 (롬 3:1, 2) 구약성경을 하나님의 말씀으로 보았다.

(2) 베드로 (벧후 1:20-21) 성경은 사람의 뜻으로 만들어진 것이 아니고 성령의 감동을 받은 사람들이 하나님께 받아 말한 것이다.

(3) 히브리서 저자 (히 1:1) 선지자들에 의해 기록된 성경은 하나님이 조상들에게 말씀하신 것이다.

신 · 구약성경은 하나님께서 주신 말씀이거나 아니면 사람들이 하나님께서 주셨다고 착각한 것이거나 둘 중의 하나다. 그러나 인류 역사를 통해 가장 위대하고 영향력 있는 책으로 인정된 성경이 착각에 빠진 사람들의 작품이라고는 할 수 없다. 성경의 능력은 이 책이 하나님께로부터 온 것이라는 증거이다.

> 신약의 기자들도 구약성경을 하나님의 영감으로 기록된 것으로 보았다. 그들은 자신의 기록에 대해서도 같은 입장이었다. "그들은 신적 영감의 전통적인 주장을 연장시켰다. 예수님은… 성령님께서 오셔서 진리를 가르쳐주실 것을 말씀하셨다(요 14:26; 16:13). 사도들은 그들이 성령에 의하여 이렇게 말하고 있음을 확신 있게 단언했다(벧전 1:12). 또한 그들은 자신들의 기록에 신적 권위를 당연하게 생각했을 뿐 아니라(살전 4:2, 15; 살후 3:6, 12), 그들이 기록한 명령을 받아들이는 것을 하나님께 대한 순종의 척도로 삼았다"(고전 14:37).
>
> \- 칼 헨리(Carl F. H. Henry)

3) 성경은 정확하고 신뢰할 만한가? (성경의 외적 증거)

네 명의 사람에게 아무런 설명을 하지 않고 각각 책상 다리를 1개씩 만들어 오도록 한다면, 그들이 만들어 온 다리로 책상을 만들었을 때 평형이 유지될 확률은 얼마나 되겠는가? 책상 다리 네 개의 조율이 반드시 필요할 것이다. 하물며 66권의 다양한 책을 가지고 있으면서도 그 내용의 통일성과 지속성을 보여 준다는 것은 성경이 인간의 책이 아니라 (하나님의 말씀)이라는 증거이다.

성경은 (1,600)년 이상의 기간 동안 (40)명 이상의 서로 다른 계층의 사람들, 곧 왕, 농부, 철학자, 어부 등에 의해 기록되었다. 각각의 서로 다른 장소, 즉 광야, 편안한 집, 감옥에서 서로 다른 시기에 기록되었다. 세 개의 대륙 아시아, 아프리카, 유럽에서 세 개의 언어 히브리어, 아람어, 헬라어로 기록되었다.

이러한 다양성에도 불구하고, 성경의 (통일성)이 유지되는 까닭은 성경의 모든 저자들이 '하나님께서 인간을 구원하셨다'는 오직 한 가지 주제에 집중하기 때문이다.

2 성경공부의 목적

1) 하나님의 말씀을 공부할 때 얻을 수 있는 여러 가지 유익을 말해 보라. (딤후 3:15-17)

구원에 이르는 지혜와 지식을 주며, 교훈(하나님의 진리를 배움)과 책망(죄를 바로잡음)과 바르게 함(잘못된 것을 고침)과 의로 교육하기에(하나님의 길로 인도함) 유익하고, 하나님의 사람으로 온전하게 하며 모든 선한 일을 행할 능력을 갖추게 한다.

> 성경은 인간의 근본적인 요구를 만족시켜 준다. 이는 성경이 사람의 마음을 누구보다 잘 아시는 하나님께서 하신 말씀이기 때문이다.

2) 사도행전 20:32에서 바울은 하나님의 말씀이 할 수 있는 두 가지 일을 말하고 있다. 무엇인가?

① 우리를 믿음에 든든히 세운다.

② 거룩하게 구별된 사람들이 하나님이 주시는 유산(기업)을 얻게 하신다.

3) 성경을 읽을 때, 당신의 생활에서 어떤 변화가 나타나야 한다고 생각하는가?

"여러분은 말씀을 실천하는 사람이 되고 그저 듣기만 하여 스스로를 속이는 사람이 되지 마십시오. 말씀을 듣고도 행하지 않는 사람은

마치 거울 속에 자기 얼굴을 들여다보지만 거울 앞을 떠나면 곧 자기 모습을 잊어버리는 사람과 같습니다. 그러나 자유를 주는 완전한 율법을 잘 살피고 그것을 지키는 자는 듣고 잊어버리는 사람이 아니라 들은 대로 실천하는 사람입니다. 이런 사람은 자신이 행한 일에 복을 받을 것입니다"(약 1:22-25, 쉽게 번역함).

> 말씀을 듣고 공부하지만 실행하지 않는 사람은 마치 거울 속의 자신의 얼굴이 더러운 것을 보고도 씻지 않고 지내는 사람과 같다.
>
> "교육의 중요한 목표는 지식이 아니고 행함이다." - 스펜서(Herbert Spencer)
>
> "우리가 진실로 하나님을 안다고 확신할 수 있는 것은 그의 법에 순종할 바로 그 때이다. 하나님을 안다고 주장하나 그의 법에 순종하지 않는 사람은 거짓말하는 자이고 자기기만 속에 사는 사람이다. 실제로 하나님의 법에 순종하는 것은 하나님에 대한 자신의 사랑을 보다 진실하고 충만하게 표현하는 것이다. 순종은 우리가 정말로 하나님 안에 사느냐 그렇지 않느냐를 재는 척도이다."(요일 2:4-6, 필립스성경 번역)

3 개인 성경공부 방법

성경을 우리 삶의 길을 안내하는 영적 나침반으로 생각한다면, 우리는 성경공부 하는 것을 삶의 최우선으로 삼게 될 것이다. 어떻게 성경공부를 잘 할 수 있는지 그 방법을 알아보자.

1) 준비 : 마음, 최선의 시간과 장소, 도구들을 준비하라.

(1) 원하는 시간과 장소를 적어 보라.

(2) 도구는 어떤 것이 필요한가?

성경책, 노트, 필기구, 더 깊이 공부하기 위해서는 성경사전도 있으면 좋다.

2) 성경공부 방법

(1) 관찰 : 이 구절(단락)은 무엇을 말하고 있는가?

먼저 전체 내용을 빨리 읽으라. 중요한 말이나 구절에 유념하여 주의 깊게 다시 읽으라.

이 구절(단락)이 어떤 행동 또는 어떤 내용을 말하고 있는지를 기록하라.

(2) 해석 : 이 구절(단락)이 의미하는 것은 무엇인가?

앞에서 한 관찰의 내용을 6하 원칙(누가? 언제? 어디서? 무엇을? 어떻게? 왜?)에 따라 질문해 보라.

구절(단락)의 맥락과 관련 성경구절에 비추어 의미를 살펴보라.

성경 저자가 의도한 의미가 무엇인지 발견하도록 하라.

단어의 정확한 뜻을 알기 위해 성경사전이나 최신번역 성경을 찾아보라.

(3) 적용 : 이 구절(단락)이 나에게 어떤 의미가 있으며, 내 삶에 어떻게 적용할 것인가?

아래의 **SPACE**의 내용을 포함한 표를 만들라.

고백해야 할 죄가 있는가? (**S**ins to confess)

붙들어야 할 약속이 있는가? (**P**romises to claim)

피해야 할 행동이 있는가? (**A**ction to avoid)

순종해야 할 명령이 있는가? (**C**ommands to obey)

따라야 할 모범이 있는가? (**E**xamples to follow)

이해한 내용을 삶에 적용하고 실행할 수 있게 해 달라고 기도하라.

4 실습

요한복음 15:5을 위에서 배운대로 관찰, 해석, 적용해 보라.

요한복음 15:5 나는 포도나무요 너희는 가지라 그가 내 안에, 내가 그 안에 거하면 사람이 열매를 많이 맺나니 나를 떠나서는 너희가 아무것도 할 수 없음이라

관찰	1. 예수님은 포도나무이고 그리스도인은 가지로 비유할 수 있다. 2. 가지가 포도나무에 붙어 있어야 열매를 맺는 것처럼, 그리스도인도 예수님께 붙어 있어야 열매를 맺는다. 3. 그리스도인은 예수님을 떠나서는 아무것도 할 수 없다.
해석	1. 예수님과 그리스도인의 관계는 생명 관계이다. 그리스도인은 예수님 안에 붙어 있어야 생명을 유지할 수 있다. 2. 예수님께 붙어 있어 생명 관계를 유지하는 자는 열매를 맺게 되어 있다. 3. 열매를 맺기 위해 노력할 것이 아니라, 예수님께 붙어 있기를 노력할 때 열매를 맺게 된다. 4. 그리스도인이 예수님을 떠나서는 전혀 하나님을 기쁘시게 할 수 없다.
적용	나에게 예수님은 생명과 같은 존재다. 예수님과 하나 되는 법을 더 배워야겠다. 이를 위해 QT집인 '풍성한 삶'을 통해 매일 아침 7시 말씀을 묵상하고 하루를 시작하고 성경을 매일 3장 읽겠다.

적용

1. 이 과에서 당신에게 가장 의미 있는 것은 무엇인가?

2. 성경 말씀을 생활에 적용하기 힘들다면 왜 그런지 나누어 보라.

3. 다음 한 주 동안 누가복음 19:1-10을 정한 시간에 배운 방법대로 공부해 보라.

관찰	해석	적용
1, 2절 삭개오는 세리장이며 매우 부유했다.	세리는 세금 징수원으로, 종종 잔인하고 부정직했다. 삭개오는 아마 자신의 재산을 모으는 데 비양심적이고 부정직한 일을 했을 것이다.	1-4절 (1) 가장 기대하지 않았던 부류의 사람들 가운데서도 하나님을 영접할 준비가 된 사람들이 있다. 나의 친구들 중에도 겉으로는 세상적이고 성경에 관심이 없는 것 같지만 삭개오처럼 속으로 그리스도를 알고자 열망하는 친구들이 있을 것이다. (2) 하나님을 찾는 마음에 주님은 즉시 응답하신다. 삭개오는 구원을 얻으려고 기다릴 필요가 없었다. 나도 일상 경험에서 하나님을 찾기 위하여 기다릴 필요가 없다.
3, 4절 삭개오는 사람들보다 앞서 달려가 예수님을 보려고 뽕나무 위로 올라갔다.	그런 수고를 한 것을 보면, 그는 예수님을 몹시 보고싶어 했음이 틀림없다. 그의 재산과 지위를 고려해 볼 때 그의 행동은 아주 놀랍다.	
5, 6절 예수님이 삭개오의 집에 머물겠다고 청하신다. 삭개오는 예수님을 즐겁게 맞이했다.	예수님은 삭개오의 행동을 분명히 관찰하시고 굶주린 영혼의 필요를 아셨기 때문에 삭개오와 함께 머무르실 것을 주저하시지 않았다.	(1) 주님은 누가 주님에게 응답할 것이고 누가 응답하지 않을 것인가를 아신다. 내가 그분에 의해 인도 받는다면 나도 굶주린 영혼을 만나게 될 것이다. (2) 예수님은 삭개오와 함께 유하시기를 서슴지 않으셨다. 하나님을 힘써 구하는 사람을 만날 때, 나도 담대해질 수 있는가?

7절 예수님이 종교 지도자와 머무르시지 않고 악평을 받는 사람과 함께 머무르신다는 이유로 군중들은 수군거렸다.	군중들은 자기의 의로움에 깊이 빠져있었다. 그들은 삭개오와 같은 사람이 예수님에 대해 관심을 가졌다는 것을 크게 기뻐했어야 했다.	(1) 남을 얕보게 되는 것은 아주 쉽다. 나는 다른 사람들이 내 수준에 못 미치기 때문에 그들을 의도적으로 피하는가? (2) 스스로 의롭다고 생각하기는 쉽다. 삭개오는 자신에게 예수님이 필요함을 알았다. 그러나 군중들은 몰랐다. 나는 매우 선량해서 다른 사람들만큼 예수를 필요로 하지 않는가?
8, 9절 삭개오는 공개적으로 자기 재산의 절반을 가난한 자에게 주고, 토색한 것은 4배로 갚아주겠다고 약속했다. 예수님께서는 오늘 삭개오가 구원을 받았고 그가 진정 아브라함의 자손임을 밝혔다.	삭개오는 회심의 경험을 증거로 제시했다. 지금까지는 돈이 그의 신이었지만, 그보다 더 값진 것을 위하여 가장 소중하다고 생각했던 것을 포기했다. 우리가 진정한 회개의 증거를 보일 때, 하나님은 과거의 죄악을 기꺼이 용서해주심을 예수님의 반응을 통해서 알 수 있다.	이 구절은 순원들이 스스로 적용한 것을 쓰게 하고 나누라.
10절 예수님은 특별히 잃어버린 자를 찾아 구원하러 오셨다고 말씀하셨다.	이 점이 삭개오 이야기의 요점이다. 삭개오는 잃어버린 자였으나 이제는 다시 찾은 자가 되었다. 군중도 역시 잃어버린 자이지만 그 사실을 알지 못하므로 잃어버린 채로 남는 것이다.	이 구절은 순원들이 스스로 적용한 것을 쓰게 하고 나누라.

참고: 이것은 누가복음 19:1-10의 관찰, 해석, 적용의 한 예이다. 여기에 언급하지 않은 것도 관찰하고 해석하고 적용할 수 있다. 개인적인 경건의 시간에 이와 같은 과정을 따르라.

외울 말씀 데살로니가전서 2:13

이러므로 우리가 하나님께 끊임없이 감사함은 너희가 우리에게 들은 바 하나님의 말씀을 받을 때에 사람의 말로 받지 아니하고 하나님의 말씀으로 받음이니 진실로 그러하도다 이 말씀이 또한 너희 믿는 자 가운데에서 역사하느니라.

읽을 말씀 시편 119:97-104

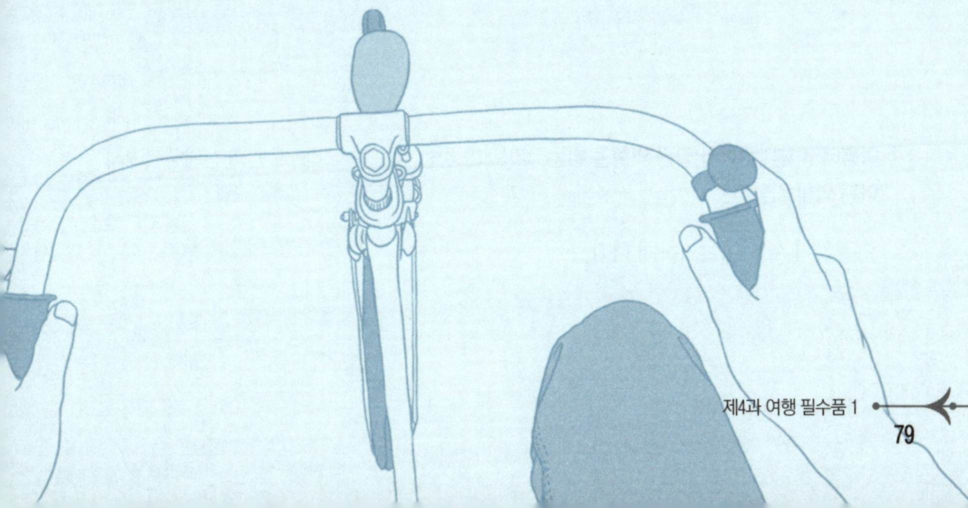

제5과

여행 필수품 2

휴대전화 : 기도

학 습 목 표 : 개인 기도생활을 발전시키는 방법을 배운다.

여행의 두 번째 필수품은 휴대전화다. 여행의 즐거움을 가족이나 친구에게 전해주고 여행 중에 긴급 상황이나 어려움을 만났을 때 구조 요청을 위해서도 휴대전화는 필수적이다. 마찬가지로 영적인 여행에도 휴대전화 기능을 하는 것이 있다. 그것이 바로 기도다.

† 여행 중에 휴대전화가 없다면 어떻게 될까? 휴대전화는 어떤 역할을 하는가?

여행 중에 서로 간에 소식을 알리고 위기 상황에서 필요나 도움을 요청할 수 있다.

† 여행에서 휴대전화와 같은 역할을 하는 것이 기도라면, 기도는 그리스도인의 신앙생활에서 어떤 역할을 할까?

순원들이 서로 이야기하게 하라.

의사소통은 성공적인 관계를 맺는 데 반드시 필요한 요소이다. 이는 하나님과의 관계에서도 마찬가지다. 하나님과 의사소통하는 것이 바로 기도이다. 기도는 말하는 것 그 이상이다. 기도는 하나님을 향한 우리의 마음을 표현하는 것이다. 하나의 활동(종교 행위)이 아니라 경험이며 관계이다.

하나님의 자녀로서 우리는 담대하게 하나님의 보좌 앞에 나가도록 초대받았다. 히브리서 저자는 "그러므로 우리에게 큰 대제사장이 계시니 승천하신 이 곧 하나님 아들 예수시라... 그러므로 우리는 긍휼하심을 받고 때를 따라 돕는 은혜를 얻기 위하여 은혜의 보좌 앞에 담대히 나아갈 것이니라."(히 4:14,16)라고 말한다.

> 기도를 하는 것은 천국의 하나님 보좌 앞에 나아가는 것이다. 얼마나 굉장한 경험인가!

우리의 기도를 들으시는 하나님은 모든 만물의 창조주이시며 만왕의 왕이므로, 우리는 경외하는 마음을 가지고 하나님 앞에 나아가야 한다. 뿐만 아니라 하나님은 우리를 사랑하시며 돌보시는 하늘에 계신 아버지이다. 그러므로 하나님은 어느 누구보다도 더 나를 사랑하는 분이라는 확신을 가지고 기쁘고 편한 마음으로 하나님의 임재 앞에 나아갈 수 있다.

1 기도란 무엇인가?

1) 기도는 우리의 특권 이다. (렘 33:3)

> 예레미야 33:3 너는 내게 부르짖으라 내가 네게 응답하겠고 네가 알지 못하는 크고 은밀한 일을 네게 보이리라

* 우리가 하나님께 기도하면, 크신 왕이요 거룩하신 하나님께서는 우리 기도를 들으시고 응답 하시겠다고 약속하셨다.

대통령에게 메일을 보냈는데 직접 답장을 받았다고 하자! 눈이 휘둥그레지지 않겠는가! 하나님께서 우리 기도에 직접 응답하신다. 얼마나 놀라운가!

2) 하나님께서는 우리 가 말하는 것을 듣고 싶어 하신다. (잠 15:8; 시 27:8; 시 62:8; 요 4:23)

잠언 15:8 악인의 제사는 여호와께서 미워하셔도 정직한 자의 기도는 그가 기뻐하시느니라

시편 27:8 너희는 내 얼굴을 찾으라 하실 때에 내가 마음으로 주께 말하되 여호와여 내가 주의 얼굴을 찾으리이다 하였나이다

시편 62:8 백성들아 시시로 그를 의지하고 그의 앞에 마음을 토하라 하나님은 우리의 피난처시로다

요한복음 4:23 아버지께 참되게 예배하는 자들은 영과 진리로 예배할 때가 오나니 곧 이 때라 아버지께서는 자기에게 이렇게 예배하는 자들을 찾으시느니라

* 하나님은 우리와의 교제를 기뻐하시며 고대하신다.
* 순간순간 하나님을 의지하고 하나님 앞에 마음 을 다 쏟아놓으라고 말씀하신다.

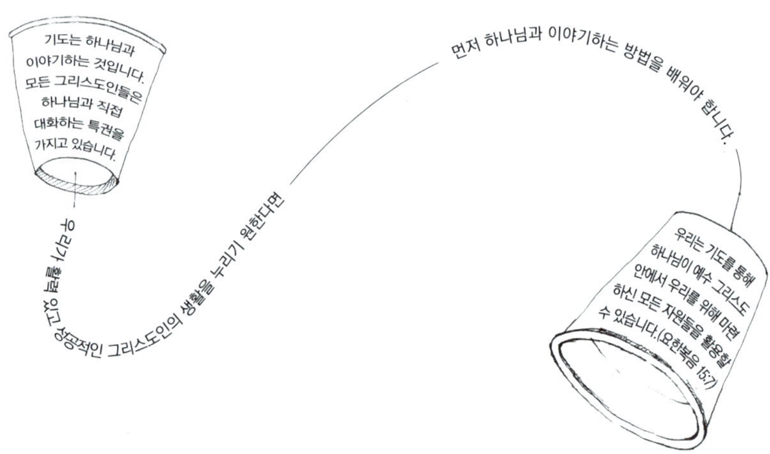

3) 하나님은 우리의 필요를 듣고 좋은 것 으로 채워 주기를 원하신다. (마 7:11; 요 16:24)

마태복음 7:11 너희가 악한 자라도 좋은 것으로 자식에게 줄 줄 알거든 하물며 하늘에 계신 너희 아버지께서 구하는 자에게 좋은 것으로 주시지 않겠느냐

요한복음 16:24 지금까지는 너희가 내 이름으로 아무것도 구하지 아니하였으나 구하라 그리하면 받으리니 너희 기쁨이 충만하리라

* 하나님은 언제든지 그의 자녀의 문제를 해결해 주시고 도와주실 준비가 되어 있으시다.
* 또한 하나님은 그의 자녀가 필요한 것 을 구할 때 가장 좋은 것으로 주신다.

4) 기도는 유혹 에 빠지지 않게 해주며 죄를 짓지 않도록 지켜준다. (마 26:41)

마태복음 26:41 시험에 들지 않게 깨어 기도하라 마음에는 원이로되 육신이 약하도다 하시고

기도란 하나님과 우리 사이의 대화 이다. 대화는 한쪽에서만 말하는 것이 아니고, 양쪽 모두 자연스럽게 참여할 때 이루어진다. 상대편 말을 듣는 것이 대화의 본질적인 요소이다. 하나님은 즐거이 우리 이야기를 듣기 원하신다.

우리는 일반적으로 기도에 대해 우리 편에서의 의미와 유익만을 생각한다. 우리에게 기도가 놀라운 특권이요 유익을 주기도 하지만, 하나님께서도 우리의 기도를 기뻐하시고 고대하시면서 기도하라고 말씀하신다.

2 어떻게 기도할까?

1) 아래 구절들은 기도하는 방법에 대해서 무엇을 가르치고 있는가?

마태복음 6:5-7

(1) (사람)에게 보이려고 기도하지 말라(5절).

(2) (은밀한) 중에 계신 아버지 하나님께 기도하라(6절).

(3) (주문)을 외우듯 이미 한 말을 반복해서 하거나 유창한 말로 길게 기도를 해야 들어 주실 것이라고 생각하지 말라(7절).

어떤 사람들은 신앙생활을 오래한 자들의 유창한 기도를 부러워 한다. 그것은 하나도 중요하지 않다. 말을 잘해야 하나님이 들으시는 것이 아니기 때문이다.

* 기도는 (종교 행위)가 아니다. 자신의 덕을 쌓거나 남에게 믿음이 좋게 보이기 위해 하는 행위가 되어서는 안 된다. 하늘 아버지가 되시는 하나님과 (인격적)으로 (개인적) 으로 깊이 (교제)하는 것이다.

마태복음 18:19-20

두사람이주안에서 (합심하여) 무엇이든지 구하면 하나님께서 이루어주신다.

두세 사람이 (예수님의 이름)으로 모이면 주님도 그곳에 함께하신다.

2) 사도행전 4:24-30에서 찾을 수 있는 기도의 필수 요소들은 무엇인가?

- 믿는 무리들이 함께 모여 기도할 때 한마음으로 기도해야 한다(24절 : "믿는 무리 들이 듣고 한마음으로 소리를 높이어").
- 하나님이 어떤 분인지 상기하며 기도해야 한다(24절 : "대주재", "만물을 지으신 이").
- 말씀에 근거해서 기도해야 한다(25-26절).
- 구체적인 상황을 아뢰라(27-28절).
- 먼저 하나님의 나라와 의를 구하라(29-30절 : "담대히 하나님의 말씀을 전하게, 병을 낫게, 표적과 기사가 예수의 이름으로 이루어지게 하옵소서").

지금 잠시 당신의 삶속에서 기도를 통해 감사했던 경험이나 그렇지 못한 경험이 있다면 함께 나누어 보라.

3 효과적인 기도생활을 위한 단계들

1) 거하라. (요 15:7)

> 요한복음 15:7 너희가 내 안에 거하고 내 말이 너희 안에 거하면 무엇이든지 원하는 대로 구하라 그리하면 이루리라

거한다는 말은 무슨 뜻인가? 예수님 안에 우리가 어떻게 거할 수 있는가?

예수님 안에 거한다는 것은 하나님의 말씀 안에 거한다는 것을 말한다.

말씀 안에 거한다는 것은 말씀을 믿고 실행하는 것을 의미한다.

2) 구하라. (마 7:7; 6:8; 겔 36:37)

마태복음 7:7 구하라 그리하면 너희에게 주실 것이요 찾으라 그리하면 찾아낼 것이요 문을 두드리라 그리하면 너희에게 열릴 것이니

마태복음 6:8 그러므로 그들을 본받지 말라 구하기 전에 너희에게 있어야 할 것을 하나님 너희 아버지께서 아시느니라

에스겔 36:37 주 여호와께서 이같이 말씀하셨느니라 그래도 이스라엘 족속이 이같이 자기들에게 이루어 주기를 내게 구하여야 할지라 내가 그들의 수효를 양 떼 같이 많아지게 하되

성경은 우리에게 필요한 것을 구하라고 하셨다. 하나님은 모든 것을 아시지만 하나님께 구하는 것이 우리의 믿음을 표현하는 방법이다. 그러므로 하나님은 우리가 구하는 것을 원하신다.

(1) 구해도 받지 못할 수 있는가? 왜 그런가? (약 4:2-3)

야고보서 4:2-3 2너희는 욕심을 내어도 얻지 못하여 살인하며 시기하여도 능히 취하지 못하므로 다투고 싸우는도다 너희가 얻지 못함은 구하지 아니하기 때문이요 3구하여도 받지 못함은 정욕으로 쓰려고 잘못 구하기 때문이라

받지 못할 수 있다. 정욕으로 쓰려고 잘못 구하는 경우, 하나님의 뜻에 어긋나는 경우, 욕심으로 구하는 경우, 성령과 말씀의 뜻을 거스르는 경우에는 응답을 기대할 수 없다. 왜냐하면 이런 것은 하나님의 성품에 어긋나기 때문에 들어주실 수 없다.

(2) 언제까지 기도해야 하는가?

응답하실 때까지 기도하라(이 부분은 뒷부분에 더 자세히 나옴). 끈질기게 포기하지 말고 구해야 한다. 하나님의 뜻대로 하는 기도는 낙담하지 말고 계속해서 구해야 한다.

3) 신뢰하라. (눅 11:11-13)

누가복음 11:11-13 [11]너희 중에 아버지 된 자로서 누가 아들이 생선을 달라 하는데 생선 대신 에 뱀을 주며 [12]알을 달라 하는데 전갈을 주겠느냐 [13]너희가 악할지라도 좋은 것을 자식에게 줄 줄 알거든 하물며 너희 하늘 아버지께서 구하는 자에게 성령을 주시지 않겠느냐 하시니라

하나님은 구하고 찾고 두드리는 자에게 응답하신다. 악한 자도 자식에게는 좋은 것으로 주는데 하물며 하나님께서 구하는 자에게 좋은 것을 주시지 않겠는가! 하나님은 자녀에게 필요한 것을 가장 좋은 것으로 주신다. 특히 성령을 구하는 자에게 반드시 주신다.

'신뢰'의 근거는 나에게 달려 있는 것이 아니라 하나님께 달려 있다. 그분은 신뢰할 만한 분이시다. 하나님이 기도하라고 요구하셨다면 그것을 가볍게 여기지 말라. 하나님은 헛된 요구를 하지 않으신다. 하나님은 절대적으로 선하시기 때문에 그 응답이 눈에 보이지 않고 더딜지라도 신뢰하며 기도해야 한다. 기도한 것은 다 응답해 주신다는 것을 신뢰하라.

* 그런데 왜 하나님이 응답하시지 않는다고 느껴질 때가 있는가?

하나님이 응답하시지 않는 기도는 없다. 하나님은 모든 기도에 반드시 응답하신다.

다음 요점이 이것을 분명하게 해줄 것이다.

* 하나님은 세 가지로 기도에 응답하신다.

① Yes

② No : 어린 아이가 칼을 장난감으로 달라고 하면 부모가 No하지 않겠는가!
하나님께서 우리를 사랑하시므로 보호하시려고 우리가 우리 자신에게 유익이 되지 않는 것을 구할 때 No하신다. 그것 또한 기도의 응답이다.

③ Wait(기다리라) : 하나님의 때를 기다려야 한다. 이때 끝까지 낙심하지 말고 기다려야 한다.

4) 받아들이라. (마 21:22)

마태복음 21:22 너희가 기도할 때에 무엇이든지 믿고 구하는 것은 다 받으리라 하시니라

믿음을 가지고 하나님의 뜻대로 구한 기도는 반드시 응답된다는 것을 믿고 감사함으로 받아들여라. 믿고 구했으면 받은 줄로 여기라.

5) 감사하라. (빌 4:6; 살전 5:16-18)

빌립보서 4:6 아무 것도 염려하지 말고 다만 모든 일에 기도와 간구로, 너희 구할 것을 감사함으로 하나님께 아뢰라

데살로니가전서 5:16-18 [16]항상 기뻐하라 [17]쉬지 말고 기도하라 [18]범사에 감사하라 이것이 그리스도 예수 안에서 너희를 향하신 하나님의 뜻이니라

모든 일에 기도하되 감사함으로 하나님께 구하라고 하신다.

적용

1. 이 과에서 당신에게 가장 의미 있는 것은 무엇인가?

2. 당신의 기도를 방해하는 것들은 무엇인가?

3. 매일 기도할 시간과 장소를 적어 보라.

4. 효과적인 기도생활을 위해 기도수첩을 사용하라.

(1) 매일 기도하고 싶은 사람들의 이름과 감사와 찬양의 제목들을 적으라.

(2) 기도한 날짜, 기도 제목들, 기도 제목과 관련된 성경 구절을 기록하라. 각 기도 제목에는 응답된 내용과 날짜를 기록할 여백을 만들라.

(3) 기도가 응답되었을 때 언제 어떻게 응답되었는지에 대해서만 아니라 어떤 말씀을 더 깊이 깨닫게 되었는지 무엇을 배웠는지 등을 적으라.

(4) 기도할 때 참고하거나 혹은 마음에 떠오르는 관심, 필요, 찬양 제목, 감사 제목들을 기록할 수 있도록 기도수첩을 성경책과 함께 두라.

* 가급적 순장이 기도수첩을 순원에게 선물하라. 몇 가지 기도 제목을 그 자리에서 적게 하라. (순출판사의 [기도수첩]을 활용하라.)

외울 말씀 마가복음 11:24

그러므로 내가 너희에게 말하노니 무엇이든지 기도하고 구하는 것은 받은 줄로 믿으라 그리하면 너희에게 그대로 되리라

읽을 말씀 빌립보서 4:6; 시편 62:8; 행 4:23-33

제6과

여행 100배 즐기기

- 그리스도인의 교제와 교회 -

학 습 목 표 : 그리스도인의 교제의 중요성과 지역교회에 참여하는 것의 중요성을 알 수 있다.

친구들과 함께 여행을 할 때 즐거움은 더욱 커진다. 물론 여행 중 관점이 다르거나 의견이 다를 때도 있지만 그로 인해 더 많은 것을 배우게 된다. 우리의 영적 여행도 이와 마찬가지다. 다른 그리스도인들과 함께 교제할 때 우리의 믿음이 더욱 풍성해지고 깊이 성장할 수 있다.

장작 한 개를 놓고 불을 지피면 불이 금방 꺼지지만, 여러 개를 모아놓고 불을 지피면 활활 타오르듯이 그리스도인도 교제를 통해서 영적 성숙이 일어난다. 성도들도 혼자 있을 때 사탄의 공격에 약해지고 죄의 유혹에 넘어가기 쉽다. 그렇기 때문에 성도들은 서로 모여 교제하고 격려하는 것이 절대적으로 필요하다. 따라서 건강한 교회를 찾아서 정기적인 예배를 드리는 것은 무엇보다 중요하다.

헬라어 신약 성경에는 교회를 '에클레시아'(ekklesia)라고 표현한다. 이 말은 '모임' 혹은 '믿는 자의 무리'라는 뜻이다. 교회라는 말은 두 가지 기본적인 의미를 갖는다.

하나는 그리스도인들이 함께 모여서 예배하고 성경을 공부하고 가르치며 봉사하는 지역교회를 의미하고, 다른 하나는 예수 그리스도 안에 있는 모든 믿는 자를 총칭하는 우주적 교회를 의미한다.

'교제'란 무엇인가?

'교제'는 헬라어로 '코이노니아'(Koinonia)인데 서로 동업한다는 의미가 있다. 즉, 같은 목적을 도모하는 자들이 모여서 함께 일을 하는 것이다. 그러므로 그리스도인들은 서로 모여 주님이 하라고 맡겨 주신 일들을 함께 해 가는 것이 중요하다.

다른 그리스도인들과 교제할 때 어떤 유익이 있는가?

- 위로와 믿음의 격려를 받는다.
- 성도의 좋은 모델을 발견할 수 있다.
- 봉사할 기회를 얻는다.
- 영적 성숙이 일어난다.
- 말씀을 규칙적으로 접하고 도전받는다.
- 재미있다.
- 비전을 공유한다.
- 외롭지 않다.
- 경건한 지도력을 끊임없이 접할 수 있다.

- 자신의 달란트를 발견하고, 개발하며 사용할 수 있다.

- 다른 사람 속에 역사하신 하나님을 발견하며 더 깊게 하나님을 만날 기회를 얻는다.

- 모임을 기뻐하시고 모임 속에서 역사하시는 하나님의 사역에 참여할 수 있다.

- 하나님은 특히 여러 사람이 마음을 합하여 하는 기도를 기쁘게 여기신다(마 18:19).

- 그리스도의 메시지가 다른 사람들에게 전달되도록 계획하는 단체 활동에 참여할 수 있다.

이 모든 것이 교제와 모임 속에서 이루어지기 때문에 성도는 건강한 그리스도인으로 성장할 수 있는 환경 속에 항상 있어야 한다.

1 교회의 구성

1) 성경은 예수님과 교회와 믿는 자의 관계를 어떻게 묘사하는가?
(골 1:18; 고전 12:27)

> 골로새서 1:18 그는 몸인 교회의 머리시라 그가 근본이시요 죽은 자들 가운데서 먼저 나신 이시니 이는 친히 만물의 으뜸이 되려 하심이요
>
> 고린도전서 12:27 너희는 그리스도의 몸이요 지체의 각 부분이라

그리스도는 머리 이고, 교회는 그의 몸 이며, 믿는 자들은 지체 의 각 부분이다.
몸은 서로 유기적으로 연합되어 있는 지체들로 이루어져 있다.
- 몸의 지체는 각각 역할을 가지고 있고 몸은 지체 각 부분의 역할을 필요로 한다.
- 이것이 교제해야 하는 이유이다.

2) 초대 그리스도인들에게서 우리가 본받아야 할 것은 무엇인가?

사도행전 4:31 함께 모여 기도하며 성령 충만하였고 담대하게 하나님 말씀을 전파했다.

사도행전 4:31 빌기를 다하매 모인 곳이 진동하더니 무리가 다 성령이 충만하여 담대히 하나님의 말씀을 전하니라

사도행전 5:41-42 예수님의 이름 때문에 고난당하는 것을 기뻐하며 어디서든지 예수님이 그리스도라는 것을 가르치고 전했다.

사도행전 5:41-42 41사도들은 그 이름을 위하여 능욕 받는 일에 합당한 자로 여기심을 기뻐하면서 공회 앞을 떠나니라 42그들이 날마다 성전에 있든지 집에 있든지 예수는 그리스도라고 가르치기와 전도하기를 그치지 아니하니라

3) 데살로니가전서 1:1-10을 읽고 하나님이 원하시는 성도의 자질들을 써 보라.

① 믿음의 역사, 사랑의 수고, 소망의 인내를 가짐(3절).

② 바울과 주님을 본받음(6절).

③ 모든 믿는 자에게 본이 됨(7절).

④ 좋은 평판, 우상을 버리고 하나님께 돌아옴(8-9절).

⑤ 예수의 다시 오심을 기다림(10절).

4) 위의 자질들 중 당신에게 두드러지게 나타나고 있는 것은 어떤 것인가?

2 교회의 의식

1) 세례

(1) 세례의 의미는 무엇인가? (롬 6:3, 4)

로마서 6:3-4 [3]무릇 그리스도 예수와 합하여 세례를 받은 우리는 그의 죽으심과 합하여 세례를 받은 줄을 알지 못하느냐 [4]그러므로 우리가 그의 죽으심과 합하여 세례를 받음으로 그와 함께 장사되었나니 이는 아버지의 영광으로 말미암아 그리스도를 죽은 자 가운데서 살리심과 같이 우리로 또한 새 생명 가운데서 행하게 하려 함이라

그리스도를 믿는 사람들이 그리스도와 하나가 되었음을 사람들에게 공식적으로 나타낼 때 받는 것이 세례이다. 세례는 한번만 받는다.

세례라는 말은 '담그다', '적시다', '하나가 되다'의 의미를 갖는다. 세례 받았다는 것은 그리스도와 하나가 되었다는 의미이다. 예수 그리스도를 영접할 때 우리는 그리스도와 하나가 된다. 즉, 그리스도의 죽으심과 부활하심에 하나가 된다. 세례 받았다는 것은 우리가 그리스도와 연합하여 죽음에서 살아났으며, 이제는 부활의 생명으로 죄를 이기는 승리의 삶을 살 수 있게 되었음을 말한다. 사람들 앞에서 세례를 받는 것은 그리스도와 연합하여 하나가 되었음을 공식적으로 표현하는 것이다.

(2) 왜 세례를 받아야 하는가? (마 28:18, 19)

세례는 믿음의 고백이요 공식적인 선포이며 순종의 행위이다.

예수님도 친히 세례를 받으셨으며 예수님을 따르는 모든 사람들에게 세례를 받으라고 명령하셨다(막 1:9; 마 28:19).

(3) 누가 세례를 받을 수 있는가?

예수를 영접하고 거듭난 그리스도인이 받는다.

(4) 당신은 세례를 받을 때 개인적으로 어떤 의미가 있었는가?

2) 성찬식

(1) 성찬식의 의미는 무엇인가? (고전 11:23~26)

고린도전서 11:23-26 23내가 너희에게 전한 것은 주께 받은 것이니 곧 주 예수께서 잡히시던
밤에 떡을 가지사 24축사하시고 떼어 이르시되 이것은 너희를 위하는 내 몸이니 이것을 행하여
나를 기념하라 하시고 25식후에 또한 그와 같이 잔을 가지시고 이르시되 이 잔은 내 피로 세운
새 언약이니 이것을 행하여 마실 때마다 나를 기념하라 하셨으니 26너희가 이 떡을 먹으며 이
잔을 마실 때마다 주의 죽으심을 그가 오실 때까지 전하는 것이니라

우리를 위해 죽으신 예수님의 피와 살을 기념하는 의식으로, 주님이 십자가에서 죽으심을 기념하고 다시 오실 때까지 주님을 전하는 것이다.

성찬식은 유월절 주님이 잡히시던 밤에 예수님에 의해 제정되었다. 예수님은 떡과 포도주를 가지고 축사하셨는데, 떡은 우리의 죄를 위해 희생 제물로 죽으신 주님의 몸을 상징하고, 포도주는 죄 사함을 얻게 하려고 많은 사람을 위하여 흘리신 예수님의 피를 상징한다. 이 떡을 먹고 포도주를 마시며 주님을 기념하고 주님의 죽으심을 주님 오실 때까지 선포하는 것이다.

(2) 성찬식에 누가 참여할 수 있는가?

그리스도를 믿음으로 세례를 받은 그리스도인 들이 참여할 수 있다.

3) 예배

(1) 예배란 무엇인가? 왜 주일마다 예배를 드려야 하는가? (롬 12:1)

로마서 12:1 그러므로 형제들아 내가 하나님의 모든 자비하심으로 너희를 권하노니 너희 몸을 하나님이 기뻐하시는 거룩한 산 제물로 드리라 이는 너희가 드릴 영적 예배니라

예배는 우리의 삶 전체가 하나님께 속했음을 인정하고 하나님께 우리 자신을 드리는 것이다.

하나님께 시간을 따로 구분하여 드리는 '예배 시간'은 우리의 매일의 생활을 농축하여 삶 전체를 드린다는 의미이다. 세상 속에 살면서 해이해지기 쉬운 우리의 마음과 자세를 다시 한 번 새롭게 하기 위해 주일마다 예배를 드린다.

로마서 12:1의 "너희 몸"은 우리의 삶 전체를 의미한다. "산 제사"는 구약에서 동물을 죽여 제사를 드린 것과 대조되는 것으로, 산 제사를 드림은 하나님께 전적으로 순종하는 것을 의미한다.

(2) 예배에 참석하기 위해 어떻게 준비되어야 하는가? (요 4:23-24)

요한복음 4:23-24 23아버지께 참되게 예배하는 자들은 영과 진리로 예배할 때가 오나니 곧 이 때라 아버지께서는 자기에게 이렇게 예배하는 자들을 찾으시느니라 24하나님은 영이시니 예배하는 자가 영과 진리로 예배할지니라

예배의 의미를 기억하고 거룩하신 하나님 앞에 나아가기 전에 자신을 살피며 영과 진리로 예배해야 한다. 영으로 예배한다는 것은 마음의 진실함으로 예배함을 말하고 진리로 예배한다는 것은 진리이신 예수님(요 14:6)을 통해 예배하는 것을 말한다.

3 교회의 목적

1) 당신이 교회에 나가는 이유는 무엇인가?

2) 교회가 존재하는 가장 근본적인 목적은 무엇이라고 생각하는가? (딤후 4:2)

하나님의 말씀을 전파하여 이 세상에서 구원의 방주 역할을 하는 것이다.

아브라함의 복, 즉 예수 그리스도의 죽으심과 부활하심에 관한 생명의 복음을 땅끝까지 전하여 모든 사람이 구원의 축복을 받는 것(지상명령의 성취)이 교회의 목적이고 역할이다.

3) 교회는 그리스도에 관해 무엇을 믿어야 하는가?

(1) 예수님의 탄생 – 마태복음 1:23

마태복음 1:23 보라 처녀가 잉태하여 아들을 낳을 것이요 그의 이름은 임마누엘이라 하리라 하셨으니 이를 번역한즉 하나님이 우리와 함께 계시다 함이라

그리스도의 동정녀 탄생

(2) 예수님의 신성 – 요한복음 1:14

요한복음 1:14 말씀이 육신이 되어 우리 가운데 거하시매 우리가 그의 영광을 보니 아버지의 독생자의 영광이요 은혜와 진리가 충만하더라

말씀(하나님)이 육신(인간)이 되심

(3) 예수님의 죽음 – 베드로전서 2:24

베드로전서 2:24 친히 나무에 달려 그 몸으로 우리 죄를 담당하셨으니 이는 우리로 죄에 대하여 죽고 의에 대하여 살게 하려 하심이라 그가 채찍에 맞음으로 너희는 나음을 얻었나니

예수님이 우리의 죄를 대신하여 죽으심

(4) 예수님의 부활 – 고린도전서 15:3-4

고린도전서 15:3-4 [3]내가 받은 것을 먼저 너희에게 전하였노니 이는 성경대로 그리스도께서 우리 죄를 위하여 죽으시고 [4]장사 지낸 바 되셨다가 성경대로 사흘 만에 다시 살아나사

예수님이 죽었다가 3일 만에 다시 살아나심

(5) 예수님의 재림 – 데살로니가전서 4:16-17

데살로니가전서 4:16-17 [16]주께서 호령과 천사장의 소리와 하나님의 나팔 소리로 친히 하늘로부터 강림하시리니 그리스도 안에서 죽은 자들이 먼저 일어나고 [17]그 후에 우리 살아남은 자들도 그들과 함께 구름 속으로 끌어 올려 공중에서 주를 영접하게 하시리니 그리하여 우리가 항상 주와 함께 있으리라

부활 후 승천하신 예수님이 반드시 이 땅에 다시 오실 것을 믿음

교회가 믿어야 할 다섯 가지 기본 요소는 다음과 같다.

1. 동정녀 탄생

"이 교리를 부인하는 사람은 실질적으로 모든 초자연적인 것을 믿지 않을 것이다. 동정녀 탄생을 부인하면 우리는 그가 세상에 들어오신 방법에 관한 지식을 잃어버리게 되며, 하나님이 육신을 입으신 성육신(成肉身)의 교리를 약화시키고, 결국은 기독교 신앙이 더 이상 존속할 수 없도록 한다."

– 린젤과 우드브리지(Lindsell and Woodbridge)

2. 그리스도의 신성

"어떤 이들은 예수가 하나님이 아니라 해도 기독교 신앙은 그 자체로 이치에 맞아, 충분하고 만족할 만하다고 믿는다. … 만일 예수가 하나님이 아니라면 그는 거짓 증거를 한 셈이 된다. 따라서 그는 거짓말쟁이가 되고, 그 자신이 바로 죄인이 된다. … 또 성경 자체가 믿을 수 없는 증거들이 될 것이고, 많은 잘못이 발견되며, 일반적으로 초자연적인 것을 부인하도록 이끌어 갈 것이다. … 결국은 그리스도의 동정녀 탄생과 그의 육체적 부활, 그리고 그의 행하신 기적 모두를 부인하게 된다."

– 린젤과 우드브리지

3. 그리스도의 죽음

"사람은 죄 때문에 하나님과 분리되었고, 죽음은 그 자연스런 결과가 되었다. … 그러나 그리스도의 죽음은 이와 다르다. 왜냐하면 그는 아무런 죄가 없기 때문이다. 그리스도가 죽으심은 하나님이 우리 죄를 대신하여 그분을 벌하신 것이다. … 이와 관련지어 볼 때 죽음이란 단지 죄의 자연적인 결과만은 아니며, 법적으로 부과된 처벌임을 알 수 있다. … 그리스도의 죽음은 반드시 이러한 관점에서 설명되어야 한다."

- 루이스 벌코프 (Louis Berkhof)

4. 그리스도의 부활

"우리 주님의 부활은 세 가지 중요한 교훈을 가르치고 있다. (1) 부활은 그의 속죄 사역이 완성되었음과 그분의 신성을 보여 준다. (2) 그가 만민의 구주이심을 보여주고 기독교가 존재할 수 있는 충분한 외적인 증거를 제시했다. (3) 우리 자신의 부활의 근거와 확증을 제시해 주었고, 이같이 생명과 썩지 아니할 것을 드러내셨다" (딤후 1:10).

- 스트롱(A. H. Strong) [조직신학] p.131 에서 발췌

* 그리스도의 부활에 관해 더 공부하기를 원한다면, 조시 맥도웰, *The Resurrection factor*(부활의 요소)를 참조하라.

5. 그리스도의 재림

"오늘날 많은 그리스도인은 그리스도의 재림에 관한 신앙을 상실했다. 하지만 그것은 아직도 사람들에게 격려와 경고가 되고 있으며, 우리는 결코 그 장엄하고도 강력한 영향력을 제거할 수 없다."

- 스트롱

적용

1. 이 과에서 당신에게 가장 의미 있는 것은 무엇인가?

2. 아직 교회에 출석하고 있지 않고 있다면 기도하면서 방문해 보고 싶은 교회를 두 세 곳 적어 보라. 그 가운데 어느 한 곳을 정하도록 하라.

외울 말씀 골로새서 1:18
그는 몸인 교회의 머리시라 그가 근본이시요 죽은 자들 가운데서 먼저 나신 이시니 이는 친히 만물의 으뜸이 되려 하심이요

읽을 말씀 사도행전 2:41-47

2

풍성한 삶 누리기

10 STEP
그리스도인의 성장을 위한
CCC 10단계 성경교재

2단계
풍성한 삶 누리기

풍성한 삶을 누리는 그리스도인이 되려면!

그리스도인의 삶은 그리스도 안에서 기쁨과 평강을 누리며 사는 분명한 목적이 있는 삶이다. 예수님은 "도적이 오는 것은 도적질하고 죽이고 멸망시키려는 것뿐이요 내가 온 것은 양으로 생명을 얻게 하고 더 풍성히 얻게 하려는 것이라(요 10:10)"고 말씀하셨다. 여전히 패배와 낙심 가운데 살아가는 그리스도인들이 있지만 이것은 성경에서 말하는 그리스도인의 삶이 아니다.

빌립보 감옥의 사도 바울과 실라를 떠올려보라. 그들의 온몸은 매를 맞아 깊은 상처로 얼룩졌고, 발은 쇠고랑에 채워져 깊은 지하 감옥에 갇혀 있었다. 그럼에도 그들은 하나님께 기도하며 찬양했다. 그 이유가 무엇이라고 생각하는가? 그것은 그들의 확신과 신뢰의 근거가 그들 자신이 아니라, 그들이 사랑하고 섬기는 살아 계신 참 하나님께 있었기 때문이었다.

초대교회의 제자들과 수많은 그리스도인은 십자가에 못 박히고, 화형당하고, 사자에게 잡아 먹히면서도 오히려 하나님을 기뻐하고 찬송했다. 그렇게 무서운 죽음을 기쁨과 감사로 용감하게 맞이할 수 있었던 것은 바로 살아 계신 예수 그리스도와의 인격적인 생생한 관계에서 온 능력의 결과였다.

하지만 이러한 헌신이 초대교회 그리스도인들과 제자들에게만 있었던 것은 아니다. 그 후 수 세기를 지나는 동안 세계 도처에서 무수히 많은 그리스도인들이 그리스도를 위해 죽거나 또 기쁘게 고난을 당했음을 기독교 역사는 기록하고 있다. 이것이 그리스도 안에서 약속된 풍성한 삶이다.

당신은 어떤가? 그리스도를 위한 삶을 살고 싶은가?

앤드류 머레이(Andrew Murray)는 이렇게 말하고 있다. “그리스도인들이 영적으로 무기력한 삶을 사는 이유는 예수님을 믿는 목적이 하늘에 계신 아버지와 날마다 교제를 하는 데 있다는 사실을 깨닫지 못하기 때문이다. 만약 이 진리를 깨닫기만 한다면, 그리스도인들은 매일 말씀과 기도로 시작하는 ‘경건의 시간’을 통해 하나님의 임재와 그의 사랑을 경험하는 것이 그리스도인의 영적 생활에 필수적이라는 사실을 인식하게 될 것이다.”

그리스도인의 삶은 회심을 통해 죄를 용서받고, 자신을 하나님께 온전히 내맡기는 것만으로는 충분하지 않다. 이것은 시작에 불과하다. 그리스도인은 스스로 영적 생활을 유지해 나갈 힘이 없으므로 예수 그리스도와의 교제를 통해 날마다 하늘로부터 새 은혜를 받아야만 한다. 그런데 이 은혜는 조급한 기도나 그저 성경 몇 구절을 읽어서 얻어지는 것이 아니다. 고요하고 은밀한 시간 가운데 하나님 앞에 나아와 잠잠히 하나님을 바라며, 성령을 통해 자신의 약함과 가난함을 깨닫고, 그 마음이 하늘의 생명과 빛으로 날마다 새롭게 되어야 한다. 그렇게 할 때 매일매일 성령의 능력으로 살아가며 승리할 수 있을 것이다.

우리는 매일매일 기쁨으로 주님의 임재 앞에 나와야 한다. 당신이 홀로 조용히 주님과 함께 있을 수 있는 장소를 찾아 그곳에서 하나님의 영감으로 기록된 거룩한 말씀을 읽고 묵상하면서 하나님과 교제를 나누라. 그리고 당신의 삶에 주시는 하나님의 말씀이 무엇인지를 발견하라. 하나님께서 당신을 창조하신 목적에 맞는 풍성한 삶을 경험하라.

제1과

옛 생활과 새 생활

학 습 목 표 : 옛 생활과 그리스도 안에서의 새 생활의 차이를 안다.

우리 주변에서 볼 수 있는 그리스도인과 비그리스도인의 삶의 차이점은 무엇이라고 생각하는가?

누구든지 믿음으로 주 예수 그리스도를 구주로 영접한 순간, 그리스도인으로서 새 생활이 시작된다. 그리스도인의 생활이란 믿는 자와 예수 그리스도 사이의 끊임없는 인격적인 생생한 교제를 말한다. 이것은 믿음에서 시작되고, 믿음으로만 살아갈 수 있다. 믿음은 그리스도를 신뢰함으로 그분의 손에 우리의 삶 전체를 맡기는 것이다. 예수 그리스도께서는 그분의 삶과 죽음과 부활을 통해 자신의 신실하심을 증명하셨으며 지금도 우리와 함께 계시며 조건 없는 사랑을 보여 주신다. 그러므로 우리는 우리의 삶을 그리스도께 맡길 수 있다.

1 옛 생활

1) 우리의 옛 사람은 어떤 모습인가? (롬 6:6; 요 8:34)

로마서 6:6 우리가 알거니와 우리의 옛 사람이 예수와 함께 십자가에 못 박힌 것은 죄의 몸이 죽어 다시는 우리가 죄에게 종노릇 하지 아니하려 함이니

요한복음 8:34 예수께서 대답하시되 진실로 진실로 너희에게 이르노니 죄를 범하는 자마다 죄의 종이라

죄의 종으로 죄에게 종노릇했다.

2) 죄의 종노릇했던 옛 사람의 행위의 특징들을 적어 보라. (골 3:7-10)

골로새서 3:7-10 7너희도 전에 그 가운데 살 때에는 그 가운데서 행하였으나 8이제는 너희가 이 모든 것을 벗어 버리라 곧 분함과 노여움과 악의와 비방과 너희 입의 부끄러운 말이라 9너희가 서로 거짓말을 하지 말라 옛 사람과 그 행위를 벗어 버리고 10새 사람을 입었으니 이는 자기를 창조하신 이의 형상을 따라 지식에까지 새롭게 하심을 입은 자니라

분함, 노여움, 악의, 비방, 부끄러운 말, 거짓말 등의 악한 일을 행하는 자였다.

8절: '이 모든 것을 벗어 버리라'는 뜻은 더러운 옷을 벗어 버리라는 은유적 표현이다. 분함(고질적인 미움의 태도), 노여움(폭발적인 분노), 악의(분함과 노여움의 뿌리에 있는 다른 사람을 해하려는 의도), 비방(중상모략하는 말), 부끄러운 말(음란한 말)

9절: 거짓말 등 옛사람의 행위를 버려라. 그리고 새 사람답게 살라(새 사람을 입으라).

3) 그리스도 없이 선하게 살려고 노력하는 것에 대해서 어떻게 생각하는가?

깨닫든지 못 깨닫든지 옛사람은 죄에게 종노릇하는 자이기 때문에 도덕적으로 선하게 살려고 노력을 해도 완벽한 기준에 결코 도달할 수 없는 운명에 처해 있다. 아무리 훌륭한 사람이라도 하나님의 기준에 도달할 자는 없다.

2 새 생활의 특징

1) 새로운 피조물

(1) 고린도후서 5:17에 의하면 당신에게 무슨 일이 일어났는가?

새로운 피조물이 되었다.

당신의 삶에서 이전 것은 지나가고 새롭게 바뀐 것은 무엇인가?

(2) 성경은 이 새로워지는 경험을 무엇에 비유했나? (요 3:3)

거듭남, 다시 태어남

'그리스도 안에 있어 새로운 피조물이 되었다'는 것은 새로운 생명을 얻은 것이요, '거듭났다'고 말한다. 말하자면, 영적으로 새롭게 태어났다고 할 수 있는데, 육체적인 생명이 태어나 이름을 갖게 되는 것과 마찬가지로 예수 그리스도를 개인적으로 영접하면 그리스도인이라는 이름을 갖게 된다.

(3) 당신은 새로워지기 위해서 무엇을 했는가? (엡 2:8-9)

새 생명을 선물로 받아들이는 것 외에 아무것도 하지 않았다.

('새로운 피조물이 되었다', '거듭났다'를 에베소서에서는 구원받았다고 표현한다.)

믿음으로 예수 그리스도를 마음의 중심에 모셨다면 당신은 새로운 피조물이 되었다. 옛 모습은 지나갔다. 이제 하나님은 당신이 예수 그리스도를 닮아가도록 새롭게 빚어 주신다. 당신은 그 누구와도 비교할 수 없는 존귀한 존재가 되었으며, 자신에 대해 새로운 기대를 가질 수 있다.

2) 새로운 관계

(1) 하나님과의 새로운 관계

① 당신은 하나님과 어떤 관계가 되었는가? (요 1:12)

부자관계, 하나님은 나의 아버지가 되신다.

② 하나님은 어떤 분이신가? (사 49:15)

어머니가 자신의 젖 먹는 자녀를 잊을 수는 없지만, 혹 잊을지라도 하나님은 잊지 않겠다고 말씀하신다. 하나님은 우리를 육신의 부모보다 더 큰 사랑으로 사랑해 주시는 하늘 아버지이다.

③ 우리가 하나님의 자녀 됨을 어떻게 알 수 있는가? (롬 8:16; 갈 4:6)

로마서 8:16 성령이 친히 우리의 영과 더불어 우리가 하나님의 자녀인 것을 증언하시나니

갈라디아서 4:6 너희가 아들이므로 하나님이 그 아들의 영을 우리 마음 가운데 보내사 아빠 아버지라 부르게 하셨느니라

하나님의 성령이 우리 안에 거하시고 우리 영으로 더불어 우리가 자녀임을 증거하신다. 아빠라고 번역한 "abba"는 아람어로 "아버지"라는 뜻이다. 어린아이가 아버지를 부르는 말이다. 이것은 하나님과 우리의 관계를 잘 설명한다. 하나님은 우리에게 '아빠'되신다.

④ 하나님과 새로운 관계를 갖게 될 때 우리의 성품에는 어떤 변화가 일어나겠는가? (벧후 1:4)

베드로후서 1:4 이로써 그 보배롭고 지극히 큰 약속을 우리에게 주사 이 약속으로 말미암아 너희가 정욕 때문에 세상에서 썩어질 것을 피하여 신성한 성품에 참여하는 자가 되게 하려 하셨느니라

하나님의 성품을 갖도록 하나님께서 자신의 성품을 부여해 주신다(갈 5:22-23). '참여 한다'는 말은 '그리스도와 같이 된다', '그리스도를 닮아간다'는 뜻이며 자신의 정욕과 세상의 부패한 것을 피하므로 도덕적으로 흠이 없게 된다는 것이다.

만일 우리가 우리의 모든 것을 하나님께 드리면, 하나님은 더욱 온전하게 우리를 그분의 뜻대로 완성시킬 수 있다.

(2) 다른 사람과의 새로운 관계

① 새로운 가족

당신과 다른 그리스도인과는 어떤 관계인가? (마 12:50; 엡 2:17-19)

마태복음 12:50 누구든지 하늘에 계신 내 아버지의 뜻대로 하는 자가 내 형제요 자매요 어머니이니라 하시더라

에베소서 2:17-19
17또 오셔서 먼 데 있는 너희에게 평안을 전하시고 가까운 데 있는 자들에
게 평안을 전하셨으니 18이는 그로 말미암아 우리 둘이 한 성령 안에서 아버지께 나아감을 얻
게 하려 하심이라 19그러므로 이제부터 너희는 외인도 아니요 나그네도 아니요 오직 성도들과
동일한 시민이요 하나님의 권속이라

그리스도 안에서 새로운 가족으로, 하나님을 아버지로 모신 형제 · 자매가 되었다. '권속'이라는 말은 가정의 일원이 되었다는 의미이다.

"우리는 예수님 안에서 한 가족입니다."

다른 그리스도인과의 관계는 어떠해야 하는가? (요일 3:11, 14)

요한일서 3:11,14 11우리는 서로 사랑할지니 이는 너희가 처음부터 들은 소식이라 14우리는 형제를 사랑함으로 사망에서 옮겨 생명으로 들어간 줄을 알거니와 사랑하지 아니하는 자는 사망에 머물러 있느니라

서로 사랑해야 한다.

② 복의 통로

그리스도인으로 새 삶을 시작한 후, 우리의 대인관계는 어떻게 달라져야 하는가? (마 5:43-48)

나를 사랑하는 사람만 사랑하는 것이 아니라 원수도 사랑해야 한다. 나를 핍박하는 자를 위해 기도하며 원수까지 사랑해야 한다.

세상 속에서 하나님은 우리에게 어떠한 직책과 일을 주셨는가? (고후 5:18-21)

그리스도의 대사로서 믿지 않는 자들을 하나님과 화목하게 하는 직책을 주셨다.

그리스도의 대사로서 우리가 할 수 있는 가장 가치 있는 일은 무엇인가? (마 4:19)

복음을 전하는 일

예수님께서는 우리들을 통해서 잃어버린 자를 찾아 구원하시고, 고독한 마음을 위로하시며, 방황하는 사람들을 인도하시고 가르치시며, 사람들의 죄를 대신하여 죽으신 그분의 사랑과 희생에 대해 말씀하시기를 원하신다. 하나님께서는 이 일을 먼저 믿은 그리스도인들을 통하여 하고 싶어 하신다. 하나님께서는 우리 각 사람을 사랑할 뿐 아니라 온 세계, 모든 민족을 사랑하신다. 예수 그리스도께서는 세상 모든 사람들을 위해 죽으셨고, 그들도 주님을 알기를 원하신다. 그러므로 이제 우리의 관심은 범세계적이 되어야 한다. 하나님의 대사로서 우리의 책임은 온 세상 사람을 하나님과 화목하게 하는 데 있기 때문이다.

당신의 생활 가운데서 사랑을 실천할 수 있는 방법을 세 가지 정도 적어 보라.

....

....

....

3) 새로운 동기

(1) 당신을 그리스도인으로 살아가게 하는 근본적인 동기는 무엇인가? (고후 5:14)

나를 위해 죽으신 예수님의 사랑이 나를 그리스도인으로 살아가게 한다.

....

(2) 내 마음속에 나 대신에 무엇이 가장 중요한 위치를 차지하게 되었는가? (고후 5:15)

나를 대신하여 죽었다가 다시 사신 예수님.

....

(3) 골로새서 3:1-3은 당신이 그리스도인으로서 새 삶을 사는 것과 관련된 두 가지 사실을 말하고 있다.

① 옛 사람은 어떻게 되었는가? (3절)

죽었다.

② 우리가 위의 것들을 찾도록 동기부여하는 것은 무엇인가? (1절)

그리스도와 함께 다시 살리심을 받았다는 사실이다.

위의 것 : 하나님께 속한 것으로 선함, 거룩함, 사랑, 정의 등을 말한다.
땅의 것 : 하나님께 속하지 않은 것으로 음란, 부정, 사욕, 악한 정욕, 탐심 등을 말한다(골 3:5).
1절의 '위의 것을 찾으라'는 것은 그렇게 노력하라는 것이다.
2절의 '위의 것을 생각하라'는 것은 거기에 집중하라는 의미이다.
3절에 '하나님 안에서 감추어졌다'는 것은 우리가 아직 영화되지 않았지만, 그리스도 안에서 확실하며 안전하다는 의미이다.

예수 그리스도께서는 당신 안에 살아 계신다. 그분은 당신을 통해 사랑하시고 행동하시고 말씀하신다(갈 2:20). 더 이상 당신 자신이 사는 것이 아니라 예수 그리스도께서 당신을 통해 사시도록 할 때 당신의 삶은 변하게 되고 놀랍게도 하나님의 영광을 위해 살고 싶다는 소원을 갖게 될 것이다. 또한 그분의 지상에서의 활동과 사람들에 대한 사랑을 더 깊이 알기 위해 하나님의 말씀을 더 사모하게 될 것이다. 결국 예수 그리스도의 소원이 곧 당신의 소원이 될 것이다.

적용

1. 이 과에서 당신에게 가장 의미 있는 것은 무엇인가?

2. 그리스도인으로서 당신의 삶에서 변화되기를 바라는 두 가지를 기록하고 하나님께 이것을 이루어 주시도록 기도하라.

3. 골로새서 3:1-2의 '위의 것을 찾으라', '위의 것을 생각하라'는 명령을 당신의 삶에서 어떻게 적용하겠는가?

외울 말씀 고린도후서 5:17
그런즉 누구든지 그리스도 안에 있으면 새로운 피조물이라 이전 것은 지나갔으니 보라 새 것이 되었도다

읽을 말씀 요한복음 1-3장

제2과

나의 영적 생활의 현주소는?

학 습 목 표 : 현재 당신과 예수 그리스도의 관계를 점검하고, 당신이 풍성한 삶을 살도록 돕는다.

그리스도가 우리 안에 살아계시고 우리는 그리스도 안에서 새로운 피조물이 되었다. 그런데 우리는 왜 때때로 풍성한 삶을 누리지 못할까? 이번 과에서는 우리의 영적 생활의 현주소를 알아보고 풍성한 삶을 사는 방법을 살펴보자.

아래의 상항에 해당되는 것에 표시해보라.

1. 나는 매일 경건의 시간을 갖는다 (   )
2. 나는 종종 사람을 두려워 한다. (   )
3. 나는 기도생활을 풍성히 하고 있다. (   )
4. 요즈음 나는 진로에 대해 너무 염려하고 있다. (   )

5. 나는 말씀이 재미있고 배운 말씀을 실천하려고 계획을 세웠다. (   )
6. 나는 소유에 대해 집착하는 것 같다. (   )
7. 나는 늘 죄에 대해서 민감하고 회개하려고 노력한다. (   )
8. 나는 다른 그리스도인들과의 교제를 통하여 힘을 얻는다. (   )

1 영적 현주소 알기 - 네 종류의 밭

성경은 하나님의 말씀에 대해 사람들이 보이는 각각의 반응을 네 종류의 밭에 비유하여 표현하고 있다(마 13:1-23; 막 4:3-20; 눅 8:4-15).

그 중에서 마태복음의 비유를 살펴보자.

1) 이 비유에서 씨는 무엇을 의미하는가? (마 13:19)

말씀

2) 마태복음 13:4-8의 비유에는 몇 가지 종류의 밭이 등장하는가?

(1) 길가

(2) 돌밭

(3) 가시밭

(4) 좋은 땅

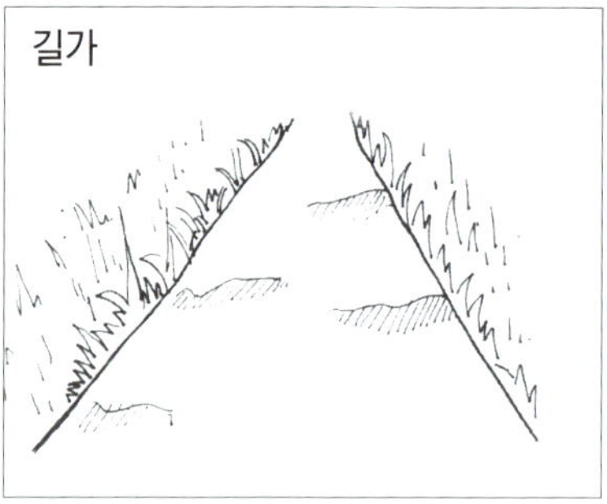

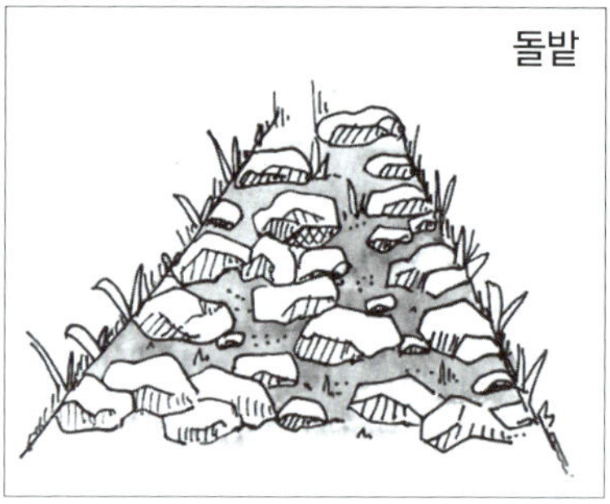

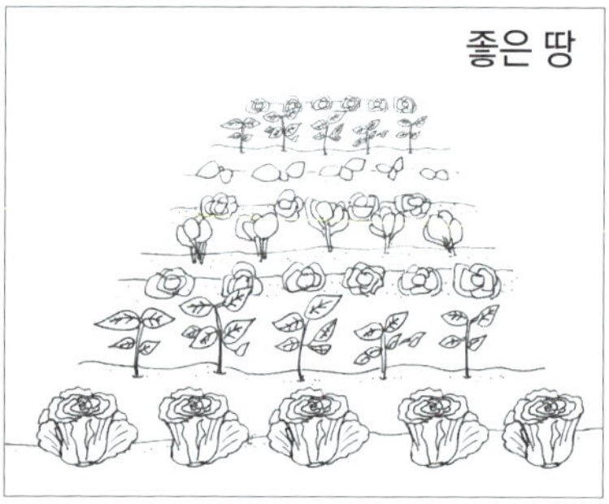

3) 위의 비유들에서 각각의 밭은 각각 어떤 사람들을 나타내는가?

밭의 종류		사람들	
마 13:4	길가	마 13:18-19	말씀을 들었으나 마음이 강퍅하여 말씀을 받아들이지 않는 자.
마 13:5-6	돌밭	마 13:20-21	하나님 말씀을 들을 때 즉시 기쁨으로 받으나 믿음의 뿌리가 약하여 역경 속에서 넘어지는 자
마 13:7	가시밭	마 13:22	세상의 염려와 재리의 유혹 때문에 성장이 멈추는 자
마 13:8	좋은 땅	마 13:23	말씀을 듣고 깨달아 삼십 배, 육십 배, 백 배의 열매를 맺는 자

* 길가에 뿌려진 씨 : 말씀에 대해 강하게 거부하는 마음을 갖게 하여 사탄이 그 말씀을 빼앗아버린 자이다.
* 돌밭에 뿌려진 씨 : 하나님 말씀을 들을 때 즉시 기쁨으로 받고 그리스도를 따르지만 말씀으로 인해 어려움이나 핍박이 일어날 때 믿음의 뿌리가 약하여 견디지 못하고 넘어지는 자이다.
* 가시밭에 뿌려진 씨 : 세상의 염려와 재리의 유혹으로 인해 말씀에 순종하지 않아 열매 맺지 못하는 자이다. 세상의 염려는 부부 갈등, 친구와의 문제, 학업, 직장, 진로, 건강 등의 문제를 주님께 맡기지 않고 스스로 짊어지는 것을 말한다. 재리의 유혹은 돈이 많은 것이 안정과 행복을 보장해 준다고 믿게 하여 안정에 대한 망상을 갖게 하는 모든 것들을 가리킨다.

4) 위의 도표에 따르면 당신은 현재 어떤 밭이라고 생각하는가? 왜 그런가?

2 좋은 땅으로 개선하기

농부는 돌밭과 가시밭을 옥토로 만들기 위해 씨를 뿌리기 전에 잡초를 뽑고, 돌을 골라내어 땅을 고른다. 우리도 그런 과정이 필요하다.

1) 길가 밭이 좋은 땅이 되려면 어떻게 해야 하는가? (히 3:15)

> 히브리서 3:15 성경에 일렀으되 오늘 너희가 그의 음성을 듣거든 격노하시게 하던 것 같이 너희 마음을 완고하게 하지 말라 하였으니

하나님의 말씀을 들을 때에 마음을 완고하게 하지 말고 받아들여야 한다.

2) 돌밭이 좋은 땅이 되려면 어떻게 해야 하는가? (고전 10:13; 벧전 2:2)

고린도전서 10:13 사람이 감당할 시험 밖에는 너희가 당한 것이 없나니 오직 하나님은 미쁘사 너희가 감당하지 못할 시험 당함을 허락하지 아니하시고 시험 당할 즈음에 또한 피할 길을 내사 너희로 능히 감당하게 하시느니라

베드로전서 2:2 갓난 아기들 같이 순전하고 신령한 젖을 사모하라 이는 그로 말미암아 너희로 구원에 이르도록 자라게 하려 함이라

시험을 감당케 하시고 피할 길을 주시는 주님을 의지해야 한다. 환난이나 핍박은 말씀의 힘으로 견딜 수 있으므로 말씀을 깊이 있게 계속해서 공부해야 한다.

주님은 우리들이 핍박을 받을 것이라고 하셨다.
"아무도 이 여러 환난 중에 흔들리지 않게 하려 함이라 우리가 이것을 위하여 세움 받은 줄을 너희가 친히 알리라"(살전 3:3).
"이를 위하여 너희가 부르심을 받았으니 그리스도도 너희를 위하여 고난을 받으사 너희에게 본을 끼쳐 그 자취를 따라오게 하려 하셨느니라"(벧전 2: 21).
고린도전서 10:13에서는 하나님께서 우리가 감당할 수 없는 시험을 허락하시지 않는다고 하셨다.
로마서 8:28은 "하나님을 사랑하는 자 곧 그의 뜻대로 부르심을 입은 자들에게는 모든 것이 합력하여 선을 이루느니라."고 하셨다.
여러 상황에 대해 하나님이 주시는 말씀은 다음과 같다. 세상의 조롱이 있을 때 요한복음 15:18-21, 사단의 핍박에는 요한계시록 2:10, 자아의 갈등이 있을 때는 로마서 7:15-25 말씀을 보라.

3) 가시밭이 좋은 땅이 되려면 어떻게 해야 하는가? (벧전 5:7; 마 6:19-21)

베드로전서 5:7 너희 염려를 다 주께 맡기라 이는 그가 너희를 돌보심이라

마태복음 6:19-21 19너희를 위하여 보물을 땅에 쌓아 두지 말라 거기는 좀과 동록이 해하며 도
둑이 구멍을 뚫고 도둑질하느니라 20오직 너희를 위하여 보물을 하늘에 쌓아 두라 거기는 좀
이나 동록이 해하지 못하며 도둑이 구멍을 뚫지도 못하고 도둑질도 못하느니라 21네 보물 있
는 그 곳에는 네 마음도 있느니라

모든 염려를 주께 맡겨야 한다. 그리고 재물을 유한한 이 땅보다는 하늘에 쌓아 두어야 한다. 보물이 있는 곳에 마음도 있다. 나의 마음은 지금 어디에 있는가?

베드로전서 5:7에서는 '하나님이 사랑으로 돌보시고 지켜주시므로 너희 모든 염려, 모든 걱정, 근심들을 단번에 모두 주께 맡겨 버리라.'고 말씀하신다.
재리의 유혹에 대한 참고 구절은 마태복음 6:19-21, 욕심에 대해서는 요한1서 2:15-17과 고린도전서 6:18을 보라.
한마음을 품기로 결단하라. 야고보서 1:8에서는 '두 마음을 품어 모든 일에 정함이 없는 자'라고 하였고, 야고보서 4:8에서는 "하나님을 가까이 하라 그리하면 너희를 가까이 하시리라 죄인들아 손을 깨끗이 하라 두 마음을 품은 자들아 마음을 성결하게 하라."고 하셨다.

3 좋은 땅 유지하기

1) 누가복음 8:15을 읽고 다음 빈 칸을 채우라.

(1) 말씀을 착하고 좋은 마음으로 듣는다.

(2) 말씀을 굳게 지킨다.

(3) 인내로 결실을 많이 맺는다.

2) 베드로는 열매 없는 자가 되지 않으려면 어떻게 해야 한다고 말하는가? (벧후 1:5-7)

> 베드로후서 1:5-7 [5]그러므로 너희가 더욱 힘써 너희 믿음에 덕을, 덕에 지식을, [6]지식에 절제를, 절제에 인내를, 인내에 경건을, [7]경건에 형제 우애를, 형제 우애에 사랑을 더하라

베드로는 일곱 가지의 자질을 기르도록 힘써 노력할 것을 권면한다. 이렇게 할 때 그리스도를 더 닮아갈 수 있다고 말한다.

믿는 자들은 믿음의 기초 위에 이 일곱 가지의 자질을 더하여 삶에 이 자질들을 쌓아갈 때 그리스도를 닮아가며 풍성한 열매를 맺을 수 있다.

이 7가지 자질은 다음과 같이 구분해 볼 수 있다.

〈내적인 삶과 하나님과의 관계〉

(1) 덕: 도덕적 우수성

(2) 지식: 성령을 통한 영적 지식, 하나님의 말씀

(3) 절제: 열정을 조절, 삶의 절제

(4) 인내: 포기하지 않고 역경 속에서 확고하게 견뎌 냄

(5) 경건: 하나님을 향한 경외, 존경을 말한다.

〈다른 사람들과의 관계〉

(6) 형제우애: 다른 사람들의 필요에 관심을 가짐

(7) 사랑: 다른 사람들을 위한 최고의 것을 소원하는 마음

승리하는 삶의 비결은 좋은 땅으로 그리스도 안에 거하는 것이다. 요한복음 15:5에 "나는 포도나무요 너희는 가지라 그가 내 안에, 내가 그 안에 거하면 사람이 열매를많이 맺나니 나를 떠나서는 너희가 아무것도 할 수 없음이라."고 말씀하셨다. 갈라디아서 5:22-23에서는 성령의 열매에 대해 다음과 같이 설명한다. '성령의 열매(성령의 내재하심으로 이루어지는 결과)는 사랑, 기쁨, 화평, 인내(한결같은 마음, 관용), 자비, 양선(자선), 충성, 온유(온순, 겸손), 절제(자제, 극기)이며, 이 같은 것을 금지할 법이 없다'고 하신다.
오직 좋은 땅만이 30배, 60배, 100배의 열매를 맺는다. 요한복음 15장은 열매를 맺고(fruit), 더욱 열매를 맺으며(more fruit), 많은 열매(much fruit)를 맺는다고 말한다.

3) 당신이 항상 좋은 밭이 아니라면 위의 세 가지 밭 중에서 어디에 속하며 어떤 면이 개선되어야 하는가?

4) 아래 도표는 좋지 않은 밭과 좋은 땅의 특성을 비교한다. 좋은 땅의 특성을 적어보라.

좋지 않은 밭	좋은 땅
1. 말씀 보기를 게을리 함	1. 말씀을 보고 들음
2. 사람을 두려워함	2. 하나님을 의지함
3. 사탄의 올무	3. 하나님의 승리
4. 육적인 만족	4. 성령 충만
5. 스스로 짐을 짐	5. 모든 염려로부터 자유함
6. 물질적, 세상적	6. 영적
7. 열매 없음	7. 열매가 풍성함

적용

1. 이 과에서 당신에게 가장 의미 있는 것은 무엇인가?

2. 변화가 필요한 영역들을 적어 보라. 그리고 그런 변화를 위해 당신이 해야 할 일은 무엇인가?

3. 그리스도께서 이루어 주시도록 당신이 의지해야 할 부분들은 무엇인가?

외울 말씀 갈라디아서 6:7

스스로 속이지 말라 하나님은 업신여김을 받지 아니하시나니 사람이 무엇으로 심든지 그대로 거두리라

읽을 말씀 요한복음 4-6장

제3과

풍성한 삶 누리기

학 습 목 표 : 일상생활에서 풍성한 삶을 실제로 누릴 수 있다는 것을 알고 경험한다.

예수님은 "내가 온 것은 양으로 생명을 얻게 하고 더 풍성히 얻게 하려는 것이라"(요10:10)고 말씀하셨다. 풍성한 삶은 죄악을 이기고 죄로부터 자유하는 삶이다. 당신이 그리스도인이 된 순간 하나님께서는 당신의 모든 죄를 용서하시고, 풍성한 삶에 필요한 모든 것을 주셨다. 우리가 풍성하고 승리하는 신앙생활을 하기 위해 하나님께서 새롭게 하실 일은 없다. 이미 그리스도의 죽으심과 부활을 통해 필요한 모든 일을 이루어 놓으셨다. 당신의 모든 죄가 용서받았다는 사실을 믿음으로 받아들인 것처럼, 주님께서 당신이 풍성하고 승리하는 삶을 살아가는 데 필요한 모든 것을 이미 예비하셨다는 사실을 믿음으로 받아들이기만 하면 된다.

당신은 과거에 지은 죄의 형벌에서 구원받았다(요 3:18; 엡 2:8).
당신은 현재 죄의 세력에서 구원받고 있다(유 1:24-25; 살후 3:3).
당신은 미래에 죄로부터 구원받을 것이다(요일 3:2; 빌 3:21; 고전 15:51, 52).

만일 하나님께서 당신을 대신하여 죄의 대가를 치르고 당신에게 영생을 주신 것을 믿는다면 죄를 극복하는 능력도 주신 것을 믿어야 한다. 믿음으로 그리스도를 받아들인 것을 명심하고 믿음 안에서 행하라.

1 풍성한 삶의 기초

로마서 6:1-16을 읽으라.

1) 당신이 그리스도인이 되었을 때 어떤 일이 일어났는가? (6절)

우리의 옛 사람이 예수와 함께 십자가에 못 박혔으므로 죄의 몸이 죽었고, 우리가 더 이상 죄에게 종노릇하지 않는다.

'죄의 몸이 죽었고 더 이상 죄에게 종노릇하지 않는다'(6절)는 말이 포함하고 있는 의미를 자세히 살펴보면…

(1) 그리스도의 죽으심과 합하여 세례 를 받음 (3절)

로마서 6:3은 그리스도를 영접한 모든 사람은 '그리스도의 죽으심과 합하여 세례를 받았다'고 말한다. 이는 단순히 물세례를 뜻하는 것이 아니다. "세례"라는 말은 "담그다", "적시다" 혹은 "염색하다", "하나가 되다"를 뜻하는데, 여기서는 우리가 '그리스도 안에 담겨졌다'는 의미로 쓰였다. 우리는 그리스도와 하나가 되었고, 그분에게 결합되어 나뉠 수 없다는 의미이다.

요한복음 15:1-6에서 예수님은 그분과의 연합을 포도나무와 가지의 비유로 표현하셨고, 고린도전서 12장에서 바울은 몸과 지체의 결합으로 표현하고 있다.

(2) 영적인 연합 (3-5절)

예수 그리스도와의 영적인 연합은 무엇을 뜻하는가? 이 연합은 그리스도께서 죽으셨을 때 우리도 그의 죽음에 참여했다는 것이다. 그리스도께서는 우리의 죄의 대가를 치르시고 하나님의 의가 요구하는 모든 것을 충족시키셨다. 죄는 더 이상 하나님께 요구할 것이 없다. 그리고 그분 안에 있는 우리에게도 그 어떤 것도 요구할 권리가 없다. 그리스도께서 죄에서 자유하신 것처럼 우리 또한 죄에서 해방되어 자유하게 되었다.

(3) 부활의 생명을 얻음 (5절)

그리스도께서 죽음에서 부활의 생명으로 살아나신 사실은 그분 안에 있는 모든 사람들에게 적용된다. 우리는 죽음에서 살아났으며, 이제는 부활의 생명으로 죄를 이기는 승리의 삶을 살 수 있다. "만일 우리가 그의 죽으심과 같은 모양으로 연합한 자가 되었으면 또한 그의 부활과 같은 모양으로 연합한 자도 되리라"(롬 6:5).

(4) 죄를 이기는 삶 (6-7절)

그러므로 그리스도 안에 있는 사람은 누구나 죄를 이기는 삶을 살아야 한다. 그리스도께서 우리의 죗값을 지불하셨으므로 우리는 모든 죄로부터 해방되었다. 우리는 그의 능력을 통해서 죄를 이기는 승리의 생활을 할 수 있다.

2) 11절에서 당신이 인정해야 할 중요한 사실은 무엇인가?

죄에 대하여는 죽었고, 그리스도 예수 안에서 하나님께 대하여는 살아 있는 자로 여겨야 한다.

'당신 자신은 죄에 대하여는 죽었다.' 이 사실을 묵상해 보라.

당신은 죄와 죄의 지배에 대하여는 죽었다(즉, 죄의 권세는 당신에게서 효력을 잃었다). 아마도 당신은 '죄에 대하여 죽은 것 같지 않은데…, 여전히 내 안에 죄의 본성이 살아 있는데…'라는 생각이 들지도 모른다. 그러나 사도 바울이 말한 것처럼 당신의 느낌이 어떠하든 당신은 실제로 죄에 대하여 죽었다는 사실을 믿음으로 받아들여야 한다. 만일 이 사실을 믿지 못한다면, 당신이 통장에 백만 원을 가지고 있으면서도 필요할 때 이 돈을 사용하지 않는 것과 같을 것이다.

승리하는 삶은 잘못된 욕망을 억제하거나 그릇된 느낌을 감추려고 노력해서 얻어지는 것이 아니다.
당신 자신을 예수 그리스도 안에서 하나님께 대하여 살았다고 여기라. 이제 예수 그리스도와 함께 새 생명으로 살았다는 사실을 믿음으로 붙잡으라. 당신의 삶 가운데 하나님의 뜻을 이루기 위해 당신이 주님을 도와야 한다는 생각은 어리석은 생각이다. 승리하는 삶은 하나님의 선물이다. 이 사실을 이해하고 하나님께 감사드리라.

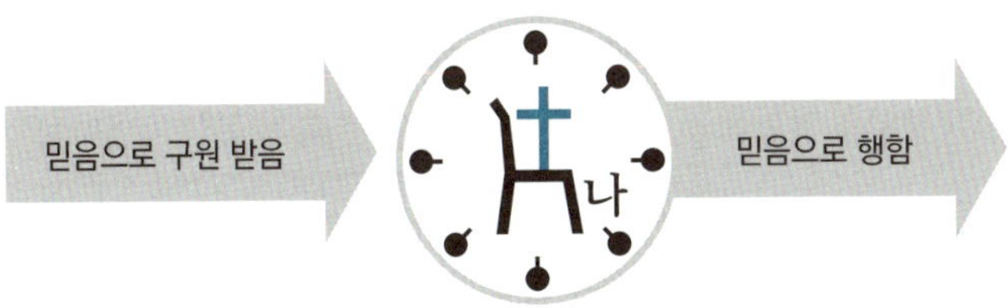

3) 13절에서는 당신이 해야 할 일은 무엇이라고 말하는가?

자신의 지체를 불의의 무기로 죄에게 내주지 말고 - 복종시키지 말고 - 의의 무기로 하나님께 드려야 한다. 우리의 몸을 불의를 행하는 데 사용하지 말고 하나님이 기뻐하시는 의를 행하는 데 사용하라는 뜻이다.

4) 16절에 의하면 당신은 죄의 종이거나 의의 종이다. 무엇이 이것을 결정하는가?

'내가 누구를 나의 주인으로 모시는가?' 또는 '내가 내 자신을 누구에게 종으로 드리는가?'에 따라 나는 죄의 종 또는 의의 종이 된다. 하나님께 순종하기로 선택하는 것이 믿음이다.

당신은 어느 편을 택하겠는가?

세상에는 두 가지 권세가 있다. 하나님과 사탄이다. 우리는 스스로가 자신의 주인이라고 자처할 때가 많다. 하지만 하나님의 지배를 받지 않는다면 실제로는 사탄의 지배를 받고 있는 것임을 기억하라. 사탄은 진리를 보지 못하도록 우리의 눈을 어둡게 만들려고 애쓰며, 우리는 스스로 사탄을 구별할 만큼 지혜롭지 못하다. 그러므로 우리는 하나님께 순종해야 한다. '나는 거짓된 마음을 가졌는데…'라고 말할 수도 있다. 그러나 우리가 하나님께 자신을 쳐서 복종시킬 때, 그분은 '새 영을 너희에게 주어… 너희로 내 율례를 행하게 하리라.'(겔 36:26-27)고 약속하셨다. 하나님께 순종하며 살 때, 당신은 창조의 목적대로 풍성한 생활을 경험할 것이다. '죄가 우리를 주관하지 못할 것이다'(롬 6:14).

우리는 올바른 인생관을 가져야 한다. 한순간의 쾌락을 위해서 영원한 것을 잃어버리지 말라. 무엇을 선택하든 그 대가를 계산해 보아야 한다. 성경은 "사람이 무엇으로 심든지 그대로 거두리라"(갈 6:7)고 말씀하고 있다.

로마서 6장의 말씀은 우리에게 풍성한 삶의 원리를 다음과 같이 가르쳐주고 있다.

당신은 그리스도와 함께 십자가에 못 박힌 것을 **알라.**
당신이 죄에 대하여는 죽고 예수 그리스도께 대하여는 산 자로 **여기라.**
당신 자신을 하나님께 **드리라.**
하나님께 **순종하라.**

☆ 용어 풀이
알다 – 어떤 사실을 완전히 확신하는 것.
여기다 – 감정보다는 사실을 따라 숙고하고 행동하는 것.
드리다 – 자기를 포기하고 내어 주며 복종하는 것.
순종하다 – 말씀 대로 믿고 실행하는 것.

2 풍성한 삶의 체험

그리스도인의 삶에 있어서 가장 중요한 것은 '그리스도 안에 거하는 생활'이다. 그리스도인이 풍성한 삶을 누리기를 원한다면, '그리스도 안에 거하는 생활'에 대해 끊임없이 알아가야만 한다. 많은 그리스도인들이 기쁨을 잃어버린 채 살아가며, 주님이 그들을 돌보시지 않는다고 생각한다. 그러나 주님은 "내가 이것을 너희에게 이름은 내 기쁨이 너희 안에 있어 너희 기쁨을 충만하게 하려 함이니라."(요 15:11)고 말씀하셨다. 우리가 그리스도 안에 거할 때 지속적인 기쁨이 있을 뿐만 아니라 우리의 삶이 열매를 맺고 응답받는 기도생활을 하게 된다.

요한복음 15:1-11을 읽어라.

1) 예수님은 자기 자신을 포도나무 에, 그리스도인을 가지 에 비유하셨다(요 15:5).
이 말씀에 따르면 당신은 그리스도와 어떤 관계인가?

가지가 포도나무에 붙어 있지 않으면 살 수 없듯이 우리도 그리스도를 떠나서는 살 수 없다.

가지가 포도나무에 붙어 있으면 열매를 많이 맺는 것처럼, 우리도 예수님 안에 거해야 한다. **그리스도 안에 거한다**는 것은 그리스도께 의식적으로 의존하는 생활이다.

이는 우리의 생활 가운데 그리스도의 권세, 지혜, 자원, 능력을 활용하여 우리가 그리스도의 뜻대로 사는 것을 뜻한다. 우리는 예수 그리스도를 떠나서는 아무것도 할 수 없다. 하지만 "내게 능력 주시는 자 안에서 내가 모든 것을 할 수 있다."(빌 4:13)고 말씀하신 대로 우리는 그리스도를 힘입어 무슨 일이든지 할 수 있다.

2) 예수님께서 열매 맺는 가지를 깨끗이 손질한다고 하셨는데, 그 목적은 무엇인가? (요 15:2)

깨끗하지 않으면, 즉 죄가 있으면 열매를 맺을 수 없다. 더 많은 열매를 맺게 하기 위해 깨끗하게 하신다.

가지는 포도나무에 붙어 있을 때 열매를 맺는다. 가지는 스스로 열매 맺기 위해 염려하지 않는다. 가지가 열매를 맺지 못하는 유일한 이유는 가지 안에 수액의 흐름을 막는 걸림돌이 있기 때문이다. 마찬가지로 우리에게도 예수님의 생명이 흐르는 것을 막는 걸림돌이 있는데 그것은 바로 죄다. 죄의 장애물로부터 자유로워지도록 하나님께서는 우리의 삶을 깨끗이 손질하신다.

가지는 스스로 열매 맺을 수 없고 오직 나무를 통해서만 열매 맺을 수 있다. 그리스도인인 우리도 스스로의 힘으로는 아무것도 할 수 없으며, 오직 그리스도의 생명만이 우리를 통하여 그 목적을 이루실 수 있다.

3) 하나님께서는 예수님의 생명이 우리에게 원활하게 흐르도록 우리의 삶을 깨끗하게 손질해 주신다. 그리스도인의 삶을 살면서 당신이 '깨끗하게 손질'된 경험을 나누어 보라.

4) 예수님 안에 거할 때 어떤 결과를 맺는가?

(1) 많은 과실 을 맺음 (요 15:5)

(2) 효과적인 기도 생활 (요 15:7)

응답받는 기도생활은 하나님의 뜻을 깨닫고 그 뜻대로 기도할 때 가능한 것이다. 그러기 위해서 우리는 그리스도 안에 거하는 삶을 살아야 한다(요 15:7). 또한 주님의 뜻에 따라 기도할 수 있도록 주님의 말씀을 마음에 간직해야 한다. 주님께서는 성경 말씀에 반대되는 기도에 응답하실 수 없다.

(3) 하나님께서 영광 을 받으심 (요 15:8)

앤드류 머레이(Andrew Murray)는, "열매 많은 가지는 고개를 숙인다."고 말한다.

(4) 우리가 그의 제자 가 됨 (요 15:8)

(5) 기쁨 이 충만해짐 (요 15:11)

우리가 그리스도 안에 거하고, 그리스도께서 우리의 삶을 지배하실 때, 우리는 행복이 넘치는 생활을 할 수 있다. 많은 그리스도인들이 여전히 기쁨이 없는 이유는 그리스도 안에 거하지 않기 때문이다. 자신을 온전히 드려 그리스도 안에 거하는 사람들은 밝고 복된 생활을 한다. 그들은 주님의 기쁨을 소유한 자들이다.

5) 요한복음 15장에서 '거한다'는 의미를 또 다른 말로 어떻게 표현하고 있는가? (9-10절)

하나님의 계명을 지키는 것, 그리고 하나님의 사랑 안에 거하는 것이라고 한다.

예수님은 주 안에 거하라고 사랑으로 우리를 부르신다. 주님의 사랑은 모든 것을 주시면서 아무 대가도 바라지 않는 완전한 사랑이다. 주님은 우리를 위해 자신의 생명까지도 희생하셨다. 또한 주님의 사랑은 영원히 변치 않는 사랑이다. 주님은 그의 백성에게 '내가 영원한 사랑으로 너를 사랑한다.'(렘 31:3)고 말씀하신다.
"예수 그리스도는 어제나 오늘이나 영원토록 동일하시다."(히 13:8)
주님을 신뢰하면 우리는 계속 그의 사랑 안에 거할 수 있다. 그분의 사랑이 우리의 삶의 모든 부분에 스며들게 하라. 그의 사랑 안에 거할 때 우리는 어떠한 환경에서도 주님을 신뢰할 수 있다. 나를 향한 주님의 사랑과 보살핌을 묵상하라.

영적 성숙에도 시간이 필요하다. 주님께 시간을 드리지 않고서는 그분 안에 거할 수 없다. 매일매일 예수님과 만나는 시간이 중요하다. 이것은 살아 계신 예수님과 생생한 교제를 하는 시간이다. 하나님의 말씀으로 마음을 채우고 주님의 임재하심과 내주하심을 인식하면서 매순간 기도하라.

주님을 신뢰하라. 그분 안에 거하며 생활하라. 생활의 모든 영역에서 주님만을 의지하라. 주님 안에 거하는 생활의 비결을 배우고, 신앙생활의 기쁨을 체험할 수 있도록 다른 사람들에게도 이 비결을 전하라.

〈심화〉 그리스도 안에 거하는 풍성한 삶에 대한 보충 자료

스코필드(C.I. Scofield)의 '그리스도 안에 거함'에 대한 정의 :
그리스도 안에 거하는 것은 고백하지 않은 죄가 없고 주님과 관심사가 같으며 주님께서 생활의 영역을 다스리는 삶이다. 그리스도 안에 거하는 자는 그분께 모든 짐을 맡기고 그분으로부터 모든 지혜와 생명과 힘을 공급받는다.

[참고]

* '고백하지 않은 죄가 없음'
  예수 그리스도를 개인의 구주로 영접하면, 죄 사함을 받고 하나님의 의를 소유하며 그리스도 안에 거하는 생활이 시작된다. 그 후 신자들은 성령께서 죄를 깨닫게 하실 때, 죄 고백을 해야 하며 그리스도의 보혈을 통한 하나님의 용서하심을 받아들여야 한다.

* '주님과 관심사가 같음'
  이것은 그리스도인들이 참여하는 모든 활동을 포함한다. 그리스도께서는 죄가 없으시고 오직 하나님의 뜻만을 행하신다. 우리의 생활 가운데 그리스도가 거하시고 우리를 통해 하나님의 뜻을 행하실 수 있도록 방해가 되는 활동이나 다른 관심사를 갖지 않는 것을 뜻한다.

* '주님께서 생활의 모든 영역을 다스리는 삶'
  이는 그리스도인의 모든 교제의 자리에 그리스도께서 직접 관여하시는 것을 말한다. 즉, 주님과 영적인 교제가 불가능한 사람이 주님과 연합할 수 없는 것처럼, 그리스도 안에 거하지 않는 사람은 다른 그리스도인과 연합이 불가능하다. 하나님께서는 우리에게 불의와 합하지 말라고 경고하셨다(고후 6:14-18).

그것은 불순종의 죄로 그리스도께서 그리스도인의 삶 가운데 역사하시는 능력의 근원을 막는 것이다. 주님과 함께 교제하기 위해서는 우리의 모든 인간관계가 주님과 더불어 이루어져야 한다. 우리는 세상에 살고 있지만, 그리스도의 본을 따라서 세상과 구별된 삶을 살아야 한다. 세상에서 우리는 그리스도의 증인으로 살아야 하며, 사탄의 동맹에 얽혀 들어가는 것을 피해야 한다.

* **'그리스도 안에 거하는 자는 그분께 모든 짐을 맡긴다'**

그리스도 안에 거하는 사람은 자신의 짐을 스스로 지지 않는다. 예수 그리스도께서 우리의 모든 짐을 대신 지시고 우리 안에서 우리를 통해서 살아가신다. 자신의 짐을 스스로 지고 있다는 사실을 깨닫는 즉시 그리스도께 다시 맡겨야 한다. 주님은 우리를 통해 주님의 삶을 살기 원하신다. 명심할 것은 자신의 짐을 스스로 지려고 힘쓸 때, 주님은 우리의 삶에 관여하실 수 없다는 사실이다.

* **'주님께로부터 모든 지혜와 생명과 힘을 공급받음'**

그리스도 안에 거하는 것은 신앙생활을 위해 필요한 모든 능력을 주님께로부터 공급받는 것이다. 주님의 말씀을 통해 그분의 가르침을 받으라. 우리의 생명은 하나님으로부터 왔으며 하나님의 것이다. 주님께서 우리 안에 사시도록 할 때 우리에게 능력도 주어진다. 우리가 더 이상 갈 수 없다고 느낄 때, 주님은 '내가 너의 힘이 되어 주겠다.'(고후 12:7)고 말씀하신다.

적용

1. 이 과에서 당신에게 가장 의미 있는 것은 무엇인가?

2. 풍성한 생활을 위한 주요 용어들을 살펴보고, 현재 적용하고 있는 것과 그리스도의 능력으로 적용해야 할 필요가 있는 것을 구체적으로 적어 보라.

용어	현재 적용 중인 것	적용해야 할 것
알다		
여기다		
드리다		
순종하다		
거하다		

외울 말씀 요한복음 10:10
도둑이 오는 것은 도둑질하고 죽이고 멸망시키려는 것뿐이요 내가 온 것은 양으로 생명을 얻게 하고 더 풍성히 얻게 하려는 것이라

읽을 말씀 요한복음 7-9장

제4과

풍성한 삶의 방해 요소

학 습 목 표 : 풍성한 삶을 방해하는 요소들을 알아보고 그것을 해결하는 방법을 안다.

'성령께서 승리의 삶을 살 수 있도록 능력을 주시기 위해 오셨다면, 나는 왜 종종 무기력하고 패배하는 삶을 살고 있다고 느끼는가?'

우리는 영적인 능력을 갈망한다. 그러나 우리 안에 불순한 동기, 이기적인 욕망, 고백하지 않은 죄가 있을 때 영적인 능력을 활용할 수 없다. 하나님은 더러운 그릇 속에 그의 능력과 사랑을 채우시지 않는다. 우리는 하나님의 영으로 채움을 받기 전에 주님의 죄 용서하심을 받아야 한다.

이과에서는 우리의 풍성한 삶을 방해하는 요소를 알아보고 그것을 해결하는 방법을 배우게 될 것이다.

당신의 삶에서 풍성한 삶을 방해하는 요소는 무엇인가?

....

....

1 방해 요소

1) 방해 요소 1 : 마음의 욕심을 따라 행하는 것

로마서 6:12-14, 19을 읽으라.

로마서 6:12-14, 19 [12]그러므로 너희는 죄가 너희 죽을 몸을 지배하지 못하게 하여 몸의 사욕에
순종하지 말고 [13]또한 너희 지체를 불의의 무기로 죄에게 내주지 말고 오직 너희 자신을 죽은
자 가운데서 다시 살아난 자 같이 하나님께 드리며 너희 지체를 의의 무기로 하나님께 드리라
[14]죄가 너희를 주장하지 못하리니 이는 너희가 법 아래에 있지 아니하고 은혜 아래에 있음이라
[19]너희 육신이 연약하므로 내가 사람의 예대로 말하노니 전에 너희가 너희 지체를 부정과 불법
에 내주어 불법에 이른 것 같이 이제는 너희 지체를 의에게 종으로 내주어 거룩함에 이르라

(1) 자신의 몸을 불의의 무기로 쓴다는 것은 어떤 의미인가?

① 죽을 몸의 (사욕 : 자기 욕심)을 좇는 것 (12절)

② 죄가 (주인 노릇) 하도록 하는 것 (14절)

③ 몸을 (부정)과 (불법)에 내주는 것 (19절)

바울은 거룩함에 이르도록 우리의 몸을 의의 무기로 드리라고 권면한다.

12절: '죽을 몸'이라는 단어에 주목해 보자. 죽을 몸의 욕망을 따라 산다는 것 자체가 우스운 것이다. 이미 '죽을 몸'이라는 말 속에 영원한 것이 아닌 일시적인 욕구대로 사는 어리석음을 보여 주기 때문이다.

(2) 이 말씀을 통해 바울이 우리에게 권고하는 것은 무엇인가?

그리스도인들은 죄를 지적하고 정죄하는 율법 아래 있지 않고 은혜 아래 있기 때문에 죄가 주인 노릇하지 못하게 해야 한다. 그리스도인은 더 이상 죄 아래 거하지 않는

다. 그러므로 너희 지체를 불의의 무기로 죄에게 내주지 말고 의의 무기로 하나님께 드려야 한다고 권고한다. 즉 우리의 몸을 불의를 행하는 데 사용하지 말고 하나님이 기뻐하시는 거룩함과 의를 행하는 데 사용하라고 하신다.

왜 하나님께서 우리의 몸, 즉 신체의 각 부분들을 요구하시는지 생각해 보았는가? 우리는 로마서 12:1-2을 통해서도 6:13의 내용과 같은 권면을 받는다. 예수님은 지상 생활 중 육체가 필요했던 것처럼 지금도 자신을 위해 준비된 몸을 필요로 하신다. 우리의 신체 각 부분을 주님께서 사용하시고자 한다. 갈라디아서 2:20이 이를 잘 설명해 준다. "내가 그리스도와 함께 십자가에 못 박혔나니 그런즉 이제는 내가 사는 것이 아니요 오직 내 안에 그리스도께서 사시는 것이라."

주님의 능력이 100퍼센트 우리 삶을 통해 나타나는 것을 막는 유일한 걸림돌은 바로 우리 자신이다. 주님은 우리가 스스로의 힘으로 그리스도인의 삶을 살기 위해 노력하는 것을 원치 않으신다. 주님은 우리를 위하여, 우리를 통해 살기를 원하신다.

2) 방해 요소 2 : 두 주인을 섬기는 것

마태복음 6:24을 읽으라.

> 마태복음 6:24 한 사람이 두 주인을 섬기지 못할 것이니 혹 이를 미워하고 저를 사랑하거나 혹 이를 중히 여기고 저를 경히 여김이라 너희가 하나님과 재물을 겸하여 섬기지 못하느니라

(1) 이 말씀은 무엇에 대해 가르치는 것인가? 당신의 삶을 돌아보라. 두 주인을 섬긴 경험이 있는가? 당신의 두 주인은 무엇이었는가?

마태복음 6:24에서는 재물, 즉 돈에 대해서 말하지만 다른 것에도 적용할 수 있다. 우리가 가장 중요하게 생각하여 우선순위에 두는 것이 우리의 삶을 지배할 때, 그 것이 우리의 삶의 주인이 된다.

(2) 두 주인을 섬기면 그 결과는 어떻게 되겠는가?

사실, 우리는 두 주인을 섬길 수 없다. 두 주인을 섬기려 할 때, 그것은 곧 하나님을 저버리는 것이다.

3) 방해 요소 3 : 두 마음을 품는 것

야고보서 1:6-8을 읽으라.

야고보서 1:6-8 6오직 믿음으로 구하고 조금도 의심하지 말라 의심하는 자는 마치 바람에 밀려 요동하는 바다 물결 같으니 7이런 사람은 무엇이든지 주께 얻기를 생각하지 말라 8두 마음을 품어 모든 일에 정함이 없는 자로다

(1) 두 마음을 품는다는 것은 무슨 뜻인가?

믿음으로 구하고 의심하지 말아야 하는데, 기도하고도 의심하는 것을 말한다.

야고보서 1:2-5은 어려움(또는 시험)을 당했을 때 하나님께 지혜를 구하면 후하게 주신다는 내용이다. 6-8은 기도의 응답을 받는 데에 필요한 조건을 보여 준다.
첫째, 믿음으로 구하고 의심하지 말라는 것이다.
둘째, 의심하면 두 마음을 품는 것이다.
셋째, 이런 자는 불안정해서 하나님께 간구한 것을 얻지 못한다.
즉, 하나님으로부터의 기도의 응답은 나의 믿음의 확신에 달려 있다.

(2) 두 마음을 품은 결과는 무엇인가?

하나님께 기도한 것에 대해 응답 받기를 기대하지 말라. 아무것도 얻을 수 없다.

두 마음을 품으면 불안정한 삶을 살게 된다. 의심하는 자는 항상 불안정할 수밖에 없다. '바람에 밀려 요동하는 바다 물결'과 같다. 상황에 따라 이리저리 흔들린다. 하나님을 신뢰하지 못하는 전형적인 그리스도인의 불안정한 모습이다.
열왕기상 18:21에서 엘리야는 '너희가 어느 때까지 둘 사이에서 머뭇머뭇하려느냐? 여호와가 만일 하나님이면 그를 따르라.'고 말했다. 두 마음을 품지 말자.

4) 방해 요소 4 : 정결하지 않은 것

베드로전서 1:14-16을 읽으라.

베드로전서 1:14-16 [14]너희가 순종하는 자식처럼 전에 알지 못할 때에 따르던 너희 사욕을 본받지 말고 [15]오직 너희를 부르신 거룩한 이처럼 너희도 모든 행실에 거룩한 자가 되라 [16]기록되었으되 내가 거룩하니 너희도 거룩할지어다 하셨느니라

(1) 우리가 거룩해야 하는 근거는 무엇인가?

* 하나님이 명령하셨기 때문이다.

* 하나님이 거룩하시기 때문이다.

* 우리가 그분의 자녀로 그 거룩함을 본받는 것이 당연하기 때문이다.

(2) 우리가 거룩한 삶을 사는 것을 방해하는 요소는 무엇인가?

2 하나님과의 교제의 회복

앞에서 풍성한 삶을 방해하는 요소들을 살펴보았다. 풍성한 삶을 방해하는 요소들은 결국 하나님과의 교제를 단절시키는 결과를 가져온다.

어떻게 하면 풍성한 삶을 지속적으로 살 수 있을까? 지금부터 풍성한 삶을 살기 위해 단절된 교제를 어떻게 회복할 수 있는지 그 방법을 살펴보자.

1) 죄를 인정하지 않는 결과는 무엇인가? (잠 28:13)

형통하지 못한다.

죄를 인정하는 결과는 무엇인가?

불쌍히 여김을 받는다.

하나님은 더러운 그릇 속에 그의 거룩한 능력과 사랑을 채우시지 않는다. 그러므로 채움을 받기 전에 먼저 깨끗해져야 한다. 우리가 영적인 능력을 갈망하면서도 얻지 못하는 것은 불순한 동기, 이기적인 욕망, 고백하지 않은 죄가 있기 때문이다. 우리가 채움을 받기 위해서는 정결한 그릇이 되어야 한다(딤후 2:20-21).

2) 시편 51편을 지은 시인은 무엇을 간구하고 있는가? 그것의 근거는 무엇인가? (시 51:1-3)

- 죄를 인정하고 고백하며 그 죄를 완전히 씻어 제거해 달라고 요청하고 있다.
- 죄 용서함을 구하는 근거는 하나님의 인자하심과 긍휼을 따라 구하는 것이며 자신은 용서받을 자격이 없지만 은혜로 용서해 달라고 한다.

죄는 아무리 작아도 주님과 교제하는 기쁨을 빼앗아간다. 예를 들어 당신이 어떤 사람과 데이트를 한다고 하자. 둘 사이에 사소한 문제가 생겼고 두 사람은 그 문제를 해결해야만 한다. 그런데 그 문제를 해결하지 않고 차일피일 미루었다. 어떻게 되겠는가? 아마 당신도 그 결과를 짐작할 수 있을 것이다. 결국 두 사람 사이에는 큰 벽이 생겨 대화도 사귐도 끊어지고 말 것이다.

마찬가지로 우리의 생활 가운데 죄가 있을 때, 주님은 우리의 기도에 응답하시지 않는다. 시편 기자는 "내가 내 마음에 죄악을 품으면 주께서 듣지 아니하시리라."(시 66:18)고 고백하고 있다.

우리가 죄를 허용할수록 우리의 생활은 더욱 비참해지는데, 이 고통을 하나님께서도 동일하게 느끼신다는 사실이다. 하나님께서 우리가 속히 주님께로 돌아오기를 기다리시며, 정결한 삶으로 다시 주님과 동행하기를 간절히 바라고 계신다.

매우 신실한 한 그리스도인은 자신이 30년간 신앙생활을 하는 동안 한번도 실패한 적이 없었다고 말했다. 그 이야기를 듣고 있던 사람이 깜짝 놀라서 물었다. "한번도 실패하지 않았단 말입니까?" 신실한 그리스도인은 "아닙니다. 저에게도 패배의 순간들은 있었습니다. 그러나 저는 한시도 좌절과 실패를 그대로 제 삶 가운데 허용하지 않았습니다. 요한일서 1:9의 약속을 따라 즉시 저의 죄를 고백하여 하나님과의 교제를 곧바로 회복했습니다."라고 대답했다.

하나님께는 우리의 죄를 속일 수 없다. 하나님은 우리의 모든 행동을 알고 계신다. 그런데 "무엇 때문에 죄를 고백해야 하는가?" 그것은 그 어떤 방법으로도 우리 스스로는 죄를 해결할 수 없고, 오직 하나님께서 은혜로 죄 용서함을 받게 하셨기 때문이다. 한가지 우리에게 꼭 필요한 것은 우리를 완전하고 깨끗케 하시는 하나님의 해결책을 믿는 믿음이다. 우리가 하나님의 죄 용서하심을 인정할 때, 주님께서는 영광을 받으신다. 우리 스스로의 능력만으로는 죄에서 벗어날 수 없고, 그리스도를 통해서만 죄와 유혹에서 승리할 수 있다. 우리의 책임은 죄를 고백하고 그분 안에 거하는 것이고, 우리가 기적과 같은 삶을 살게 하는 것은 주님의 책임이다. 주님은 항상 신실하게 우리의 삶을 책임져 주신다.

3) 우리가 죄를 고백하면 하나님은 교제를 회복시켜 주신다. 하나님 아버지와 그의 아들 예수 그리스도와 교제하면서 사는 것은 '빛 가운데 행함'과 같다. 빛 가운데 살면 어떤 결과가 있다고 말씀하시는가? (요일 1:7)

- 우리들 사이에 서로 사귐이 있다.

'빛 가운데 행한다'는 것은 하나님의 진리의 빛을 기뻐하고 거기에 따라 살려고 진실로 하나님 말씀에 열려 있음을 의미한다.

- 우리를 모든 죄에서 깨끗하게 하신다.

삶의 목적, 평안, 능력, 기쁨, 이 모든 것들은 하나님과의 교제를 통하여 얻어지는 결과이다. 우리가 그분 안에 거할 때 내적 안정과 그리스도의 모든 성품이 우리의 것이 된다.

4) 우리가 하나님과 교제하고 있다면 우리에게 어떤 일이 일어나는가? (빌 2:13)

빌 2:13 너희 안에서 행하시는 이는 하나님이시니 자기의 기쁘신 뜻을 위하여 너희에게 소원을 두고 행하게 하시나니

하나님이 우리 안에서 그분의 기쁘신 뜻을 위하여 소원을 두고 행하게 하신다.

빌 2:13의 "너희 안에서 행하시는"에서 '행하신다'는 것은 능력을 공급하거나 힘을 준다는 의미를 포함한다. 하나님께서는 자기의 선한 목적을 위해 우리로 하여금 그것을 하고자 하는 의지와 할 수 있는 능력을 공급해 주신다는 것이다.

5) 하나님과의 교제를 회복하고 나면 얻어지는 유익은 무엇인가? (요일 3:21-23)

- 죄를 고백함으로, 또는 하나님의 뜻을 행함으로 우리 마음이 하나님 앞에서 책망 받을 것이 없으면 우리는 두려움 없이 하나님 앞에 나아갈 수 있다(21절).
- 우리가 하나님의 계명을 지키고 하나님의 기뻐하시는 것을 행하기 때문에 기도의 응답을 받을 수 있다(22절).
- 예수님을 믿고 말씀대로 서로 사랑하는 것이 하나님이 원하시는 뜻인데 더욱 이 뜻을 실행하게 된다(23절).

적용

1. 이 과에서 당신에게 가장 의미 있는 것은 무엇인가?

2. 풍성한 삶을 방해하는 요소들을 어떻게 극복하고 제거할 것인지 나누라.

외울 말씀 시편 139:23-24
하나님이여 나를 살피사 내 마음을 아시며 나를 시험하사 내 뜻을 아옵소서
내게 무슨 악한 행위가 있나 보시고 나를 영원한 길로 인도하소서

읽을 말씀 요한복음 13-15장

제5과

우리는 지금 전쟁 중!

학 습 목 표 : 영적 싸움에 대해 배우고 이 싸움에 대비해 하나님께서 주신 것들을 활용하는 방법을 안다.

골로새서 1:13, 14에서는 하나님께서 우리를 흑암의 권세에서 구해주셨다고 말씀하신다. 그리스도인의 승리의 깃발이 펄럭이고 있고 사탄은 이미 패배했다. 그러나 여전히 사탄의 영적 게릴라전이 계속되고 있음을 기억해야 한다.

우리가 지속적으로 성령 충만하여 성령이 다스리시는 삶을 살려면 이 영적 싸움에 대비해야 한다. 우리는 집에서, 학교나 사무실에서, 상점에서 혹은 도로에서 운전하고 있을 동안에도 매일 수십 번 이상 그리스도인의 삶을 위협하는 유혹을 받는다. 이 세상에서 완전하게 살 수 있는 사람은 아무도 없다. 주님과 동행하는 삶에서도 끊임없이 영적 싸움에 직면하게 된다.

우리는 지금 전쟁 중이다!

1 전쟁터에 있는 우리

많은 그리스도인들은 신앙생활이 모든 역경과 시험에서 떠나 이 세상에서 편안하게 사는 삶일 것이라고 기대한다. 그러나 성경은 신앙생활이 평탄한 길만은 아니며 끊임없는 영적 전쟁의 여정이라고 말한다. 사탄이 지배하는 세상에서 우리의 삶은 끊임없는 반대와 어려움을 겪으며 살아가는 이방인과 나그네의 삶이다. 승리하는 삶은 결코 저절로 이루어지는 쉬운 일이 아니다. 우리는 주 안에서와 그의 능력으로 강건해지고 하나님의 전신갑주로 무장해야 한다.

1) 우리의 싸움은 이 세상의 사람들과 대항하여 싸우는 것이 아니다. 우리가 싸워야 할 대상은 누구인가?

* 야고보서 4:4 세상 : 세상과 친구가 되면 자동적으로 하나님과 원수가 된다.

* 갈라디아서 5:17 육체의 욕망 : 성령이 원하시는 것과 반대되는 것을 원한다.

* 베드로전서 5:8 사탄

(1) 여기에서(약 4:4) 말하는 세상의 의미는 무엇인가? (요일 2:15-16)

> 요한일서 2:15-16 15이 세상이나 세상에 있는 것들을 사랑하지 말라 누구든지 세상을 사랑하면 아버지의 사랑이 그 안에 있지 아니하니 16이는 세상에 있는 모든 것이 육신의 정욕과 안목의 정욕과 이생의 자랑이니 다 아버지께로부터 온 것이 아니요 세상으로부터 온 것이라

- 육신의 정욕, 안목의 정욕, 이생의 자랑
- 하나님께로부터 오지 않는 모든 것
- 하나님과 원수된 것

(2) 육체가 의미하는 것은 무엇인가? (갈 5:19-21)

갈라디아서 5:19-21 [19]육체의 일은 분명하니 곧 음행과 더러운 것과 호색과 [20]우상 숭배와 주술과 원수 맺는 것과 분쟁과 시기와 분냄과 당 짓는 것과 분열함과 이단과 [21]투기와 술 취함과 방탕함과 또 그와 같은 것들이라 전에 너희에게 경계한 것 같이 경계하노니 이런 일을 하는 자들은 하나님의 나라를 유업으로 받지 못할 것이요

우리의 죄의 본성을 말한다. 육체의 일은 음행, 더러운 것, 호색, 우상숭배, 술수, 원수 맺는 것, 분쟁과 시기, 분냄, 당 짓는 것, 분리함, 이단, 투기, 술 취함, 방탕함 등이다.

(3) 사탄은 어떤 존재인가? (요 8:44; 12:31)

요한복음 8:44 너희는 너희 아비 마귀에게서 났으니 너희 아비의 욕심대로 너희도 행하고자 하느니라 그는 처음부터 살인한 자요 진리가 그 속에 없으므로 진리에 서지 못하고 거짓을 말할 때마다 제 것으로 말하나니 이는 그가 거짓말쟁이요 거짓의 아비가 되었음이라
12:31 이제 이 세상에 대한 심판이 이르렀으니 이 세상의 임금이 쫓겨나리라

살인자, 거짓말쟁이, 거짓의 아비, 세상의 임금

2) 하나님이 주신 무기로 무장하면 어떤 결과를 얻게 되는가? (엡 6:10~11)

- 주 안에서와 그 힘의 능력으로 강건해진다.
- 마귀의 간사한 속임수를 능히 대적할 수 있다.

3) 에베소서 6:14-17을 읽고 당신이 무장할 수 있도록 하나님이 준비해 두신 여섯 가지 무기를 적어 보라.

(1) (진리)의 허리띠

진리의 허리띠 - 로마 군인은 13-20cm폭의 허리띠를 했다. 그 허리띠는 옷의 흘러내림을 막아 전쟁터에서 자유롭게 움직일 수 있게 했으며 칼이나 무기들을 부착할 수 있었다. 진리[예수 그리스도]는 영적 전쟁에서 우리를 자유롭게 움직이도록 돕는 신앙인의 허리띠다. 진리를 알면, 우리가 죄에서 자유로워지고, 영적 전쟁에서 우리의 대장이신 예수 그리스도의 부르심에 순종함으로 승리할 수 있다(요 14:6; 8:32; 8:36).

(2) (의)의 호심경

의의 호심경 - 로마 군인은 갑옷의 가슴 부분에 가죽, 구리, 동 등을 덧대어 가슴을 보호했다. 예수님은 죄의 형벌로부터 우리를 자유케 해주셨다. 그분이 우리의 의가 되셨기 때문에 우리는 넉넉히 이길 수 있다(고후 5:21; 롬 3:22).

(3) (평안)의 복음을 전할 신

평안의 복음을 전할 신 - 우리가 전에는 하나님과 적대 관계에 있었지만, 그리스도의 보혈로 하나님과 화평하게 되었다. 우리는 더 이상 정죄 받지 않는다(롬 8:1-2). 이 진리는 우리가 가는 곳마다 전해야 할 기쁜 소식이다. 발길이 닿는 곳마다 이 평안의 복음의 소식을 전해야 한다(고전 15:1, 3-4; 빌 4:7; 롬 5:1).

(4) (믿음)의 방패

믿음의 방패 - 우리가 의심 없이 예수 그리스도와 그의 말씀을 신뢰하므로 죄의 유혹을 막아낼 수 있다. 예수님은 언제나 신실하시다. 우리는 '영적인 모든 싸움이 주님께 속한 것(대하 20:15)'임을 알고 그의 능력을 굳게 붙잡아야 한다(갈 2:20; 딤후 2:13).

(5) (구원)의 투구

구원의 투구 - 예수 그리스도는 우리의 구원이시다. 구원을 확신하면 자신 있게 영적 전쟁에 임할 수 있다(행 15:11; 벧후 1:10).

(6) 성령의 검 곧 (하나님의 말씀)

성령의 검 - 성령의 검은 영적 싸움에서 유일한 공격용 무기이다. 예수님이 사탄의 공격을 말씀으로 물리치셨듯이(마 4:1-11) 우리도 동일하게 말씀을 사용하여 사탄의 공격을 물리칠 수 있다. 히브리서 기자는 하나님의 말씀을 좌우에 날 선 어떤 검보다도 더 예리하다고 했다(히 4:12). 우리가 말씀을 잘 이해하며 암기하고 있다면 사탄의 공격에 대항할 수 있다.

4) 영적 전쟁에 대항하기 위해 말씀의 검을 어떻게 준비해야 하는가? (시 119:9, 11)

시편 119:9, 11 [9]청년이 무엇으로 그의 행실을 깨끗하게 하리이까 주의 말씀만 지킬 따름이니이다 [11]내가 주께 범죄하지 아니하려 하여 주의 말씀을 내 마음에 두었나이다

말씀의 뜻을 잘 이해하고 그 말씀을 마음에 간직하고 외우며 실천한다. 성경을 통독하고 열심히 배우면 생활 속에서 부딪히는 모든 문제의 해결책을 성경 말씀 안에서 찾을 수 있다.

5) 영적 전쟁을 대비하려면 어떻게 해야 하는가? (엡 6:18; 골 4:2)

에베소서 6:18 모든 기도와 간구를 하되 항상 성령 안에서 기도하고 이를 위하여 깨어 구하기를 항상 힘쓰며 여러 성도를 위하여 구하라

골로새서 4:2 기도를 계속하고 기도에 감사함으로 깨어 있으라

항상 기도에 힘쓰고 기도 가운데 감사함으로 깨어 있어야 한다. 예수님도 시험에 들지 않기 위해 깨어 있어 기도하라고 말씀하셨다(마태복음 26:41).

이 말은 항상 무릎을 꿇고 기도해야 한다는 뜻이 아니다. 계속 기도하는 자세로 살아야 한다는 뜻이다. 주님께서 우리를 대신하여 싸워 주신다. 우리가 할 일은 기도함으로 우리 자신을 주님께 드리고 주님이 우리를 통해 싸우시도록 하는 것이다. 항상 영적 전쟁을 의식하여 적의 공격을 살피며, 기도를 통해 우리를 위해 싸우시는 주님께 우리의 삶을 온전히 맡겨드리며 감사해야 한다.

2 그리스도를 통한 승리

1) 우리가 싸워야 할 대상들에게 어떻게 대항할 것인가?

(1) 세상 (롬 12:2)

이 세대를 본받지 말고 오직 마음을 새롭게 함으로 변화를 받아, 하나님의 선하시고 기뻐하시고 온전하신 뜻이 무엇인지를 분별해서 실천함으로 세상을 대항해 나간다.

(2) 육체 (갈 5:16)

성령을 따라, 즉 성령에 의존하는 삶을 계속해서 살아가야 한다. 비록 육체의 욕심을 완전히 버리기는 어렵지만, 계속 성령께 의존하면 성령의 도우심으로 죄의 욕심에서 벗어나는 승리의 삶을 살 수 있다.

(3) 사탄 (약 4:7)

하나님의 말씀에 순종하여 사탄을 대적한다. 그러면 사탄이 도망갈 것이다.

사탄은 우주 가운데 하나님 다음의 강한 권세를 가진 자이다. 사탄은 살아서 활동하지만 이미 패배했다. 사탄이 십자가 위에서 이미 패배했지만 항상 그리스도인들에게 두려움을 주려고 한다(요 12:31). 분명한 것은 우리가 자신의 힘과 지혜로는 사탄을 이길 수 없지만, 하나님의 능력을 신뢰할 때는 승리할 수 있다. 그리스도인은 사탄을 두려워할 필요가 없다. 사탄이 공격해 올 때, 하나님의 능력으로 대적하라. 그러면 물러갈 것이다(약 4:7). 주님의 권위로 기도하라. 사탄은 쫓겨갈 것이다. 주님의 부활은 바로 그리스도께서 십자가 위에서 사탄을 이기신 승리의 선포이다. 이 사실에 근거하여 믿음으로 그리스도의 승리를 당신 자신의 것으로 선포하라.

사탄의 지배를 받는 세상은 비기독교적 사상을 최고의 미덕으로 칭송하면서 그리스도인들을 비웃고 세상의 가치 기준을 따라 살도록 유혹한다. 그러나 성경은 '위의 것을 생각하고 땅의 것을 생각하지 말라'(골 3:2)고 한다. 그리스도인은 세상을 본받지 말며(롬 12:2), 세상을 사랑하지 말아야 한다(요일 2:15). 세상의 쾌락과 매력은 없어질 것들이다. 영원한 것에 가치관을 고정시키라. 몇 년 후 사라지고 말 즐거움을 위해 인생을 투자하겠는가? 헛되이 지나가 버릴 것들에 시간과 정력을 소비하겠는가?

육체는 우리의 옛 죄성을 가리킨다. 우리 안에 남은 죄성은 항상 하나님을 대적한다(롬 8:7). 사도 바울 역시 자신 안에 선한 것이 없다고 고백했다(롬 7:18). 그러나 우리의 죄성이 항상 우리를 죄로 이끌고 하나님과 분리시키려고 하지만, 우리는 죄악에서 승리하는 삶을 살 수 있다. '우리 자신을 죄에 대해 이미 죽은 자로 여기라'(롬 6:11)고 말씀하고 있다. 하나님께서는 이미 십자가에서 우리의 죄성을 심판하셨기 때문에 죄성이 우리를 지배할 수 없고, 우리는 육체를 이기는 삶을 살 수 있다. 하나님께서 십자가 위에서 선물하신 승리로 인하여 우리는 안심할 수 있다.

2) 준비된 갑옷과 무기들을 볼 때 정말로 싸우시는 분은 누구이신가? (엡 6:10)

하나님

이미 승리하시고, 우리를 구원하신 예수 그리스도께서 대장이 되어 우리의 영적 전쟁을 대신 싸워주신다. 그러므로 우리의 영적 전쟁은 승리를 얻기 위해 싸우는 것이 아니라, 이미 승리한 싸움을 마무리하는 것이다. 그러나 우리 자신의 힘으로만 싸운다면 결코 이길 수 없다.

만일 영적 싸움에서 패했다면, 스스로의 힘으로 싸웠기 때문이라는 사실을 기억하라. 하나님께서는 "서서 너희와 함께한 여호와가 구원하는 것을 보라."(대하 20:17)는 말씀의 약속을 주신 것 또한 기억하라.

3) 하나님께서 항상 이기실 것을 확신할 수 있는 이유는 무엇인가? (요일 4:4)

우리 안에 계신 분이 세상에 있는 자보다 크시기 때문이다.

우리 스스로의 능력과 재주가 아니라 주님의 능력으로 싸울 때 우리는 영적 전쟁에서 이길 수 있다. 십자가 위에서 사탄을 패배시킨 예수님께서 우리에게 '넉넉히' 이길 힘을 주신다. 우리는 하나님의 군사이다. 전진해야 한다(요일 5:4).

4) 당신이 환난과 시험을 당할 때 로마서 8:31의 말씀은 당신에게 어떤 도움을 줄 수 있는가?

로마서 8:31 그런즉 이 일에 대하여 우리가 무슨 말 하리요 만일 하나님이 우리를 위하시면 누가 우리를 대적하리요

하나님이 우리를 위하시기 때문에 아무도 우리를 대적할 수 없다는 것을 알게 해주어 승리를 확신하므로 두려워하지 않고 담대하게 한다.

살아 계신 하나님의 군사가 되는 것이 얼마나 감격스러운 일인가! 그러나 오늘날 주를 위해 살고자 하는 사람들은 극히 소수이다. 우리의 영적 전쟁터에서 승리를 주시는 주님을 믿으라.

적용

1. 이 과에서 당신에게 가장 의미 있는 것은 무엇인가?

2. 현재 당신의 생활 가운데 영적인 무기를 사용해야 할 구체적인 경우를 적어 보라.

외울 말씀 **에베소서 6:10-12**

끝으로 너희가 주 안에서와 그 힘의 능력으로 강건하여지고 마귀의 간계를 능히 대적하기 위하여 하나님의 전신 갑주를 입으라 우리의 씨름은 혈과 육을 상대하는 것이 아니요 통치자들과 권세들과 이 어둠의 세상 주관자들과 하늘에 있는 악의 영들을 상대함이라

읽을 말씀 **요한복음 16-18장**

제6과

환난을 즐거워하라!

학 습 목 표 : 삶의 시련 속에서도 하나님의 관점으로 삶을 바라볼 수 있다.

두 명의 그리스도인이 같은 비극을 당했는데, 한 사람은 하나님께로 더 가까이 가는 반면, 다른 한 사람은 낙심하고 패배할 수 있다. 그 이유가 무엇이라고 생각하는가?

위기는 삶의 한 부분이다. 이 세상에 어려움 없이 살 수는 없다. 예수님도 '세상에서는 너희가 환난을 당한다'고 말씀하셨다(요 16:33). 인생은 전쟁터다. 그러나 문제를 일으키는 것은 문제 그 자체가 아니라 문제를 대하는 우리의 태도이다. 문제로 인한 고통은 그 문제를 대하는 우리의 태도에 따라 완화될 수도 있다.

어떤 그리스도인들은 그들이 돈과 건강과 명예를 잃었거나 혹은 혹독한 곤경에 있을 때, 하나님께서 그들을 버리셨다고 생각한다. 그래서 하나님을 향한 마음이 냉담해지고, 기도하지 않으며, 하나님을 불신하고, 걱정과 이기적인 삶에 빠지게 된다.

이번 과에서 우리는 변장된 복에 대해서 공부할 것이다. 그리고 우리 마음의 태도에 따라 성공과 실패라는 전혀 다른 결과를 얻게 됨을 알게 될 것이다.

그리스도인의 삶의 승리와 패배는 마음먹기에 달려 있다.

1 곤경에 빠진 하나님의 백성

출애굽기 14:1-14에서 이스라엘 사람들은 변장된 복을 경험했다. 본문을 읽으면서 백성들의 인간적인 관점과 모세를 통해 나타나는 하나님의 관점에 주목해 보라.

1) 이스라엘 백성들이 이집트에서 나와 홍해 앞에 도착했을 때 이집트 군대가 뒤쫓아오는 것을 보았다. 이스라엘 사람들은 앞에 나타난 이 위험에 대해 어떻게 반응했는가? (출 14:10-12)

두려워서 여호와와 모세를 원망하였다.

성경은 '사랑 안에 두려움이 없다'고 말한다(요일 4:18). 이스라엘이 하나님을 신실하게 사랑했다면 그분을 신뢰하므로 두려움에 휩싸이지는 않았을 것이다. 그들의 두려움은 고통으로 변하여 모세와 하나님께 불평하기 시작했다. 그들은 차라리 애굽에서 노예로 사는 것이 더 낫다고 생각했다. 이것이 인간의 본성이다. 우리는 하나님께서 주시는 좋은 것은 원하지만, 그것을 위해 모험하는 것은 원하지 않는다.

2) 모세는 어떻게 반응했는가? 왜 그는 13, 14절과 같은 명령을 했다고 생각하는가?

모세는 이 상황을 믿음의 눈으로 보았다. 그는 이 전쟁을 여호와께 속한 전쟁으로 보았다. 여호와께서 반드시 구원하실 것을 믿었다. 여호와께서 애굽 군대보다 강한 것을 신뢰했다.

백성이 의심에 빠져있을 때도 모세는 하나님을 신뢰했다. 그는 하나님께 영광을 돌렸다. "하나님께서 행하시는 것을 바라보라"고 말했다. 모세의 유일한 희망은 하나님이었다. 그리고 하나님께서는 모세의 믿음대로 이루셨다. 모세를 결코 좌절시키지 않으셨다.

3) 이집트 군사들이 홍해에 수장되었을 때, 이 일을 통해 하나님께서 백성들의 마음과 생각 속에 깨닫게 하신 것은 무엇인가? (출 14:31)

이스라엘 백성들은 여호와를 경외하며 여호와와 그의 종 모세를 신뢰하는 법을 배웠다. 즉 그들에게 믿음을 가르쳐주셨다.

백성들은 하나님의 위대한 역사를 목도하고 감격했다. 하나님께서는 환난을 통해 우리가 하나님을 신뢰하도록 가르치신다. 인간의 본성으로는 하나님을 신뢰하지 않음을 아셨다. 모든 일이 순탄할 때 우리는, 하나님께 영광을 돌리기보다는 자신의 공로로 돌린다. 모든 것을 아시는 하나님은 인간의 지혜와 능력으로는 그 어떤 것도 할 수 없음을 인정하는 상황으로 우리를 인도하신다. 그래서 결국 그분의 역사를 온전히 바라보도록 만드신다(참고. 시 37:5; 벧전 5:7).

4) 당신의 삶에 있었던 위기를 생각해 보라. (서론 부분을 떠올려 보라)

(1) 주위 사람들은 그와 비슷한 상황을 만나면 어떻게 반응하였는가?

(2) 당신은 어떻게 반응하였는가? 당시의 태도를 살펴볼 때 아쉬웠던 점은 무엇인가?

(3) 하나님께서 당신에게 시련을 통해 역사하시고, 그 시련이 진정한 복이었음을 알게 하신 경우가 있다면 그 경험을 함께 나누어 보라.

2 환난 극복하기

1) 당신이 시험이나 시련을 당할 때 성경이 보장한 몇 가지 약속을 써 보라.

고린도전서 10:13 사람이 감당할 시험 밖에는 너희가 당한 것이 없나니 오직 하나님은 미쁘사 너희가 감당하지 못할 시험 당함을 허락하지 아니하시고 시험 당할 즈음에 또한 피할 길을 내사 너희로 능히 감당하게 하시느니라

(1) 고린도전서 10:13

우리가 당한 시험은 모든 사람들에게 공통적인 것이며 하나님께서 우리가 감당할 수 없는 시험은 허락하지 않으신다. 또 시험당할 때 피할 길을 주시고 능히 견딜 수 있는 힘을 주신다.

우리는 때때로 남이 당하지 않는 고통을 자신만 당하고 있다고 생각한다. 그러나 많은 사람들이 우리와 같은 시험을 겪었거나 겪고 있다. 우리는 그들을 통해 중요한 교훈과 진정한 위로를 얻을 수 있다.

하나님께서는 우리가 이겨낼 수 없는 시험은 주시지 않는다고 약속하신다. 시험을 이길 수 없다는 생각은 절대로 타당하지 않다. 우리가 어떤 특정한 시련을 이겨낼 힘이 없다면 하나님께서는 그 시험을 허락하지 않으셨을 것이다. 시련을 당하면 그리스도인은 피할 길을 찾기 위해 즉시 하나님의 말씀 앞에 서야 한다. 우리가 시련을 당할 때 하나님의 해결책을 구하지 않는다면, 더욱 깊이 그 문제에 빠져들어 갈 것이다. 하나님께서는 우리가 시련을 이겨낼 수 있다고 약속하셨다. '우리에게 능력 주시는 자 안에서 모든 것을 할 수 있다'(빌 4:13)는 사실을 항상 명심하라. 우리는 하늘과 땅의 모든 권세를 가지고 있다. 우리는 이미 예수 그리스도 안에서 시험에 이기기 위해 필요한 모든 자원들을 소유하고 있다.

(2) 로마서 8:28

하나님을 사랑하는 자 곧 그 뜻대로 부르심을 입은 자들에게는 모든 일이 합력하여 선을 이루게 하신다.

로마서 8:28의 약속은 모든 사람들에게 해당되는가?
첫째, 이 약속은 '하나님을 사랑하는 자'에게 한정된다. 하나님을 사랑하면 신뢰가 따라온다. 그러므로 어떤 일을 당하든지 그것이 하나님의 통제 안에 있음을 기억하라.
둘째, '그 뜻대로 부르심을 받은 자들'을 위한 약속이다. 하나님께 모든 것을 양도한 사람들 안에서 하나님의 목적이 실현된다. 우리가 하나님의 뜻을 받아들일 때에만 주님의 온전한 뜻이 성취되는 것을 볼 수 있다.

2) 당신의 삶 속에서 하나님의 일하심을 의심한 적이 있는가? 언제, 왜 그랬는가?

3) 로마서 5:3-5을 읽으라.

로마서 5:3-5 3다만 이뿐 아니라 우리가 환난 중에도 즐거워하나니 이는 환난은 인내를, 4인내는 연단을, 연단은 소망을 이루는 줄 앎이로다 5소망이 우리를 부끄럽게 하지 아니함은 우리에게 주신 성령으로 말미암아 하나님의 사랑이 우리 마음에 부은 바 됨이니

(1) 하나님께서는 환난 가운데서 우리가 어떤 태도를 취하기를 기대하시는가? (3절)

기뻐하고 즐거워할 것을 기대하신다.

(2) 위와 같은 태도를 취할 수 있는 이유는 무엇인가? (3-4절)

* 환란이 닥쳤을 때 포기하지 않고 어려움을 참고 극복하는 과정을 통해 인내를 이루고, 이렇게 어려움을 하나님의 사랑에 대한 믿음으로 여러 번 통과하면 하나님이 인정하시는 성숙한 인격(연단)을 갖게 된다. 이런 과정을 거친 사람은 어떤 환난에서도 하나님이 반드시 약속을 이루실 것을 확신하며 소망을 갖게 된다. 환난이 이러한 유익을 주므로 환난 가운데서도 기뻐하고 즐거워할 수 있다.
* 하나님께 중심을 둔 소망은 결코 우리를 실망시키지 않는다. 그 이유는 성령으로 말미암아 하나님이 우리 마음에 그의 사랑을 부어 주시기 때문이다. 그의 사랑하는 독생자를 우리에게 주신 하나님의 이 크신 사랑은 우리에게 확신을 더해 준다.

4) 아래 구절에 의하면 변장된 복의 목적이 무엇인가?

> 고린도후서 1:3-4 3찬송하리로다 그는 우리 주 예수 그리스도의 하나님이시요 자비의 아버지시요 모든 위로의 하나님이시며 4우리의 모든 환난 중에서 우리를 위로하사 우리로 하여금 하나님께 받는 위로로써 모든 환난 중에 있는 자들을 능히 위로하게 하시는 이시로다

(1) 고린도후서 1:3-4

환난 중에서 하나님께 받은 위로로 환난을 당한 다른 사람들을 위로할 수 있게 된다.

(2) 히브리서 12:5-11

징계는 우리의 유익을 위하여 그의 거룩하심에 참여하게 하는 도구이다. 그것을 통해 의와 평강의 열매를 맺게 하신다.

왜 그리스도인의 생활 가운데 고통과 아픔과 비극적인 사건들이 생길까? 로마서 5:3-5 말씀처럼 이러한 일들은 하나님의 목적을 이루기 위해 필요한 일이다. 비가 오지 않고 계속 햇빛만 비취면 그 땅은 사막이 된다. 우리를 그리스도의 성품으로 다듬기 위해 하나님께서는 복과 격려와 함께 시련과 고난의 때도 허락하신다. 우리는 대개 이러한 일들을 피하기 원하지만, 우리가 항상 회피하기만 하는 것은 하나님의 뜻이 아니다.

우리는 시련을 통해 하나님을 온전히 신뢰하고, 그분께 더 가까이 가는 것을 배울 수 있다. 우리의 연약하고 이기적인 모습에 대해 주님이 주시는 위로와 해결책을 배우며 하나님의 능력을 체험하게 된다. 고통은 때때로 우리의 반항적인 태도를 드러내 주기도 한다. 세상 사람들은 고통의 의미와 목적을 알지 못하지만, 그리스도인들은 그것이 변장된 하나님의 복으로, 그분의 자녀들을 가르치시는 하나님의 사랑임을 안다. 고통과 곤경 가운데서도 하나님의 승리를 믿음으로 받아들이라.

5) 데살로니가전서 5:18과 히브리서 13:15을 읽으라.

데살로니가전서 5:18 범사에 감사하라 이것이 그리스도 예수 안에서 너희를 향하신 하나님의 뜻이니라

히브리서 13:15 그러므로 우리는 예수로 말미암아 항상 찬송의 제사를 하나님께 드리자 이는 그 이름을 증언하는 입술의 열매니라

(1) 모든 상황 속에서 하나님은 우리가 어떤 반응을 보이기를 원하시는가?

감사하며 찬송하는 마음

'범사에 감사한다'는 것은 우리 삶에 대한 하나님의 권위를 인정하는 것이다. 그분의 신실하심을 믿는 것이다. 모세가 경험했던 것처럼 우리 삶에도 하나님의 영광이 나타날 것을 기대하고 즐거워하는 것이다.
우리가 하나님의 관점으로 생각하고 주님께 감사하면, 주님께서 상황을 다스리고 계심을 기억하게 된다. 모든 일에 감사하는 것은 신앙생활의 매우 중요한 지침이다. 감사하는 생활은 삶의 여정을 바꾸어 놓는다.

(2) 슬픔과 비극 속에서 당신은 어떻게 기뻐하고 감사할 수 있는가?

- 많은 약속의 말씀 때문에
- 우리는 희망과 소망이 있기 때문에
- 이것을 통해 우리가 성숙해 갈 수 있기 때문에
- 이것은 믿음을 가르쳐주시기 위한 변장된 복이기 때문에

적용

1. 이 과에서 당신에게 가장 의미 있는 것은 무엇인가?

2. 바로 지금 하나님께 의지해야 할 당신의 시련은 어떤 것인가?

3. 그 시련 속에 담겨진 변장된 복은 무엇이라고 생각하는가?

외울 말씀 고린도후서 1:3-4
찬송하리로다 그는 우리 주 예수 그리스도의 하나님이시요 자비의 아버지시요 모든 위로의 하나님이시며 우리의 모든 환난 중에서 우리를 위로하사 우리로 하여금 하나님께 받는 위로로써 모든 환난 중에 있는 자들을 능히 위로하게 하시는 이시로다

읽을 말씀 요한복음 19-21장

MEMO

3

성령의 능력을 받으라!

10 STEP

그리스도인의 성장을 위한
CCC 10단계 성경교재

3단계
성령의 능력을 받으라!

Intro 성령의 능력을 경험하기

제1과 성령은 누구신가?

제2과 성령과 나

제3과 성령 충만은 어떻게 받는가?

제4과 왜 소수의 그리스도인만이 성령 충만을 받는가?

제5과 어떻게 성령 충만을 지속할 수 있는가?

성령의 능력을 경험하기

나의 친한 친구인 전 미국 상원의원 로저 잽슨(Roger Jepsen)의 아내 디 잽슨(Dee Jepsen)의 이야기이다.

"나는 워싱턴 국회의사당 상원의원 회의실에서 있었던 오찬모임에 참석했었다. 그 오찬모임에는 상원의원을 비롯한 정부 최고 지도자들과 존경받는 많은 손님들이 하나님의 겸손한 종에게 경의를 표하기 위해 모였다. 그 회의실은 화려한 기둥과 높은 천장과 거대한 샹들리에로 장식된 아름다운 방이었다. 그때 마더 테레사(Mother Teresa)가 방으로 들어왔다. 그녀의 몸은 매우 왜소했고 입고 있는 수녀복과 낡은 회색 스웨터, 그리고 분명히 수마일을 신고 다녔을 샌들은 그 장소와 전혀 어울리지 않는 듯했다. 오히려 그녀는 그 방의 웅장함과 그 안의 사람들로 인해 더욱 작아 보였다.

그러나 그녀가 방에 들어서자 초청받은 귀빈들과 존경받는 지도자들이 모두 자리에서 일어나 박수갈채를 보냈고 많은 사람들의 눈에는 눈물이 고였다.

나는 이 대조되는 장면에 강한 인상을 받았다. 감격한 나는 '주님, 이 연약한 여인이 그 무엇보다 강한 힘을 가지고 있습니다. 그녀는 가는 곳마다 예수님을 나타내며 모든 사람들이 이상하게도 감동을 받습니다.'라고 기도했다."

마더 테레사는 가진 것이 아무것도 없고 물질적인 소유도 자신의 권리도 주장하지 않았지만 인도 캘커타에 버려져 죽어가는 사람들을 위한 희생과 수고에 대해서 최고의 인정을 받았다. 그녀는 빈민가에 들어가 버림받은 사람들을 사랑했고 그들을 섬겼다. 그녀의 섬김은 사람들을 변화시키고 세상을 감동시키며 하나님 사랑을 나타냈다. 이것이 진정한 힘이다. 그 힘은 세상의 지혜로운 자들을 당황케 하고 권세 있는 자들을 겸손하게 한다. 그 힘이 바로 하나님의 영광을 위해 평범한 남녀들을 통해 역사하시는 하나님의 능력이다.

'왜 그리스도인으로서 나의 삶은 흥미진진하지도 만족스럽지도 못할까? 매순간 하나님의 능력을 경험하며 살 수 있는 방법은 무엇일까? 내 삶에서 주 예수를 나타낼 수 있도록 어떻게 능력을 공급받을 수 있을까?' 당신이 평범한 그리스도인이라면 의심할 여지없이 '내 생활에는 풍성함이 없다. 그리스도를 증거하려 해도 아무도 내 말에 흥미를 보이지 않는다. 나는 회의와 두려움과 좌절과 패배만 경험한다. 그리스도인의 생활이 좀 더 나은 무엇인가가 있을 텐데 나는 아직 그것을 발견하지 못했다.'고 생각하고 있을 것이다.

한때 나는 그리스도인들을 전도하고 성결한 삶을 살도록 도전하는 사역을 했다. 많은 시간과 에너지를 이 사역에 쏟았지만 결과는 너무 실망스러웠다. 그러나 나는 전도하는 일을 멈추지 않았다. 마침내 하나님께서는 전도하는 것에 복을 주셨고 많은 열매를 맺게 하셨다. 몇 해가 지나면서 성령께서는 모든 그리스도인들이 영적인 잠에서 깨어나 그리스도의 제자로 거듭나기만 한다면 그들 안에 위대한 잠재력이 있다는 것도 깨닫게 하셨다. 그리스도인들이 자신의 의지를 그리스도께 양도하고 성령 충만을 받고 전도와 제자훈련을 받는다면 생명력있고 역동적이며 전도하는 그리스도인이 될 수 있다는 것을 확신하게 되었다.

차이점

오늘날의 교회와 초대교회는 아주 큰 차이가 있다. 어떤 신학자들은 그것이 헌신의 차이라고 말한다. 그러나 전 세계의 많은 사람들이 하나님께 기도하고, 매일 자신의 삶을 그리스도께 헌신하지만 여전히 영적 무기력과 패배의 삶을 살고 있다. 그 이유는 무엇인가? 마태복음 5:6은 "의에 주리고 목마른 자는 복이 있나니 저희가 배부를 것임이요."라고 하지 않았는가! 사랑받는 제자 요한은 요한일서 1:5-7에서 예수님의 말씀을 인용하면서 '하나님은 빛이시며 그에게는 어두움이 조금도 없으시고 우리가 빛 가운데 행하면 우리는 하나님과 그 아들과 사귐을 갖게 된다.'고 하지 않았는가!

우리는 영적 빈곤 속에서 살 필요가 없다. 하나님의 말씀에는 모든 그리스도인들에게 적용되는 수천 가지 약속들이 기록되어 있다. 그 중에는 하나님의 사랑(요 3:16), 영원한 생명(롬 6:23), 죄 용서(요일 1:9), 물질적 필요를 공급하심(빌 4:19), 우리의 갈 길을 인도하심(시 37:23), 성공적인 기도생활의 비결(요 15:7), 풍성한 삶에 대한 약속(요 10:10하), 거룩한 삶에 대한 복의 약속(대하 16:9), 모든 것이 합력하여 선을 이룬다는 확신(롬 8:28), 시험으로부터의 구원(고전 10:3), 두려움을 극복함(요일 4:18) 등이 있다. 성경은 모든 그리스도인들이 사랑, 기쁨, 평안, 믿음 등 많은 유익한 특성들을 소유할 수 있다고 약속하고 있다. 그런데 왜 모든 그리스도인들이 이러한 삶의 특성을 경험하지 못하는가? 무엇이 문제인가?

빌리 그레이엄(Billy Graham) 목사는 "미국에 있는 그리스도인들 중 적어도 90퍼센트는 패배하는 삶을 살고 있다."는 조사 결과를 밝혔다. 당신도 패배하는 삶을 살고 있는 사람 중 하나일 수 있다. 당신은 하나님을 향한 마음을 갖고 있을 수도 있고 열심히 성경을 읽고 기도하고 전도하고 교회에서 적극적으로 활동할 수도 있다. 그러나 당신은 여전히 패배하는 싸움을 하고 있다. 유혹이 온다. 당신은 미온적으로 저항하다가 시험에 굴복하고 마침내 패배한다. 당신은 존 번연의 『천로역정』에 나오는 그리스도인과 같이 절망의 수렁 속을 여러 달 동안 여행한다. 그때 부흥회나 수양회에 참석하여 잠시 동안 정상에 올라간다. '올라갔다, 내려갔다, 승리했다, 패배했다'를 반복한다! 그러다가 로마서 7:24의 바울처럼 "오호라 나는 곤고한 사람이로다 이 사망의 몸에서 누가 나를 건져 내랴?"라고 외친다.

CCC의 총재로서 해마다 수많은 학생들에게 설교하는 것은 나의 특권이었다. 한번은 프린스턴대학에서 설교를 마친 후, 한 학생이 전도의 '열매'가 없는 것에 대해 근심하며 나를 찾아왔다. "저는 매일 한 시간 동안 성경 읽고, 한 시간 동안 기도하고, 한 시간 동안 전도를 합니다. 저는 캠퍼스의 모든 신앙 모임에 참석합니다. 그러나 저는 한 사람도 그리스도에게 인도하지 못했습니다. 제게 무슨 문제가 있는 것일까요?" 그는 하나님을 기쁘시게 하고 그의 친구들이 예수님을 알게 되기를 원했다. 그의 마음이나 행동은 모범적인 그리스도인이었다.

이 젊은이와 상담을 하면서 성령의 인격과 사역을 설명하는 몇 개의 중요한 구절을 찾아보았다. 나는 성령 충만 받으라는 하나님의 명령(엡 5:18)과 그의 뜻대로 무엇이든지 구하면 들어 주시겠다는 하나님의 약속에 근거해서(요일 5:14-15) 믿음으로 성령 충만 받는 것에 대해 나누었다.

그가 믿음으로 성령 충만을 구했을 때, 하나님께서 승리의 확신과 말할 수 없는 기쁨을 주셨다. 그는 기쁨과 기대하는 마음을 가지고 상담실을 떠났다. 전에는 알지 못했던 믿음으로 성령 충만함을 경험한 그는 자신의 생애에 무엇인가 중요한 일이 일어났다는 것을 알게 되었다. 그는 새롭게 되었다. 더 이상 두려워하지 않고 무기력하지도 않았다. 그는 하나님을 믿는 믿음과 능력을 소유함으로 담대해졌다. 하나님께서 그를 통해 일하시는 것들을 보고 싶어 더 이상 기다릴 수 없었던 그는 "주여, 당신이 오늘 저를 인도하셔서 만나게 할 첫 사람은 누구입니까?"라고 기도했다.

성령께서는 이 청년이 그동안 여러 번 전도했지만 실패했던 그의 친구에게로 인도하셨다. 그는 달라진 점을 발견했다. 하나님께서 그 친구의 마음을 준비해 놓으셨고 그가 그리스도를 영접하자 두 사람은 같이 머리 숙여 기도했다. 이 놀라운 경험은 다음날도 보이지 않는 손에 이끌리듯 다른 학생에게서 일어났다.

이것은 이상한 일이 아니다. 성경은 "나를 보내신 아버지께서 이끌지 아니하면 아무라도 내게 올 수 없으니"(요 6:44)라고 우리에게 말씀하기 때문이다. 성령의 능력으로 프린스턴대학의 이 청년은 동료와 친구들을 날마다 그리스도께로 인도했다. 그의 삶은 놀랍게 변화되었으며 하나님의 능력을 받았고 하나님께 귀하게 쓰임받았다.

한 젊은 사역자가 미국의 가장 훌륭한 신학교 중 한 곳에서 학사와 석사 학위를 받았지만 전도의 열매가 거의 없었다. 그렇지만 믿음으로 성령의 능력을 활용하는 법을 배우면서 기대감과 기쁨을 경험했고 이로 인해 승리하며 열매 맺는 삶을 살게 되었다. 대학생수련회에 참석했던 한 수줍음이 많은 학생은 잃어버린 영혼에 대한 관심은 있었으나 사람에 대한 두려움 때문에 패배와 좌절감에 사로잡혀 있었다. 하지만 하나님의 능력과 사랑과 믿음이 그를 사로잡았을 때 이전에는 도저히 불가능하다고 생각했던 기쁨과 열매를 경험했다. 두려움과 좌절감은 사라지고 용기와 승리가 찾아왔다.

또 한 예로 성령의 능력에 대해 듣고, 믿었으며, 받아들이고 자기 것으로 삼은 어떤 신실한 사람은 복음증거가 더 이상 의무가 아니라 기쁨이라는 것을 발견했다. 후에 그는 "마치 감옥에서 풀려 나온 듯한 기분"이라고 외쳤다.

새롭고 신비한 생명

나는 예수께서 하신 아래의 약속들을 발견한 후, 열매 없이 좌절의 삶을 살았던 사람들이 믿음으로 성령의 능력을 자기 것으로 삼아 열매 맺으며 승리의 삶을 살게 된 예들을 많이 알고 있다.

"나를 따라 오라 내가 너희를 사람을 낚는 어부가 되게 하리라"(마 4:19).

"너희가 열매를 많이 맺으면 내 아버지께서 영광을 받으실 것이요"(요15:8).

"너희가 나를 택한 것이 아니요 내가 너희를 택하여 세웠나니 이는 너희로 가서 열매를 맺게 하고 또 너희 열매가 항상 있게 하여 내 이름으로 아버지께 무엇을 구하든지 다 받게 하려 함이니라"(요 15:16).

"내가 아버지께 구하겠으니 그가 또 다른 보혜사를 너희에게 주사 영원토록 너희와 함께 있게 하리니 그는 진리의 영이라 세상은 능히 그를 받지 못하나니 이는 그를 보지도 못하고 알지도 못함이라 그러나 너희는 그를 아나니 그는 너희와 함께 거하심이요 또 너희 속에 계시겠음이라"(요 14:16-17).

"내가 아버지께로부터 너희에게 보낼 보혜사 곧 아버지께로부터 나오시는 진리의 성령이 오실 때에 그가 나를 증언하실 것이요"(요 15:26).

"그러나 내가 너희에게 실상을 말하노니 내가 떠나가는 것이 너희에게 유익이라 내가 떠나가지 아니하면 보혜사가 너희에게로 오시지 아니할 것이요 가면 내가 그를 너희에게로 보내리니 그가 와서 죄에 대하여, 의에 대하여, 심판에 대하여 세상을 책망하시리라 죄에 대하여라 함은 그들이 나를 믿지 아니함이요 의에 대하여라 함은 내가 아버지께로 가니 너희가 다시 나를 보지 못함이요 심판에 대하여라 함은 이 세상 임금이 심판을 받았음이라 내가 아직도 너희에게 이를 것이 많으나 지금은 너희가 감당하지 못하리라 그러나 진리의 성령이 오시면 그가 너희를 모든 진리 가운데로 인도하시리니 그가 스스로 말하지 않고 오직 들은 것을 말하며 장래 일을 너희에게 알리시리라 그가 내 영광을 나타내리니 내 것을 가지고 너희에게 알리시겠음이라"(요 16:7-14).

"오직 성령이 너희에게 임하시면 너희가 권능을 받고 예루살렘과 온 유대와 사마리아와 땅 끝까지 이르러 내 증인이 되리라 하시니라"(행 1:8).

수 세기에 걸쳐 그리스도를 따르던 자들은 지극히 평범한 사람들이었다. 그러나 그들은 성령 충만을 받은 후 베드로와 제자들이 그랬던 것처럼 완전히 변화된 삶을 살았다. 더 이상 평범한 사람이 아니었다. 하나님의 능력의 도구가 되었다. 그들의 패배는 승리로 변했고, 의심과 두려움은 확신과 믿음의 큰 기쁨이 되었다. 그들은 "천하를 어지럽게 했다"(행 17:6).

예수님을 세 번이나 부인한 겁 많던 베드로는 오순절에 담대하게 설교했다. 그의 설교로 3,000명과 5,000명의 사람들이 예수를 믿었고 교회에 나오기 시작했다. 초기 제자들은 새롭고 신비한 생명을 소유했다. 이 생명은 첫 1세기 동안 사악한 로마 제국의 중심을 변화시키는 놀라운 능력을 발휘했다. 밧모섬에 유배되어 죽은 요한을 제외한 모든 제자들이 담대하게 순교했다. 제자들의 이 놀라운 능력의 삶은 그들이 함께 모여 성령 충만을 받았던 오순절에 시작되었다. 이 성령의 능력은 수 세기에 걸쳐 수백만의 사람들이 생명력 있고 역동적인 삶을 살도록 이끌었다.

당신은 성령에 관해 무엇을 알고 있는가? 성령이 어떤 분인지 성경을 함께 살펴보자.

제1과
성령은 누구신가?

학 습 목 표 : 성령이 누구시며 왜 오셨는지를 배운다.

1 성령은 누구신가?

성령은 삼위일체(성부, 성자, 성령) 하나님의 제3위이시다. 그분은 모호한 우주적인 힘이나 어떤 추상적 개념이나 비인격적 능력이 아니다. 성령은 인격이시며 모든 면에서 성부, 성자와 동등하신 하나님이시다. 그분은 하나님의 모든 속성을 소유하고 계신다.

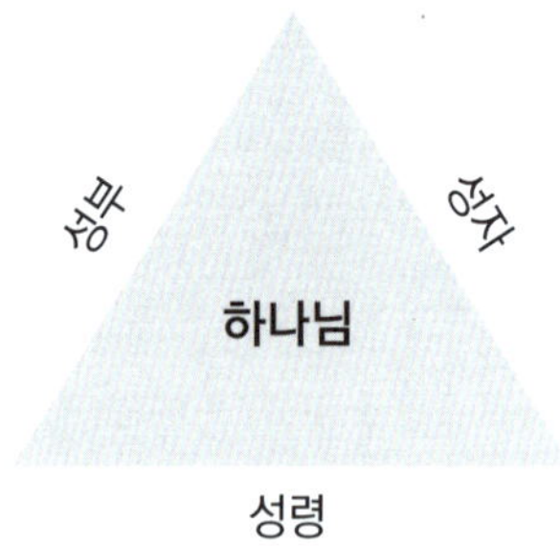

성경에 삼위일체라는 말은 나오지 않는다. 이것은 신학자들이 성경을 연구한 결과 만든 용어이다. 고린도후서는 삼위일체 하나님을 다음과 같이 소개한다.
"주 예수 그리스도의 은혜와 하나님의 사랑과 성령의 교통하심이 너희 무리와 함께 있을지어다"(고후 13:13)

* 초대교회의 성도들과 그 후예들은 성령님을 성부 하나님 및 성자 하나님과 동등하신 분으로 믿었다.
  1. 니케아 신조(AD 325년)
  "성령님은 주님이시며 생명을 주시는 분이시다. 성령님은 성부와 성자에게 나오셨으며, 성부와 성자와 함께 예배를 받으시고 영광을 받으시는 분임을 믿는다."
  2. 아타나시우스 신조(AD 7세기 경)
  "성부와 성자와 성령은 동일하시다."

* 모든 찬송가 작가들이 성령님의 신성을 믿었다.
"성령님의 신령한 빛 내 맘속에 비추시네. 성령님의 신령한 힘 죄로 물든 맘 씻어 주네."(Gorrschalk와 Andrew Reed 작시) 이 가사는 100년 전에 기록되었다. 하나님 외에 누가 죄를 씻어 정결하게 할 수 있겠는가!

* 웹스터 사전은 성령을 삼위일체의 제3위로 정의하고 있다.

1) 성령은 삼위일체 하나님이시다.

(1) 예수님은 성령님을 어떻게 소개하시는가? (요 15:26)

성령은 ① 보혜사(돕는 자)이시며 ② 하나님 아버지께로 나오시며 : 예수님도 하나님이 보내신 것처럼 성령도 하나님께서 보내신다. ③ 진리의 영 : 예수님에 관한 진리를 증거 하신다. 그러므로 우리도 예수님을 증거 해야 한다.

예수님이 승천하셔서 권능의 보좌인 하나님 우편에 앉으신 후 하나님께서는 성령을 '보혜사'(counselor, comforter, helper 등 다양하게 번역됨)로 보내신다. 보혜사 또는 '돕는 자'는 헬라어로 파라클레토스(paracletos)이다. 이것은 법적 용어로도 쓰이는데 사건을 탄원하거나 제시하는 법적 보조자의 뜻이 있다. 보혜사 성령님은 그리스도 안에 있는 성도들의 믿음을 더욱 강하게 하고 능력 있는 삶을 살아가도록 돕는 분이시다.

(2) 성경은 성령을 어떻게 소개하는가? (롬 8:9)

하나님의 영, 그리스도의 영이다. 결론적으로 성령은 성부, 성자와 같은 삼위일체 하나님이다.

2) 성령은 인격이다.

인격은 지, 정, 의로 구성된다. 다음 성경 구절들은 어떤 면에서 성령이 지, 정, 의를 가지고 계심을 말해 주는가?

(1) 지성(고전 2:11)

고린도전서 2:11 사람의 일을 사람의 속에 있는 영 외에 누가 알리요 이와 같이 하나님의 일도 하나님의 영 외에는 아무도 알지 못하느니라

성령은 하나님의 생각을 아신다. 그러므로 성령이 도와주시지 않으면 우리는 하나님의 생각을 알 수 없다.

(2) 감정(롬 15:30)

로마서 15:30 형제들아 내가 우리 주 예수 그리스도와 성령의 사랑으로 말미암아 너희를 권하노니 너희 기도에 나와 힘을 같이하여 나를 위하여 하나님께 빌어

성령은 사랑의 감정을 가지고 계시며 그것을 우리에게 주신다. 사도바울은 성령께서 주시는 사랑을 가지고 자신을 위해서 중보기도 해줄 것을 부탁한다.

(3) 의지(고전 12:11)

고린도전서 12:11 이 모든 일은 같은 한 성령이 행하사 그의 뜻대로 각 사람에게 나누어 주시는 것이니라

성령은 의지를 가지시고 그 뜻대로 각 사람에게 은사를 나누어 주신다. 은사는 개인의 선택도 아니고 간청한다고 주어지는 것이 아니라 성령께서 뜻대로 주신다.

3) 성령은 하나님과 동일한 속성을 가지고 계신다. 아래 성경 구절들은 성령이 어떤 속성을 가지신다고 말하는가?

(1) 히브리서 9:14

히브리서 9:14 하물며 영원하신 성령으로 말미암아 흠 없는 자기를 하나님께 드린 그리스도의 피가 어찌 너희 양심을 죽은 행실에서 깨끗하게 하고 살아 계신 하나님을 섬기게 하지 못하겠느냐

영원하심

(2) 시편 139:7

시편 139:7 내가 주의 영을 떠나 어디로 가며 주의 앞에서 어디로 피하리이까

어디에나 계심(무소부재하심)

사람들은 때때로 하나님을 자신의 행복을 위해 이용할 수 있는 어떤 비인격적인 힘이라고 생각한다. 잘못된 생각이다. 하나님은 인격이시며, 그의 영광과 우리의 행복을 위하여 성령을 통해서 우리를 다스리시고 사용하기를 원하신다. 우리가 하나님을 이용하는 것이 아니라 그분이 우리를 사용하신다.

2 성령은 왜 오셨는가?

1) 성령이 오신 제일 중요한 목적은 무엇인가? (요 16:14)

- 그리스도를 영화롭게 하시기 위해 오셨다.
- 그리스도의 인격과 사역에 관한 것을("내 것을 가지고") 알리시기 위해 오셨다.

2) 성령이 하시는 역할은 무엇인가?

(1) 요한복음 3:5

거듭나게 하신다.

(2) 요한복음 14:16, 26

① 보혜사로 영원토록 우리와 함께하신다.

② 예수님의 말씀을 우리에게 가르치시고 기억나게 하신다.

요한복음 14:16에서 예수님은 제자들과 영원히 함께 계실 '다른 보혜사'(another Helper)를 보내시겠다고 약속하셨다. 헬라어에는 '다른'이란 말이 두 가지가 있다. 첫째, 알로스(allos)로 똑같은 종류의 것으로 다른 개체를 뜻하며 둘째, 헤테로스(heteros)는 모든 면에서 명백히 구별되는 다른 질적인 차이가 있는 것을 말한다. 예수님께서는 자기 자신과 똑같은 다른(알로스, αλλοσ) 한분을 보내시겠다고 말씀하셨다.

(3) 요한복음 16:7-8

예수님이 승천하신 후에 성령이 보혜사로 오신다고 말씀하신다. 성령이 오셔서 세상이 지은 죄에 대해서, 의롭지 못함에 대해, 심판을 받을 것에 대해 말씀(책망)하실 것이다. 성령은 믿지 않는 사람들의 마음속에 진리를 제시하신다.

(4) 사도행전 1:8

믿는 자들에게 권능을 주셔서 그리스도의 증인이 되게 하신다.

(5) 사도행전 13:2

복음 전할 자들을 세우시고 파송하신다.

(6) 로마서 8:26

성령은 우리의 약함을 도와주신다. 우리가 무엇을 어떻게 기도해야 할지도 모를 때 성령께서 우리를 위해 말로 표현할 수 없는 탄식으로 중보 기도를 하신다.

(7) 데살로니가후서 2:13

우리를 거룩하게 하시고 진리를 믿음으로 구원받게 하신다.

결론과 요약

성령은 누구신가?

성령은 삼위일체(성부, 성자, 성령) 하나님의 제3위이시다. 그는 어떤 모호하고 영적인 그림자나 비인격적 힘이 아니다. 모든 면에서 아버지와 아들과 동등하신 분이시다. 모든 하나님의 속성이 성령에게도 고스란히 담겨있다.

그는 무한한 지성(고전 2:11)과 의지(고전 12:11)와 감정(롬 15:30)을 갖고 계신다. 부흥에 대한 최고의 권위자인 에드윈 오어 박사(Dr. J. Edwin Orr)는 성령을 다음과 같이 설명했다. "그리스도 군대의 총지휘관인 그는 추수의 주인이며, 부흥과 전도와 선교활동의 최고 권위자이시다. 그의 동의 없이는 모든 계획이 실패하고 만다. 교회의 부흥이나 세계 복음화는 그의 전략과 계획에 순응해야 하며 우리들의 능란한 활동도 그의 계획에 일치하지 않으면 안 된다."

성령에 관한 최초의 언급은 창세기 1:2에 나온다. 성령의 영향은 구약 성경의 도처에 기록되어 있으며 예수님의 생애와 사역에 더욱 현저히 나타난다. 마침내, 예수님께서 승천하셔서 권능의 보좌인 하나님 우편에 앉으신 후 하나님께서는 성령을 '보혜사(comforter)' 또는 '돕는 자(helper)'로 보내셨다(요 14:26; 15:26). 보혜사 또는 돕는 자는 헬라어로 **파라클레토스**(paracletos)인데 그리스도인의 동료요 친구로서 '옆에 계신 분' 또는 그리스도 안에 있는 성도들의 활기를 돋우시며 강건하게 하시고 능력을 주시는 분이다.

성령은 다음과 같이 불린다.

* 하나님의 성령(고전 3:16).
* 그리스도의 영(롬 8:9).
* 생명의 성령(롬 8:2).
* 진리의 성령(요 16:13).

* 은혜의 성령(히 10:29).

* 약속의 성령(엡 1:13).

성령은 왜 오셨는가?

성령은 예수 그리스도를 증거 하시고 그분을 영화롭게 하기 위해 오셨다(요 16:13-14). 예수님께서 아버지를 높이시고 드러내시기 위해 오신 것처럼 성령께서도 아들이신 예수 그리스도를 높이고 영화롭게 하기 위해 오셨다.

그러므로 성령의 지배를 많이 받을수록 주님을 더욱 사랑하고 섬기게 되며 그리스도의 사랑과 임재를 더욱 알게 되는 것은 논리적으로 당연한 일이다.

우리가 성령 충만을 받을 때 그리스도 예수로 충만해지는 것이다. 예수 그리스도로 충만할 때 우리 자신의 힘보다 훨씬 큰 능력이 우리 안에서 그리고 우리를 통해서 역사하게 되어 승리의 삶을 살게 된다.

적용

1. 이 과에서 당신에게 가장 의미 있는 것은 무엇인가?

2. 당신이 이제까지 성령에 대해 알았던 것과 이 과에서 배운 것과의 차이점은 무엇인가?

과거에 알았던 성령에 대한 견해	새롭게 갖게 된 성령에 대한 견해

외울 말씀 요한복음 16:13-14

13그러나 진리의 성령이 오시면 그가 너희를 모든 진리 가운데로 인도
하시리니 그가 스스로 말하지 않고 오직 들은 것을 말하며 장래 일을
너희에게 알리시리라 14그가 내 영광을 나타내리니 내 것을 가지고
너희에게 알리시겠음이라

읽을 말씀 요한복음 3:1-8; 로마서 8장

제2과

성령과 나

학 습 목 표 : 그리스도인의 삶을 위한 성령의 사역과 능력을 배울 수 있다.

1 성령이 나를 위해 하시는 일

1) 그리스도인이 되었을 때 성령께서 당신을 위하여 행하시는 일들은 무엇인가?

(1) 요한복음 3:5

나를 거듭나게 하신다.

'물과 성령으로 거듭남'에 대한 여러 가지 견해

(1) '물'은 육체적 탄생(예. 양수)을 의미하고 '영'은 하늘로 부터의 탄생을 의미한다.

(2) '물'은 하나님의 말씀을 가리키며(엡 5:26, "물로 씻어 말씀으로 깨끗하게 하사 거룩하게 하시고") '영'은 성령을 의미한다.

(3) '물'은 거듭남의 필수적인 일부로써의 세례를 가리킨다. (이 견해는 믿음으로만 거듭난다는 것과 상충된다).

(4) '물'은 성령을 상징한다.

(5) '물'은 세례요한의 회개의 사역을 가리키고, '성령'은 그리스도를 개인적으로 받아들일 수 있도록 성령에 의해 도움을 받는 것을 의미한다. 즉, 니고데모에게 세례요한의 사역이 아닌 예수님에게 회개함으로 돌아와야 하며 성령에 의해 거듭나야 한다고 가르치시는 것이다.

위의 견해 중 3번은 부적절하다. 2번은 요한복음 3장의 앞뒤 문맥에 잘 맞지 않으며, 4번은 물과 성령의 구별이 없어진다. 1번이나 5번이 적절하다. 에스겔 36:25-27을 참고하면 5번이 더 적절하다고 할 수 있다.

거듭나는 것은 육체가 아니라 영적으로 다시 태어나는 것을 말한다. 출생은 육체적 생명의 전달이지만 거듭남은 영적 생명의 전달이다. 인간은 거듭나기 전에는 영적으로 죽었다. 죽은 사람이 필요로 하는 단 한가지는 바로 생명이다.

(2) 고린도전서 3:16

하나님의 성령이 내 안에 거하신다(내주하심).

믿는 사람이 아무리 약하고 불완전할지라도 그 사람 안에 성령님께서 내주하신다. 우리 안에 살아 계시는 성령님은 우리로 하여금 하나님의 현존하심을 깨닫게 하고 하나님의 자녀라는 확신을 갖게 해 주신다. "성령이 친히 우리의 영과 더불어 우리가 하나님의 자녀인 것을 증언하시나니"(롬 8:16)

(3) 에베소서 1:13

내가 구원받았음을 성령님께서 인치신다(보증하신다) : '약속의 성령'은 예수님께서 성령을 보내시겠다고 하신 약속을 가리킨다.

'인치신다'는 말은 소유권과 보증에 대해 말해 준다. 상인이 상거래를 할 때는 어떤 형태의 보증이 필요하다. 예를 들어 집 한 채를 산다고 하자. 계약이 체결되면 계약서를 주고받으며 계약금을 지불한다. 이 계약서와 계약금 또는 보증금은 잔액을 주고받을 것에 대한 약속과 이 집의 소유권이 바뀌는 것을 보증해 주는 것들이다. 마찬가지로 성령께서도 우리가 구원의 복음을 듣고 믿는 그 순간, 우리의 구원을 보증해 주신다. 뿐만 아니라 주님께서 약속하신 모든 것을 주님이 우리를 위해 이루실 것이라는 사실 또한 보증해 주신다.

(4) 고린도전서 12:13

그리스도인들이 한 성령을 받아 하나가 되게 하신다. 구원받는 순간 우리는 모두 성령세례를 경험한다. 그 성령세례 안에서 우리는 그리스도와 한 몸이 되며 성령이 우리 안에 내주하시게 된다("한 성령을 마시게 하셨느니라"는 한 성령을 마시도록 우리에게 주신다는 의미이다).

2) **그리스도인이 되고 난 후** 성령께서 당신에게 어떤 능력을 주시는가?

(1) 고린도전서 6:11

고린도전서 6:11 너희 중에 이와 같은 자들이 있더니 주 예수 그리스도의 이름과 우리 하나님의 성령 안에서 씻음과 거룩함과 의롭다 하심을 받았느니라

나를 정결하게 하신다.

사람들이 그리스도인이 되면 성령께서는 이전에 즐기던 죄의 습관을 끊어버리시며 우리의 삶을 성화시키기 시작하신다.

(2) 갈라디아서 5:22-23

갈라디아서 5:22-23 22오직 성령의 열매는 사랑과 희락과 화평과 오래 참음과 자비와 양선과 충성과 23온유와 절제니 이같은 것을 금지할 법이 없느니라

나의 인격을 변화시키신다. 성령의 열매(사랑, 희락, 화평, 오래 참음, 자비, 양선, 충성, 온유, 절제)를 맺게 하시므로 나의 인격 속에서 이러한 성품들이 드러나게 하신다.

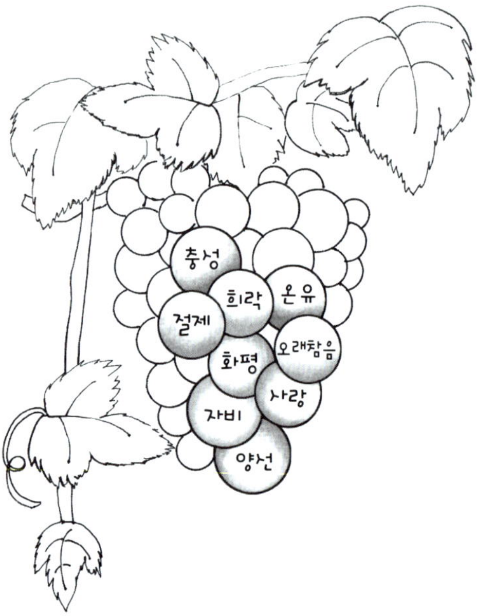

(3) 사도행전 4:31

사도행전 4:31 빌기를 다하매 모인 곳이 진동하더니 무리가 다 성령이 충만하여 담대히 하나님의 말씀을 전하니라

성령의 능력으로 전도할 힘을 주신다.

(4) 스가랴 4:6

스가랴 4:6 그가 내게 대답하여 이르되 여호와께서 스룹바벨에게 하신 말씀이 이러하니라 만군의 여호와께서 말씀하시되 이는 힘으로 되지 아니하며 능력으로 되지 아니하고 오직 나의 영으로 되느니라

주님의 뜻에 순종할 뿐 아니라 하나님의 일을 하는데 필요한 능력을 나에게 주신다.

신앙생활 가운데 불가능하게 보이는 일들에 대해 "힘으로 되지 아니하며 능력으로 되지 아니하고 오직 나의 영으로 되느니라"(슥 4:6)는 약속의 말씀을 주셨다.

그 외에도 나에게 사랑할 능력을 주시고(롬 5:5), 성령의 은사를 주시고(고전 12:11), 분별하는 능력을 주시고(고전 2:14-15), 기도할 수 있게 하시는(엡 6:18) 등 성령이 우리에게 주실 수 있는 능력은 무한하다(더 많은 것들은 성경을 읽으며 찾아보라).

하나님의 성령을 떠나서 그리스도인의 삶을 살고 하나님을 섬기려고 힘쓰는 것은 휘발유 없이 차를 움직이려고 하는 것과 같다. 우리는 성령을 떠나서는 아무것도 할 수 없다.

2 나의 현주소는?

1) 위에서 언급한 성령의 능력 중 현재 당신이 누리고 있는 성령의 능력은 무엇인가? 누리지 못하는 영역이 있다면 그것은 무엇인가? 왜 누리지 못하는가?

....

....

2) 당신은 진심으로 능력 있는 성령 충만한 삶을 살기 원하는가?

....

....

결론과 요약

성령과 그리스도인과의 관계는 어떠한가?

요한복음 1:12, 3:5과 고린도후서 5:17에 의하면 그리스도인은 예수 그리스도를 자신의 삶에 주님과 구주로 영접한 사람이다.

영적으로 거듭날 때 성령은 다음과 같은 일을 하신다.

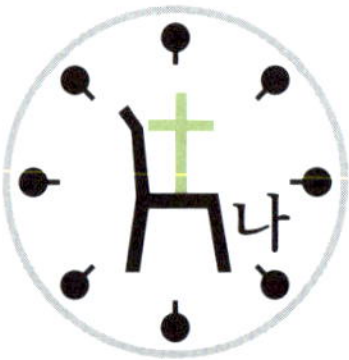

* 우리를 거듭나게 하신다(요 3:5).
* 우리 안에 거하시기 위해 들어오신다(고전 3:16).
* 그리스도 안에 우리를 인치신다(엡 1:13; 4:30).
* 우리가 언젠가 받게 될 유산을 보증해 주신다(고후 5:5).
* 우리에게 세례를 주어 그리스도와 한 몸이 되게 하신다(고전 12:13; 갈 3:27; 롬 6:3-4).
* 주님을 섬길 수 있도록 충만케 하시고 능력을 주신다(행 1:8).

성령께서 이루시는 이러한 일들은 그리스도 안에서 우리가 어떤 위치에 있는가를 말해 준다. 그리고 이러한 진리들은 우리에게 '너희가 내 안에, 내가 너희 안에 거하는'(요 14:20), 그리스도와 우리의 연합이라는 놀라운 사실을 알려 준다.

우리는 우리의 연약함을 그의 강함으로, 우리의 죄성과 패배를 그의 거룩함과 승리로 교환한다. 그리스도와의 연합의 결과로 우리 각 사람은 능력 있는 전도와, 죄를 이기는 삶을 살 수 있는 능력을 갖게 된다.

성령의 사역은 그리스도를 영화롭게 하는 것이다. 이제 예수 그리스도는 그의 완전한 뜻을 이루기 위해 우리 안에서 그리고 우리를 통해 역사하실 수 있는 기회를 가지시게 된다.

우리 각자는 그리스도를 위해 열매 맺는 증인이 되기 위해 성령 충만을 받아야 한다.

"오직 성령이 너희에게 임하시면 너희가 권능을 받고 예루살렘과 온 유대와 사마리아와 땅 끝까지 이르러 내 증인이 되리라"(행 1:8)

성령 충만함과 관련된 신 · 구약의 모든 성경 구절은 봉사와 전도를 위한 능력과 관련되어 있다. 성령 충만으로 인해 우리는 능력에 대한 잠잠한 확신과 그리스도와 그의 말씀에 대한 큰 깨달음 그리고 감정적인 경험까지 다양하게 경험할 수 있다. 물론 성령 충만할 때 우리에게 감정적 경험이 따를 수도 있고 그렇지 않을 수도 있다.

고린도전서 12장은 그리스도인들 모두가 그리스도의 몸의 지체라고 가르친다. 우리 몸의 다양한 지체가 각기 다른 기능을 갖고 있는 것처럼 그리스도인들도 하나님 나라에서 각각 다른 역할과 책임을 갖고 있다. 성령께서는 그리스도인들이 지체로서 자신의 역할과 책임을 감당할 수 있도록 성령으로 충만하게 하시며 또한 능력과 은사를 주신다. 성령께서 그분의 뜻대로 각 사람에게 알맞은 은사를 주신다. 성령의 은사를 나눠주시는 방식에 대해서는 성령께 맡겨야 한다. "성령 충만의 경험"이나 성령의 은사는 다른 사람의 것을 모방하려 해서도 안 된다. 또한 우리는 다른 사람의 은사를 경시해서도 안 된다. 고린도전서 13장에 의하면, 성령의 은사는 사랑이 없으면 아무 유익이 없다고 말한다. 에베소서 5:17-20은 다음과 같은 권면을 하고 있다.

"그러므로 어리석은 자가 되지 말고 오직 주의 뜻이 무엇인가 이해하라 술 취하지 말라 이는 방탕한 것이니 오직 성령으로 충만함을 받으라 시와 찬송과 신령한 노래들로 서로 화답하며 너희의 마음으로 주께 노래하며 찬송하며 범사에 우리 주 예수 그리스도의 이름으로 항상 아버지 하나님께 감사하며"

사도 바울은 성령 충만한 그리스도인은 하나님의 뜻을 알고, 그에게 나타나는 기쁨, 담대함과 용기 때문에 성령으로 취해 있는 인상을 줄 수 있다고 암시한다.

또한 성령 충만한 그리스도인은 끊임없이 하나님을 찬송하며 모든 일에 감사를 드린다. 육적인 상태로는 깨닫지 못했던 것, 즉 자신의 존재와 자신이 하는 모든 일들이 하나님의 은혜로 된 것을 깨닫는다.

오순절에 시작하여 수 세기를 통해 계속되는 하나님의 일은 베드로, 바울, 그 외의 제자들과 같이 성령으로 충만한 사람들을 통해서 이루어져 왔다. 근세에는 존 웨슬리(John Wesley), 조나단 에드워드(Jonathan Edwards), 찰스 피니(Charles Finney), 드와이트 무디(Dwight L. Moody), 찰스 스펄전(Charles Spurgeon), 토레이(R. A. Torrey), 빌리 그레이엄(Billy Graham) 등 수십 명의 성령 충만한 기독교 지도자들이 주님과 주님의 나라를 위해 크게 쓰임 받았다. 그러나 성령 충만 받는 것은 기독교 지도자들에게만 제한된 것이 아니다. 하나님의 조건에 합당한 모든 그리스도인들에게 주어진 것이다. 하나님의 사람들이 말하는 성령 충만의 중요성에 대해 들어보자.

그리스도인은 온 마음을 다하여 성령 충만을 구해야 한다. 그리스도인이나 교회가 성령 충만을 받지 않고서 하나님이 원하시는 대로 살거나 일하는 것은 절대로 불가능하다.

– 앤드류 머레이(Andrew Murray)

그리스도인들이 성령 충만을 받지 않는 것은 죄인들이 회개하지 않는 것처럼 죄를 짓는 것이다. 아니 그 이상이다.

– 찰스 피니(Charles G. Finney)

성령 충만한 생활, 성령의 충만함이 계속되는 생활만이 하나님을 기쁘시게 할 수 있는 유일한 생활이다.

– 노만 해리슨(Norman B. Harrison)

성령 충만의 제일 목적은 봉사를 위한 능력이다. 내가 아는 바 하나님이 가장 귀하게 쓰신 그리스도인은 성령 충만의 깊은 경험을 증언했던 사람들이었다.

– 에드윈 오어(J. Edwin Orr)

성령으로 충만하지 않고서는 어느 그리스도인도 그의 생활이나 사역에서 열매 맺는 것이 불가능하다고 믿는다.

– 헨리에타 미어즈(Henrietta C. Mears)

하나님의 사람들의 전기를 읽어보라. 그러면 그들 각자가 하늘로부터 능력 주심을 구하여 얻었다는 것을 알게 될 것이다. 기름 부어진 한 번의 설교는 육체적인 정력을 쏟은 천 번의 설교보다 훨씬 가치가 있다.

– 오스왈드 스미스(Oswald J. Smith)

성령이 모든 그리스도인에게 내주하신다는 것과 성령 충만이 동반하는 특별한 능력은 기독교 지도자들에게만 제한되어 있는 것이 아니라는 것을 다시 명확히 하고 싶다.

모든 그리스도인들은 성령 충만의 특권이 있으며 동시에 성령 충만 받으라는 권고를 받고 있다(엡 5:18). 그러므로 그리스도인이 성령 충만하지 못하다면 그는 하나님께 불순종의 죄를 짓고 있는 것이다. 하나님께서는 성령 충만 받으라고 명령하셨기 때문에 우리가 성령 충만을 요청하는 바로 그 순간 하나님께서 우리를 성령으로 충만하게 하실 것을 확신할 수 있다. 하나님의 약속의 말씀과 개인적인 관찰과 경험을 통해 내가 배운 것은, 예수님께서는 우리가 원하는 것 이상으로 우리가 그의 사랑과 용서를 체험하고 봉사를 위한 능력을 받으며 죄악을 이기는 승리의 삶을 살기를 원하신다는 것이다. 우리가 성령 충만 받기를 원하는 것보다 예수님이 성령으로 우리를 충만하게 하기를 훨씬 더 간절히 원하신다.

적용

1. 이 과에서 당신에게 가장 의미 있는 것은 무엇인가?

2. 당신의 삶에서 역사하시는 성령에 대해 새롭게 알게 된 사실은 무엇인가?

외울 말씀 **에베소서 5:8**

너희가 전에는 어둠이더니 이제는 주 안에서 빛이라 빛의 자녀들처럼 행하라

읽을 말씀 **갈라디아서 5-6장; 사도행전 5:1-11**

제3과
성령 충만은 어떻게 받는가?

학 습 목 표 : 성령 충만이 무엇이며 어떻게 성령 충만을 받고 체험할 수 있는지 배운다.

믿음으로 성령 충만을 받는 방법을 아는 것은 그리스도인에게 가장 중요한 발견이다. 우리가 믿음으로 그리스도를 영접했던 것처럼 믿음으로 성령 충만을 받는다. 우리는 영적 탄생의 순간부터 죽을 때까지 하나님께로부터 오는 모든 것을 믿음으로 받는다. 성령 충만 받기를 원하는가? 당신은 바로 지금 믿음으로 성령 충만을 받을 수 있다. 이 과를 통해 어떻게 성령 충만을 받을 수 있는지 알 수 있을 것이다.

1 알아야 할 사실

1) 에베소서 5:18의 명령은 무엇인가?

성령 충만을 받으라.

2) '성령 충만'의 뜻은 무엇인가?

에베소서 5:18의 말씀에서, 술 취하는 것은 술의 지배를 받는 것을 말하고 성령 충만은 성령의 지배를 받는 것을 말한다. 즉 성령 충만은 성령의 인도하심에 순종하고 그분의 능력으로 사는 것을 의미한다.

'충만'이라는 말은 '지배를 받는다'는 뜻이다. 술에 취한 사람은 자신을 통제하려고 해도 술의 지배를 받으므로 자기 뜻대로 움직일 수 없다. 그리스도인이 성령 충만 받는 것도 이와 같다. 내 생각이나 감정, 내 의지대로 움직이는 것이 아니라 성령께서 이끄시고 인도하시는 대로 순종하며 따라가는 것이다. 술 취한 것과 성령 충만이 다른 것은 술에 취했을 때는 술이 우리를 강제로 지배하지만, 성령님은 인격적이어서 우리가 자원하여 마음의 중심을 드릴 때만 우리를 다스리시고 인도하신다는 사실이다.

3) 요한일서 5:14-15의 약속은 무엇인가?

그리스도인이 하나님의 뜻대로 구하면, 하나님께서 구한 것을 주신다고 약속하셨다.

에베소서 5:18의 명령과 요한일서 5:14-15의 약속에 따르면, 성령 충만 받는 것은 하나님의 뜻이며 하나님의 뜻대로 구하면 하나님께서 반드시 응답해 주신다. 당신은 성령 충만 받으라는 명령을 받았다. 그러므로 당신이 성령 충만을 구할 때 하나님께서 당신을 성령 충만하게 해주심을 확신할 수 있다.

2 해야 할 일

1) 성령 충만의 필수 조건은 무엇인가?

(1) 마태복음 5:6

마태복음 5:6 의에 주리고 목마른 자는 복이 있나니 그들이 배부를 것임이요

우리가 의에 주리고 목말라야 하듯, 성령 충만 받기를 열망해야 한다. 성령 충만케 하심과 능력 주심을 간절히 사모해야 한다.

(2) 로마서 12:1-2

로마서 12:1-2 1그러므로 형제들아 내가 하나님의 모든 자비하심으로 너희를 권하노니 너희 몸을 하나님이 기뻐하시는 거룩한 산 제물로 드리라 이는 너희가 드릴 영적 예배니라 2너희는 이 세대를 본받지 말고 오직 마음을 새롭게 함으로 변화를 받아 하나님의 선하시고 기뻐하시고 온전하신 뜻이 무엇인지 분별하도록 하라

죄를 고백하여 거룩하고 마음이 새로워져야 한다.

당신이 진심으로 성령 충만 받기를 원한다면 자신의 몸을 거룩한 산제사로 드리고 변화를 받아야 한다. 이것은 당신에게 고백하지 않은 죄가 있어서는 안 된다는 것을 의미한다. 더러운 그릇에 음식을 담을 수 없는 것처럼, 성령도 고백하지 않은 죄가 있을 때 우리를 충만하게 하실 수도 사용하실 수도 없다. 그는 그의 능력으로 당신을 채우시기를 기다리고 계신다. 고백하지 않은 죄가 있는가? 지금 하나님 앞에 고백하라.

(3) 갈라디아서 2:20

갈라디아서 2:20 내가 그리스도와 함께 십자가에 못 박혔나니 그런즉 이제는 내가 사는 것이 아니요 오직 내 안에 그리스도께서 사시는 것이라 이제 내가 육체 가운데 사는 것은 나를 사랑하사 나를 위하여 자기 자신을 버리신 하나님의 아들을 믿는 믿음 안에서 사는 것이라

자아에 대해 죽고 그리스도가 내 안에 살아가시게 해야 한다. 자아에 대해 죽는다는 것은 나의 삶의 주도권을 주님께 드리는 것이다.

그리스도인의 몸은 그리스도의 뜻을 성취하기 위해 쓰이는 주님의 몸이 되고, 마음은 그리스도의 생각을 품은 주님의 마음이 되고, 의지는 주님의 의지의 지배를 받고, 인격과 시간과 재능은 남김없이 주님의 것이 된다. 그리스도는 더 이상 당신 삶의 손님이 아니다. 그분에게 당신 인생의 집 전체를 양도하여 문패를 바꿔 달고 모든 열쇠를 다 맡기는 것이다.

그리스도인이 성령 충만을 받으려면 먼저 자아에 대해 죽어야 한다. 자아에 대해 죽을 때 그리스도의 주관하심이 방해를 받지 않고 주님의 사랑이 그를 통해 자유롭게 표현될 수 있다. 갈라디아서 2:20의 사도 바울의 고백이 당신의 고백이 되어야 한다.

(4) 마태복음 7:7-11

마태복음 7:7-11 7구하라 그리하면 너희에게 주실 것이요 찾으라 그리하면 찾아낼 것이요 문
을 두드리라 그리하면 너희에게 열릴 것이니 8구하는 이마다 받을 것이요 찾는 이는 찾아낼 것
이요 두드리는 이에게는 열릴 것이니라 9너희 중에 누가 아들이 떡을 달라 하는데 돌을 주며 10
생선을 달라 하는데 뱀을 줄 사람이 있겠느냐 11너희가 악한 자라도 좋은 것으로 자식에게 줄
줄 알거든 하물며 하늘에 계신 너희 아버지께서 구하는 자에게 좋은 것으로 주시지 않겠느냐

성령 충만을 간절히 구해야 한다. 성령 충만을 간구하면 당신을 성령으로 충만하게 하실 것이다. 믿음으로 성령 충만을 구하고 자신의 것으로 삼으라.

2) 어떻게 성령 충만을 받을 수 있는가?

당신은 에베소서 5:18의 **명령**과 요한일서 5:14-15의 **약속**에 의해 오직 믿음으로 성령 충만을 받을 수 있다. 기도는 당신의 믿음을 표현하는 한 가지 방법이다. 당신이 성령 충만 받기를 원한다면 지금 이 자리에서 다음과 같이 기도하라.

"사랑하는 하나님 아버지, 저는 주님이 필요합니다. 제가 저의 삶을 다스려왔고 그 결과로 죄를 지었음을 고백합니다. 예수 그리스도께서 십자가에 죽으심으로 저의 모든 죄를 용서해 주심을 감사합니다. 주님께서 성령 충만 받으라고 명령하시고, 믿음으로 구하면 주시겠다고 약속하신 말씀대로 저를 성령으로 충만하게 하옵소서. 주님께서 제 삶의 중심을 취하여 주시고 저를 다스리심을 감사 드리며 예수님의 이름으로 기도합니다. 아멘"

[보충자료]

성령 충만을 받는 데 있어서 피해야 할 두 가지 사항과 알아야 할 두 가지 사항이 있다.

피해야 할 사항 : 첫째, "하나님의 성령을 근심하게 하지 말라. 그 안에서 너희가 구원의 날까지 인치심을 받았느니라"(엡 4:30). 하나님의 영을 근심하게 하는 것은 어떤 죄를 범하거나 하나님의 계명 중의 하나를 어길 때이다. 이것은 자범죄(a sin of commission)라고 부르며, 비탄, 분노, 큰 소리로 불만을 토로함 등을 포함한다.

둘째, 우리는 "성령을 소멸치 말라"는 말씀을 받았다(살전 5:19). 우리가 성령을 소멸할 때, 그것은 하나님의 계명을 어기는 것이 아니라 하나님께서 우리에게 하기를 원하시는 것을 거절하는 것이다. 이것을 태만죄(a sin of omission)라고 부른다. 예를 들면 한 친구에게 그리스도를 전해 주라는 하나님의 말씀을 깨달았을 때 그것을 거부하면 우리는 성령을 소멸하는 것이 된다.

알아야 할 사항 : 첫째, 우리의 생활에서 성령을 근심하게 하거나 소멸했다면, 우리는 먼저 하나님께 죄를 고백해야만 한다.

"만일 우리가 우리 죄를 자백하면 그는 미쁘시고 의로우사 우리 죄를 사하시며 모든 불의에서 우리를 깨끗하게 하실 것이요"(요일 1:9).

둘째, 죄를 고백한 후에 성령의 충만을 구하고, 하나님께서 우리를 성령으로 충만케 하셨음을 믿어야 한다.

죄가 하나님과 당신의 교제를 깨뜨릴 때마다 하나님께 죄를 고백하고, 성령 충만을 다시 구하며 하나님께서 성령 충만하게 해주신 것을 믿는 것이다. 우리가 믿음으로 예수 그리스도를 영접하고 구원받았듯이 성령 충만도 믿음으로 받는다.

3 기억해야 할 사실

1) 믿음으로 성령 충만을 확신해야 한다.

당신이 그에게 간구하면 성령께서 당신을 충만하게 채워 주신다. 당신은 믿음으로 그리스도를 영접했듯이 믿음으로 성령 충만 받는다.

2) 감정에 의존하지 말아야 한다.

우리의 믿음은 하나님과 그의 말씀 곧 성경에 근거하는 것이지 우리 자신의 느낌이나 감정에 근거하는 것이 아니다. 그리스도인은 하나님과 그의 말씀을 믿는 믿음으로 사는 것이다. 특별한 느낌이 있을 수도 있지만 없을지라도 안심하라. 다음 기차 그림은 사실(하나님과 그의 말씀)과 믿음(하나님과 그의 말씀에 대한 우리의 신뢰)과 감정(우리의 믿음과 순종의 결과)과의 관계를 설명해 주고 있다(요 14:21).

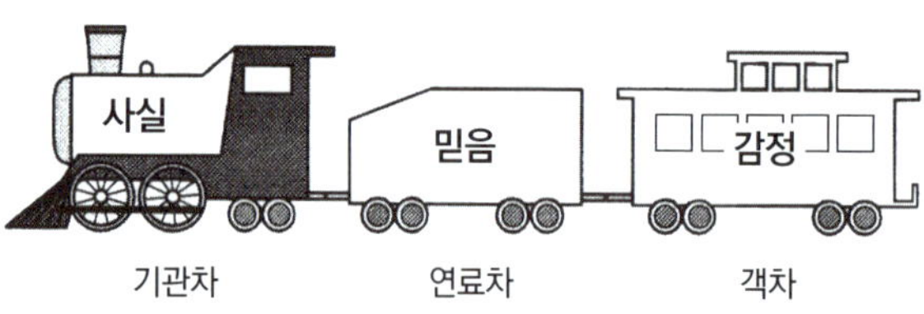

기차는 객차가 있으나 없으나 달릴 수 있다. 그러나 객차로 기관차나 연료차를 끌려고 하는 것은 어리석은 일이다. 마찬가지로 우리도 느낌이나 감정에 의존하는 것이 아니라 하나님과 그의 말씀의 신실성에 믿음의 근거를 두어야 한다.

4 영혼의 호흡

승리하는 삶을 살기 위해서 그리스도인은 순간순간 의지적으로 성령 충만을 받아야 한다. 어떻게 지속적으로 성령 충만을 받고 계속 성령 안에서 살아갈 수 있을까?

하나님과 그의 말씀을 신뢰하는 믿음으로 순간순간 영혼의 호흡을 할 때 성령 안에서 살아갈 수 있다. 우리가 숨을 쉴 때 더러운 것을 내뿜고 깨끗한 것을 들이마시는 것처럼, 영혼의 호흡은 죄를 고백하고(내쉼) 성령 충만을 받는 것(들이쉼)이다.

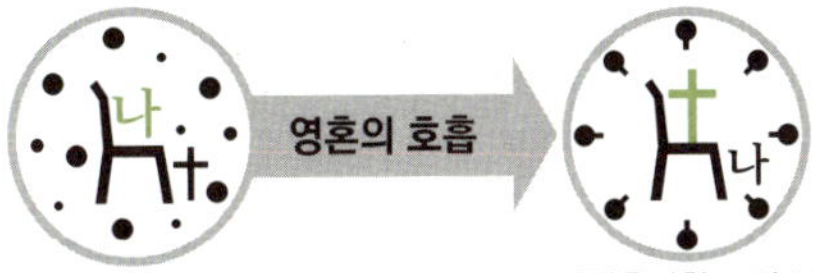

내쉼 : 요한일서 1:9의 말씀에 따라 당신의 생활 가운데 지은 죄를 고백하라.

> 요일 1:9 만일 우리가 우리 죄를 자백하면 그는 미쁘시고 의로우사 우리 죄를 사하시며 우리를 모든 불의에서 깨끗하게 하실 것이요

고백에는 다음과 같은 요소들이 포함된다.

동의 – 하나님이 지적하시는 죄에 대해 동의하고 인정하는 것이다.

감사 – 지적하신 죄를 위하여 예수 그리스도께서 십자가에서 죽으심으로 이미 죗값을 지불하셨음에 감사하는 것이다.

회개 – 그 죄에서 돌아서서 성령의 능력을 힘입어 마음의 태도와 행동을 바꾸는 것이다.

들이쉼 : 하나님의 명령과 약속에 따라 믿음으로 성령 충만을 구하고 당신의 삶을 성령께 맡기라.

명령: 하나님이 우리에게 성령으로 충만함을 받으라고 명령하셨다(엡 5:18).

> 엡 5:18 술 취하지 말라 이는 방탕한 것이니 오직 성령으로 충만함을 받으라

약속: 하나님의 뜻대로 기도하면 언제나 응답하신다고 약속하셨다(요일 5:14, 15)

> 요일 5:14-15 14그를 향하여 우리가 가진 바 담대함이 이것이니 그의 뜻대로 무엇을 구하면 들으심이라 15우리가 무엇이든지 구하는 바를 들으시는 줄을 안즉 우리가 그에게 구한 그것을 얻은 줄을 또한 아느니라

결론과 요약

성령 충만한 삶이란 무엇인가?

성령 충만한 삶은 그리스도로 충만한 삶이다. 로마서 6:11에 의하면, 성령 충만한 그리스도인은 스스로를 죄에 대하여 죽은 자로 그리스도 예수 안에서 하나님께 대하여는 산 자로 여기는 사람이다. 하늘과 땅의 모든 권세(마 28:18)를 갖고 계신 예수님이 이런 성령 충만한 그리스도인을 통해 그 능력을 나타내신다. 잃어버린 자를 찾아 구원하러 오신 그분은 이제 그리스도인들을 통해 잃어버린 자들을 찾고 계신다. 그는 잃어버린 자들과 곤경에 처한 사람들에게로 그리스도인들의 발걸음을 인도하신다. 그는 그리스도인들의 입술을 통해 그의 사랑을 말씀하신다. 그의 긍휼의 마음은 성령 충만한 그리스도인들의 삶에서 분명하게 나타나게 된다. 이것이 저 위대한 선교사 허드슨 테일러(Hudson Taylor)가 '바뀌어진 삶(exchanged life)'으로 언급했던 것이다.

그리스도는 우리가 그분을 위해 일하기를 원하지 않으신다. 우리 안에서 그리고 우리를 통해 그분이 일하기를 원하신다. 우리가 성령 충만할 때 우리가 어떤 일을 하도록 그리스도가 우리를 돕는 것이 아니라 그리스도가 우리를 통해 일하신다.

이것이 갈라디아서 2:20, 21에서 사도 바울이 "내가 그리스도와 함께 십자가에 못 박혔나니 그런즉 이제는 내가 사는 것이 아니요 오직 내 안에 그리스도께서 사시는 것이라."고 말한 영광스런 경험이다. 이제 우리 몸은 그의 뜻대로 사용되기 위한 그리스도의 몸이 된다. 우리의 지성(mind)은 그분의 관심사(His thoughts)를 생각하기 위한 그분의 지성이 되고, 우리의 의지는 이제 그분의 의지에 의해 지배받는다. 우리의 인격, 시간과 재능이 이제 남김없이 그의 것이다.

사도 바울은 계속해서 "이제 내가 육체 가운데 사는 것은 나를 사랑하사 나를 위하여 자기 몸을 버리신 하나님의 아들을 믿는 믿음 안에서 사는 것이라."고 말한다. 만일 당신의 의지를 하나님이신 성령께 순종하고 예수 그리스도를 당신의 생활 가운데 실재하시도록 매 순간 맡겨드린다면, 예수 그리스도는 성령으로 충만하며 순종하는 당신을 통해 수많은 잃어버린 사람들을 자신에게로 인도하실 것이다.

어떻게 성령 충만을 받을 수 있는가?

성령 충만을 받는다는 것은 우리가 성령을 더 받는 것이 아니라 우리 자신을 성령께 전적으로 맡기는 것을 의미한다. 우리가 성령께 자신을 맡기고 그분의 임재와 능력으로 충만하게 되었을 때 성령은 더 자유롭게 우리 안에서 그리고 우리를 통하여 역사하시고, 우리가 그리스도를 더 높이고 영화롭게 하도록 해주신다. 성령께서는 이미 모든 믿는 자들 안에 거하시므로 우리가 완전히 순종하는 순간 성령은 그의 능력으로 우리를 채우신다. 우리 자신을 성령의 지배에 맡기면 맡길수록 성령은 그의 능력으로 우리를 충만하게 하신다. 한적한 곳에 머물러 성령 충만을 받을 수도 있다.

무디(Dwight L. Moody)의 경우처럼 예수 그리스도께 당신의 의지를 드릴 참된 마음만 있다면 대도시의 복잡한 거리를 걸어가면서도 성령 충만을 받을 수 있다. 당신이 성령 충만을 받고 그 순간 놀라운 일이 일어났다는 것을 알 수도 있지만, 전혀 모를 수도 있다.

당신은 성령 충만 받기를 원하는가? 그 동기가 무엇인가? 신비한 경험을 하고 싶은가 아니면 보다 큰 능력을 가지고 주 예수 그리스도를 섬기고 싶은가? 당신은 다른 사람들이 그리스도를 만나도록 돕기를 전심으로 원하고 있는가? 아래의 과정이 당신이 성령 충만을 받을 수 있는 유일한 방법은 아니지만, 성경적이기 때문에 그리고 많은 사람들이 실제로 경험했기 때문에 이 영적인 방법을 제안한다.

아래의 단계들을 기도하는 마음으로 깊이 생각해 보라.

1) 하나님께서 "성령 충만을 받으라"고 당신에게 명령하셨다.

"술 취하지 말라 이는 방탕한 것이니 오직 성령의 충만을 받으라"(엡 5:18). 이것은 하나님의 권고다. 하나님은 당신이 경험할 수 없는 것을 하라고 요구하지 않으신다.

2) 성령 충만을 사모하라.

이것은 성령의 충만케 하심과 능력 주심을 간절히 사모하라는 말이다. 요한은 이렇게 기록하고 있다.

"명절 끝 날 곧 큰 날에 예수께서 서서 외쳐 이르시되 누구든지 목마르거든 내게로 와서 마시라 나를 믿는 자는 성경에 이름과 같이 그 배에서 생수의 강이 흘러나오리라 하시니 이는 그를 믿는 자들이 받을 성령을 가리켜 말씀하신 것이라 예수께서 아직 영광을 받지 않으셨으므로 성령이 아직 그들에게 계시지 아니하시더라"(요 7:37-39).

3) 그리스도의 주권과 하나님의 뜻에 완전히 굴복하라.

"누구든지 목마르거든 내게로 와서 마시라."고 하신 주님의 은혜로운 초청을 기꺼이 받을 마음이 있다면, 당신은 하나님의 뜻에 순종할 준비가 되어 있는 것이다. 그러므로 이 세 번째 단계는 남김없이 당신의 의지를 하나님의 뜻에 내려놓는 것을 말한다. 하나님은 사랑이시고 진실하시며 그분의 뜻이 최선인 것을 안다면 당신은 하나님의 뜻을 행하려고 기쁨으로 순종할 것이다.

성령 충만을 받기 원하는가? 성령을 당신 삶의 진정한 주인으로 모셔들이라. 당신 인생의 모든 권리를 그분께 양도하고 그분에게 마음의 방의 모든 열쇠를 맡겨라. 마음의 서재, 욕망의 식당, 관계의 응접실, 사회생활의 오락실에 성령을 초청하라. 이전에 몰래 부끄러운 일을 했던 작은 비밀의 방에도 성령을 초청하여 그분이 다스리시도록 하라. 그분이 당신 삶의 주인이 되시도록 모든 것을 온전히 맡겨라.

로마서 12:1-2 말씀처럼 당신의 몸을 하나님이 기뻐하시는 거룩한 산 제물로 드리는 성령 충만한 사람이 되라. 그리고 이 세대를 더 이상 본받지 않고 마음을 새롭게 함으로 변화를 받는다면 당신은 무엇이 하나님의 선하시고 기뻐하시고 온전한 뜻인지 시험하고 알게 될 것이다.

이제 당신의 몸은 당신 안에 살아 계신 성령의 전이다. 당신은 주 예수의 보배로운 피로 '값 주고 산 것'이 되었기에 더 이상 당신 자신의 것이 아니다. 그러므로 당신은 이제 당신의 몸과 영으로 하나님께 영광 돌리기를 원할 것이다(고전 6:19-20). 당신은 온 마음으로 하나님의 나라를 삶의 첫 자리에 두기를 원할 것이다(마 6:33).

"위의 것을 찾으라. 거기는 그리스도께서 하나님 우편에 앉아 계시느니라. 이는 너희가 죽었고 너희 생명이 그리스도와 함께 하나님 안에 감추어졌음이라"(골 3:1, 3).

당신의 생명은 그리스도의 생명으로 바뀌었다. 당신이 이것을 확신있게 말할 수 있고 진정으로 이것을 중요하게 생각한다면 다음 단계로 나아갈 준비가 된 것이다. 그러나 다음 단계로 넘어가기 전에 요한복음 15:18, 20에 나타난 우리 주님의 말씀에 귀를 기울여 보자.

"세상이 너희를 미워하면 너희보다 먼저 나를 미워한 줄을 알라… 내가 너희 에게 종이 주인보다 더 크지 못하다 한 말을 기억하라 사람들이 나를 박해하였은즉 너희도 박해할 것이요."

성령 충만한 삶은 그 누구도 경험할 수 없는 기쁨과 모험으로 가득 찬 생활이지만 항상 편안하지만은 않다. 그리스도인이든 아니든 우리는 이 세상에서 문제를 가지고 살아간다. 우리 모두는 언젠가 죽을 것이다. 그러나 그리스도인은 하나님께서 예비해 두신 모든 것을 소유하고, 그분이 뜻하신 대로 살아갈 수 있다. 그리스도와 복음을 위해 살고 싶지 않은가?

한 가지 질문이 있다. 당신은 그리스도의 뜻을 따라 살며 고난을 받은 하나님의 제자 중 어느 누가 후회하는 것을 들어 본 적이 있는가? 나는 한번도 들어본 적이 없다! 내가 들은 것은 그 일이 아무리 험난해도 그리스도를 섬길 수 있는 특권을 주신 것에 대해 하나님께 감사하며 찬송과 영광을 돌리는 것 뿐이었다.

반면, 인생의 말년에 그리스도를 영접한 사람들에게는 너무 늦게 그리스도를 영접한 것을 안타깝게 여기는 말들을 많이 들었다. 꼭 순교자가 된다는 강박관념에 사로잡히지도 말고, 그렇다고 '평탄한 생활'만을 기대하지도 말라.

4) 믿음으로 성령 충만을 자신의 것으로 삼으라.

당신이 그리스도인이라면, 이미 성부, 성자, 성령이 당신 안에 살아 계신다. 당신은 위대한 영적 능력과 자원을 사용할 수 있게 되었다. 성령 충만을 받기 위해서는 그의 명령과 약속에 따라 하나님께서 당신을 다스리시고 능력 주실 것을 신뢰하라.

우리는 성령으로 충만을 받는 것이 하나님의 뜻이라는 것을 알고 있다. 그러므로 우리가 성령 충만을 구할 때, 우리는 하나님께서 우리의 기도에 응답해 주실 것을 하나님의 약속의 말씀에 의해 확신할 수 있다. 구원처럼 성령 충만도 하나님의 선물이다. 그것은 우리 힘으로 얻는 것도 아니며 얻을 수도 없다. 우리 죄를 고백하고 믿음으로 하나님께 자신의 의지를 완전히 드릴 때 받게 된다.

5) 성령 충만을 받을 때 전도할 능력을 받게 된다는 것을 알라.

"오직 성령이 너희에게 임하시면 너희가 권능을 받고 예루살렘과 온 유대와 사마리아와 땅 끝까지 이르러 내 증인이 되리라"(행 1:8).

만일 당신이 그리스도를 증거 할 의욕이 없거나 전도에 능력이 없다면, 이것은 당신이 성령 충만하지 않다는 것을 말해 준다. 성령은 모든 그리스도인들에게 능력을 받게 하기 위해 오셨다. 왜 우리는 능력이 필요한가? 열매 맺는 그리스도의 증인이 되기 위해서, 나아가 기도와 헌금을 통해 세상 땅 끝까지 증인이 되기 위해서이다. 이것이 성령 충만 받기를 원하는 당신의 동기라고 진심으로 말할 수 있는가?

6) 성령 충만을 기대하라.

당신은 믿음으로 그리스도를 영접했듯이 믿음으로 성령 충만을 받는다. 하나님께서 당신이 성령 충만 받기를 원하신다고 믿는가? 하나님께서 당신을 성령으로 충만하게 하실 수 있는 능력이 있다고 믿는가? 마태복음 9:28, 29에서 예수님은 맹인들에게 "내가 능히 이 일 할 줄을 믿느냐?" 고 물으셨다. 그들은 "주여 그러하오이다." 라고 대답했다. 그러자 예수님께서 그의 눈을 만지시면서 "너희 믿음대로 되라."고 말씀하셨다. 당신이 그리스도인이 될 때 성령은 이미 당신 안에 내주하고 계시며 그분은 당신의 삶에 주인 되기를 원하신다. 당신이 성령 충만을 사모하고 믿음으로 구할 때 성령은 당신을 다스리시고 능력을 주신다. "너희 믿음대로 되라." 고 하시고 "그분은 자기를 찾는 자에게 상을 주신다." (히 11:6)고 하신 말씀을 기억하라.

믿음의 대상은 하나님과 그분의 말씀이기 때문에 당신이 그분에게 당신을 성령으로 충만하게 해주시도록 구하고 하나님의 **명령**과 **약속**에 대한 믿음의 표현으로 성령 충만을 주장하라. 구걸하거나 애원할 필요가 없다.

성령 충만 받기 위해 기도하라(212쪽 기도문 참고). 기도를 통해 정직하게 당신의 삶을 그리스도께 바치고 당신의 의지를 하나님께 내려놓았는가? 당신은 지금 이 순간 성령으로 충만하다고 믿는가? 그렇다면, 성령의 충만함과 능력 주심을 감사하라. 고난 중에서의 승리와 전도의 열매에 대해 믿음으로 하나님께 감사하라. 쉬지 말고 하나님을 찬양하며 기뻐하라(엡 5:20; 살전 5:18).

성령 충만한 사실을 어떻게 알 수 있는가?

당신이 성령 충만한지를 알 수 있는 두 가지 방법이 있다. 첫째는 하나님의 약속의 말씀에 근거해서, 둘째는 개인적인 체험으로 알 수 있다. 만일 당신이 자신의 뜻을 내려놓고, 여기에서 제시한 단계를 따라 당신의 의지를 진실로 주님께 드려, 성령 충만 받기를 그분께 구했다면, 그분은 당신을 성령 충만하게 해주셨다. 당신은 하나님의 말씀의 명령과 약속에 따라 성령 충만 받은 것을 알 수 있다.

감정은 어떠한가? 당신이 성령 충만을 간구할 때 감정적인 반응이 있을 수도 있고 없을 수도 있다. 많은 사람들을 상담하면서 대다수의 사람들이 성령 충만의 잠잠한 확신을 경험하게 된 것을 보았다. 그들은 다른 사람들을 그리스도께로 인도할 때 담대함이 생기고 이전에는 경험해 보지 못한 열매들을 보며 더 큰 확신을 갖게 되었다. 성령 충만한 사람들의 마음속에는 하나님과 그의 말씀에 대한 보다 큰 믿음이 생긴다. 결과는 어떠한가? 전도하는 일에 있어서 보다 큰 믿음, 능력, 담대함, 열매가 뒤따른다.

적용

1. 이 과에서 당신에게 가장 의미 있는 것은 무엇인가?

다음의 몇 가지 사항에 대답함으로 "나는 성령 충만한가?"를 점검해 볼 수 있다.

- 나는 매 순간 그리스도께 전적으로 의지하고 있다고 생각한다.
- 나는 매사에 그리스도를 바라본다.
- 나는 주님과 의논하기 전에는 말하는 것, 행동하는 것, 계획하는 것을 늦춘다.
- 나는 주님을 위한 삶을 살기 위해 나 자신의 힘으로 살지 않고 그리스도께서 나를 통해 사시도록 한다.
- 나는 주님은 사랑이시라는 것을 알고 있다.
- 나는 이기주의를 버리고 남을 사랑하는 일을 생의 최고의 목적으로 삼았다.
- 나는 그리스도를 증거 할 때 담대함을 체험하고 있다.
- 나는 마태복음 4:19과 요한복음 15:8에 따라서 열매를 맺고 있다.

2. 지금 이 시간에 성령 충만을 위해 기도하는 것을 방해하는 것이 있는가?
함께 나누라.

3. 지금 바로 성령 충만을 받기 위해 기도하라.

* 추천도서 : 빌 브라이트, 『S4U』 (서울: 순출판사, 2013)

외울 말씀 로마서 12:1-2

[1]그러므로 형제들아 내가 하나님의 모든 자비하심으로 너희를 권하노니
너희 몸을 하나님이 기뻐하시는 거룩한 산 제물로 드리라 이는 너희가
드릴 영적 예배니라 [2]너희는 이 세대를 본받지 말고 오직 마음을 새롭게
함으로 변화를 받아 하나님의 선하시고 기뻐하시고 온전하신 뜻이
무엇인지 분별하도록 하라

요한일서 5:14-15

[14]그를 향하여 우리가 가진 바 담대함이 이것이니 그의 뜻대로 무엇을
구하면 들으심이라 [15]우리가 무엇이든지 구하는 바를 들으시는 줄을 안즉
우리가 그에게 구한 그것을 얻은 줄을 또한 아느니라

읽을 말씀 사도행전 6:8-7:60

제4과

왜 소수의 그리스도인만이 성령 충만을 받는가?

학 습 목 표 : 성령 충만한 삶을 방해하는 장애물들을 이해하고 해결할 수 있다.

그리스도를 따르는 제자들은 평범한 사람들이었다. 그러나 오순절에 제자들이 성령 충만을 받았을 때 그들의 삶은 극적으로 변화되었다. 그들은 더 이상 평범한 사람이 아니었다. 하나님의 능력의 도구가 되었으며 담대한 믿음의 사람들로 바뀌었다.

우리도 성령을 통해 삶을 변화시키는 동일한 능력을 받을 수 있다. 그러나 오늘날 수많은 그리스도인들이 그리스도께서 약속해 주신 능력 있는 삶, 열매 맺는 풍성한 삶을 경험하지 못하고 살아가는 것은 비극이다.

이 과에서는 왜 많은 그리스도인들이 성령 충만을 경험하지 못하는지, 그들과 하나님 사이에 어떤 장애물들이 놓여 있는지를 생각해 볼 것이다.

1 마음속의 싸움터

1) 바울은 로마서 7:18-24에서 자신을 어떻게 묘사하고 있는가?

선을 행하기 원하나 행할 수 없고 도리어 원치 않는 악을 행한다. 즉 속사람은 하나님의 법을 즐거워하지만 자신 속에 악이 있어 끊임없이 죄악을 행하게 하므로 자신이 죄의 법의 포로가 되었음을 탄식한다. '사망의 몸'은 죄가 인간 속에서 작동하는 것을 의미한다.

바울의 묘사를 볼 때 당신은 어떤 느낌이 드는가?

2) 갈라디아 5:16-17에서는 로마서 7장에서 말한 바울의 갈등을 어떻게 말하고 있는가?

육체의 소욕과 성령의 소욕이 서로 대적하여 갈등을 일으킨다. 마음이 전쟁터가 된다. 해결책은 '성령을 따라 행하는 것'이다. 즉 지속적으로 순간순간 성령의 능력과 인도함을 의지해서 걸어감을 의미한다.

예수 그리스도를 영접할 때 우리는 하나님의 뜻에 순종하겠다고 약속한다. 그러나 우리 마음은 자주 '첫 사랑'을 상실하고, 살아가면서 처음 믿을 때의 기쁨과 환희와 열정을 잃어버리게 된다. 하나님이 빛 가운데 계신 것과는 달리, 많은 그리스도인들이 더 이상 빛 가운데 행하지 않는다(요일1:7). 그들은 더 이상 하나님의 뜻을 구하지 않고 여러 가지 이유로 자신의 길을 선택하며 자신의 계획과 삶의 목적을 이루려고 한다. 그들은 스스로 자유하지만 죄의 노예가 되고 마침내 바울과 같은 고백을 하고 만다.

2 싸움에서 패배하는 이유

1) 그리스도인들이 성령 충만 받지 못하게 하는 장애물은 무엇인가?

(1) 시편 119:105 하나님의 말씀에 대한 지식의 부족이다.

시편 119:105 주의 말씀은 내 발에 등이요 내 길에 빛이니이다

많은 그리스도인들이 하나님 말씀이 영광스러운 진리들을 담고 있다는 사실을 모르고 있다. 이러한 무지 때문에 많은 그리스도인들이 성령 충만을 자기 것으로 삼지 못한다. 한 예를 들어보자.

그리스도를 믿는 한 젊은 청년이 프랑스에서 육군에 복무 중이었다. 그는 프랑스의 두 아가씨를 좋아하고 있었다. 두 아가씨가 다 마음에 들었기 때문에 그 청년은 어느 아가씨를 더 좋아하는지 알 수 없었다. 그는 결혼하기를 원했지만 어느 아가씨에게 청혼을 해야 할지 몰랐다. 어느 날 그는 큰 교회를 찾아가 자기를 인도해 주시도록 하나님께 기도하고서 스테인드글라스로 된 유리창을 바라보고 있었다. 그런데 그는 이 스테인드글라스에서, '아베 마리아'라는 글자를 보았다. 마침 희한하게 한 아가씨의 이름이 마리

아였다. 그는 이것을 하나님의 응답이라고 여기고 '마리아와 결혼해야겠어. 그녀에게 아내가 되어 달라고 청혼해야지!'라고 생각했다. 그러나 불행히도 그 아가씨는 그리스도인이 아니었다. 만약 그 청년이 하나님의 말씀을 알았다면 스테인드글라스에서 본 글씨가 하나님의 뜻이라고 결론짓지는 않았을 것이다. 고린도후서 6:14에 "너희는 믿지 않는 자와 멍에를 함께 메지 말라 의와 불법이 어찌 함께 하며 빛과 어둠이 어찌 사귀며"라고 말씀하신다. 만일 그가 하나님의 말씀을 알았다면, 그의 선택이 달랐을 것이다. 성령 충만한 생활은 아주 실제적인 것이다.

(2) 시편 66:18 내 마음에 죄악을 품는 것이다.

시편 66:18 내가 나의 마음에 죄악을 품었더라면 주께서 듣지 아니하시리라

고백하지 않은 죄가 그리스도인들의 성령 충만을 막고 있다. 다른 사람의 명예에 손상을 주는 거짓말, 돌려주지 않은 훔친 물건이나 돈, 비윤리적인 거래, 시험에서의 부정행위 등 고백해야 할 죄들을 하나님께서 당신에게 생각나게 하실 것이다. 하나님은 당신이 손해를 끼친 사람에게 보상해 주도록 인도하실 수도 있다(마 5:23-24). 그렇다면 그의 인도하심에 순종하라. 우리는 이러한 것들을 친구들이나 다른 사람들에게는 숨길 수 있지만 하나님께는 숨길 수 없다.

(3) 잠언 16:18 교만

잠언 16:18 교만은 패망의 선봉이요 거만한 마음은 넘어짐의 앞잡이니라

교만은 그리스도인들이 성령 충만을 받지 못하도록 한다. 교만은 사탄의 죄였고(사14:12-24), 또한 아담과 하와가 저지른 첫 번째 죄였다. 교만은 인간이 하나님에게서 스스로를 분리시킨 죄의 근원이다. 하나님은 교만한 자를 물리치시고 겸손한 자에게 은혜를 베푸시므로(약 4:6) 자기중심적인 그리스도인은 하나님과 교제를 풍성하게 할 수 없다.

(4) 잠언 29:25 사람을 두려워함

잠언 29:25 사람을 두려워하면 올무에 걸리게 되거니와 여호와를 의지하는 자는 안전하리라

사람을 두려워하면 그것이 올무가 되어 두려워하는 그 사람에 의해 나의 말이나 행동이 제한을 받거나 조종당한다. 해야 할 말도 하지 못하게 된다. 그러나 하나님을 신뢰(의지)하는 자는 안전하다.

우리 시대에 가장 큰 비극 중의 하나는 그리스도인과 비그리스도인을 구별하기가 어렵다는 것이다. 우리는 '이 세대를 본받지 말고 변화를 받아야 한다'(롬 12:1-2). 세상 사람들에게 우리는 다르다는 것을 보여야 한다. 만일 당신이 사람을 두려워하지 않고 담대하게 그리스도인의 삶이 어떠한 것인지 알려 준다면, 우리 주위의 모든 사람들은 굶주린 마음을 가졌기 때문에 민감한 반응을 보일 것이다.

(5) 누가복음 9:26 그리스도를 부끄러워함.

누가복음 9:26 누구든지 나와 내 말을 부끄러워하면 인자도 자기와 아버지와 거룩한 천사들의 영광으로 올 때에 그 사람을 부끄러워하리라

위에서 언급한 것처럼, 우리 시대의 많은 그리스도인들은 다른 사람들과 다르게 보이는 것을 두려워하여 비기독교적인 사회의 행위와 표준을 따르고 있을 뿐 아니라, 우리를 사랑하셔서 우리를 위해 죽으신 그분을 증거 하기를 부끄러워한다.

위대한 종교 개혁자 마르틴 루터는 사람을 두려워하지 않고 신성로마제국의 황제와 의회에서 그의 저서에 관해 심문하는 대주교 앞에 섰다. 대주교의 심문에 루터는 "그 책은 모두 나의 것이며 나는 그뿐 아니라 더 많은 책을 저술했습니다."라고 대답했다. 대주교는 "그대는 그대가 쓴 내용의 전부를 옹호하는가? 아니면 일부는 거부하는가?"라고 물었을 때. 루터는, "이 책은 하나님과 그의 말씀에 관한 것이며 인간의 영혼을 구원하는데 영향을 미칠 것입니다. 그리스도께서 '누구든지 사람 앞에서 나를 부인하면 나도 하늘에 계신 내 아버지 앞에서 그를 부인하리라(마 10:33)'고 말씀하셨습니다."라고 대주교에게 대답했다. 대주교는 루터에게 하루를 더 생각하도록 했고, 이튿날 그의 진술을 취소하도록 요청했다. 그러나 루터는 "성경 말씀에 따른 명백한 이유로 정죄되지 않으면 나는 교황과 이 회의의 권위를 받아들이지 않겠습니다. 왜냐하면 성경과 이 회의는 서로 상반되기 때문입니다. 나의 양심은 하나님의 말씀에 사로잡혀 있습니다. 양심을 거스르는 일은 옳지도 않고, 안전하지도 못하기 때문에 나는 아무것도 취소할 수 없고, 취소하지도 않겠습니다. 나는 하나님 앞에 서 있습니다. 하나님이여 나를 도우소서."라고 대답했다.

– 롤란드 베인톤(Roland H. Bainton), *Here I Stand*, p.144.

(6) 요한일서 2:15-17 세상을 사랑함

요한일서 2:15-17 15이 세상이나 세상에 있는 것들을 사랑하지 말라 누구든지 세상을 사랑하면
아버지의 사랑이 그 안에 있지 아니하니 16이는 세상에 있는 모든 것이 육신의 정욕과 안목의
정욕과 이생의 자랑이니 다 아버지께로부터 온 것이 아니요 세상으로부터 온 것이라 17이 세상
도, 그 정욕도 지나가되 오직 하나님의 뜻을 행하는 자는 영원히 거하느니라

'육신의 정욕, 안목의 정욕, 이생의 자랑'은 이 세상이나 세상에 있는 것들을 사랑하는 것이다. 정욕은 죄가 있는 욕구를 의미한다. 육신의 정욕은 육신의 요구를 만족시키는 것을 가리킨다. 안목의 정욕은 눈에 보이는 것을 탐내는 것이다. 이생의 자랑은 자신이 가진 것, 이룩한 것을 자랑하는 교만과 허세를 의미한다. 이 모든 것들은 지나가지만 하나님의 뜻을 행하는 자는 영원할 것이다. 즉 예수님을 위해 한 것만 남을 것이다.

물질에 대한 사랑과 세속 사회에 순응하려는 욕망은 많은 그리스도인들의 영적인 질병이다. 이러한 욕망 때문에 성령 충만을 받지 못한다.

(7) 로마서 8:32 하나님께 대한 신뢰의 부족

로마서 8:32 자기 아들을 아끼지 아니하시고 우리 모든 사람을 위하여 내주신 이가 어찌 그 아들과 함께 모든 것을 우리에게 주시지 아니하겠느냐

종종 사람들은 하나님의 뜻에 순종하면 하나님께서 그들로부터 무엇인가를 빼앗거나 그들을 불행하게 하지 않을까 두려워한다. 예를 들어, 하나님이 자신의 계획을 바꾸거나 자신들의 뜻과 상관없이 외딴 지역의 야만족에게 선교사로 보내실까 염려한다. 이것은 결코 사실이 아니다. 하나님은 우리를 사랑하시므로 우리를 대신하여 죽으셨다. 죽기까지 우리를 사랑하는 분이 우리에게 가장 좋은 것으로 주시지 않겠는가?

많은 그리스도인들이 하나님께 대한 신뢰가 부족하여 그들의 의지를 하나님께 완전히 양도하지 하고, 그 결과 성령 충만을 받지 못한다.
하나님의 뜻을 좇으려고 결단하는 사람은 자신과 하나님과 타인에 대해 다음과 같은 결과에 이를 것이다. 첫째, 자신의 내적 갈망이 진정으로 충족되는 것을 발견하게 된다(시 23:5; 16:11; 63:5; 요 4:13-14; 7:37, 38). 둘째, 하나님을 영화롭게 한다(요 15:8; 마 5:16; 고전 6:20; 엡 1:6). 셋째, 다른 사람에게 구원과 복을 전해준다(행 4:13; 9:15; 고전 4:9; 고후 4:10-11; 갈 1:16; 빌 1:20; 눅 24:47-48).

2) 당신에게 성령 충만 받지 못하게 하는 장애물은 무엇인가?

....

....

대부분 그리스도인들이 성령 충만을 받지 못하는 이유는 자기 의지를 하나님께 기꺼이 복종시키려 하지 않기 때문이다.

율법적 태도
더러운 생각
시기
죄책감
근심
걱정
낙심
비평하는 태도
무목적
두려움

영적 유산에 대한 무지
불신앙
불순종
하나님과 이웃에 대한 사랑을 잃음
기도를 게을리함
성경공부에 대한 열이 식음

결론과 요약

왜 극소수의 그리스도인만이 성령 충만을 받는가?

근본적으로, 그 문제는 의지에 달려 있다. 사람은 자유 의지를 가진 도덕적 존재이다. 그들은 더 이상 하나님의 뜻을 구하지 않고 여러 가지 이유로 자신의 길을 선택한다. 자신의 계획과 삶의 목적을 이루기로 결심해 버린다. 스스로 자유하다고 믿지만 많은 그리스도인들은 죄의 노예가 되고 마침내 바울과 같은 고백을 한다.

"내가 원하는 바 선은 행하지 아니하고 도리어 원하지 아니하는 바 악을 행하는 도다 만일 내가 원하지 아니하는 그것을 하면 이를 행하는 자가 내가 아니요 내 속에 거하는 죄니라… 오호라 나는 곤고한 사람이로다 이 사망의 몸에서 누가 나를 건져 내랴"(롬 7:19, 20, 24).

예수님과의 교제가 끊어진 그리스도인은 이 세상에서 가장 비참하다. 그들은 더 이상 기쁨을 경험할 수 없고 그리스도를 위해 전도할 의욕도 상실하고 우리 구주의 사랑과 용서를 절실히 필요로 하는 사람들에게 관심조차 보일 수 없다.

그리스도의 사랑과 용서를 체험했고 그분의 내주하심을 경험하고 기쁨을 누렸던 사람들이 왜 하나님의 뜻대로 살지 못하는 것일까? 왜 그리스도인이 성령 충만을 통한 능력의 삶을 포기하고 자신의 길을 선택하게 될까? 몇 가지 이유를 살펴보자.

1) 지식의 결핍

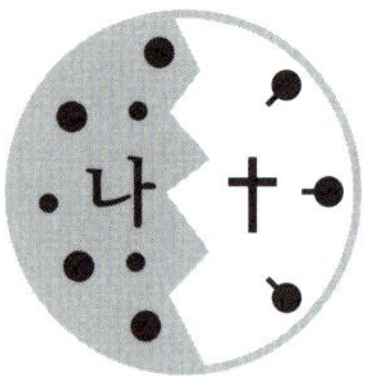

많은 그리스도인들은 하나님 말씀이 성부 하나님, 성자 예수 그리스도, 성령 하나님과 맺는 관계에 대한 영광스러운 진리들을 담고 있다는 사실을 모르고 있다. 이러한 무지 때문에 많은 그리스도인들이 성령 충만을 자기 것으로 삼지 못

한다. 다음의 내용을 기억하라. 모든 그리스도인은 하나님의 자녀이다(요 1:12). 그의 죄는 용서 받았고, 그리스도와 지속적으로 사귐을 가질 때 계속해서 모든 죄로부터 깨끗이 씻음을 받을 수 있다(요일 1:7). 성부와 성자와 성령께서는 실제로 모든 그리스도인의 마음에 내주하셔서 그의 모든 자녀에게 능력을 주시고 그리스도 안에서 온전한 성숙을 이루도록 이끄시기를 기다리고 계신다.

또한 우리는 믿음의 근거가 되는 하나님의 속성을 잘 모르고 있다. 우리의 믿음의 대상이신 하나님의 속성을 잘 아는 것은 매우 중요하다.

* **하나님은 주권자이며 영원하시다.** 성경은 그를 '처음이요 나중'이라고 표현한다. 그는 시작도 끝도 없으신 분이다. 공간과 시간을 초월하여 스스로 존재하시는 분이다(렘 32:17; 계 1:8, 4:11; 사 40:25; 롬 9:14-21; 엡 1:11).
* **하나님은 거룩하시다.** 그분만이 완전히 순결하시며 악이 전혀 없으시다. 하나님의 거룩함은 죄를 용납할 수 없기에 하나님과 사람 사이에 그의 아들 예수 그리스도를 통해서만 건널 수 있는 커다란 간격이 생겼다(삼상 2:2; 사 6:1-3; 계 4:8).
* **하나님은 사랑이시다.** 그분의 완전한 사랑의 표현은 예수님이 우리 죄를 위해 죽으신 십자가에서 볼 수 있다(요일 4:8-10, 16).
* **하나님은 신뢰할 만한 분이시다.** 그분의 진리는 그분의 인격과 불가분의 관계이다. 정직과 순전함은 하나님 자신에게 속하는 본질적인 요소이다. 그분이 거짓말을 하거나 잘못 인도하는 것은 불가능하다(욥 34:10-12; 시 117:2).
* **하나님은 전능하신 분이시다.** 그분은 만물의 공급자이시며 유지하시는 분이시다. 창조주로서 그분은 우리의 삶에 친밀하게 관여하신다(렘 32:17-19; 요 1:1-4).
* **하나님은 전지하신 분이시다.** 그분은 모르시는 일이 없고 어떤 일도 그분을 놀라게 할 수 없다(시 147:5; 요일 3:20).

하나님의 속성을 잘 아는 것은 그리스도인으로서 우리가 생각하고 말하고 행동하는 모든 것에 영향을 미친다. 우리는 그분의 형상으로 만들어졌고 그분은 우리가 정말 그분을 잘 알기를 원하신다. 하나님을 잘 알고 그분을 닮기 위해 간절히 구하면 주 예수 그리스도를 통해 우리는 그분을 더욱 닮아가게 될 것이다.

2) 교만

하나님은 교만한 자를 물리치시고 겸손한 자에게 은혜를 베푸시는 분이시기 때문에 자기중심적인 그리스도인은 하나님과 교제를 갖지 못한다(벧전 5:5).

3) 두려움

베드로전서 2:9은 다음과 같이 말하고 있다.

"그러나 너희는 택하신 족속이요 왕 같은 제사장들이요 거룩한 나라요 그의 소유된 백성이니 이는 너희를 어두운 데서 불러내어 그의 기이한 빛에 들어가게 하신 자의 아름다운 덕을 선포하게 하려 하심이라."

기억하라! "여호와는 자기를 경외하는 자들과 인자하심을 바라는 자들을 기뻐하시는도다"(시 147:11).

4) 숨은 죄

수많은 그리스도인들이 고백하지 않은 죄로 인해 성령 충만을 받지 못하고 있다. 우리는 죄를 친구들이나 다른 사람들에게는 숨길 수 있지만 하나님에게는 숨길 수 없다. "하나님이 이를 알아내지 아니하셨으리이까 무릇 주는 마음의 비밀을 아시나이다."(시 44:21) 당신이 용서하지 않은 사람이 있는가? 그렇다면 하나님도 당신을 용서하지 않으실 것이다(막 11:25, 26). 그러나 주님이 우리로 죄를 깨닫게 하실 때 하나님께 고백한다면 그는 우리를 용서하시고 깨끗케 하실 것이다(요일 1:9).

5) 세속적인 마음

많은 그리스도인들은 물질을 사랑하고 세상 풍습에 적응하여 살려는 욕망 때문에 성령 충만을 받지 못한다. 사람은 잠깐 살다가 이 세상을 떠난다. 그리스도인으로서 우리는 그리스도의 지상명령을 성취하기 위하여 우리의 시간과 재능과 물질을 어떻게 사용했는지 종종 주의 깊게 평가해 보아야 한다.

"한 사람이 두 주인을 섬기지 못할 것이니 혹 이를 미워하고 저를 사랑하거나 혹 이를 중히 여기고 저를 경히 여김이라 너희가 하나님과 재물을 겸하여 섬기지 못하느니라 너희는 먼저 그의 나라와 그의 의를 구하라 그리하면 이 모든 것을 너희에게 더하시리라"(마 6:24, 33).

6) 하나님께 대한 신뢰의 부족

하나님께 대한 신뢰의 부족으로 말미암아 많은 그리스도인들이 그들의 의지를 하나님께 완전히 양도하지 못해 성령 충만을 받지 못한다.

나는 그 두려움을 갖고 있던 한 대학생을 똑똑히 기억한다. 그는 하나님이 자신의 계획을 바꾸실까봐 두려워했다. 함께 대화하는 동안 나는 그에게 하나님의 사랑이 너무 커서 독생자를 보내어 그의 죄를 위해 죽게 하셨다는 것을 상기시켜 주었다. 우리는 예수님이 그를 너무 사랑하셔서 기쁘게 십자가에서 자신의 목숨을 주시고 그를 위해 피흘려 주신 것에 대해 이야기했다. 그러고 나서 나는 그에게 "하나님을 믿을 수 있겠는가?" 하고 물었다. 그는 "나는 그런 식으로는 한번도 생각해 본 적이 없었습니다. 나는 그를 믿을 수 있고 믿겠습니다."라고 대답했다. 이 젊은이는 결국 신학교를 마치고 CCC 간사가 되었다. 그는 내가 아는 그리스도인 가운데 가장 풍성한 열매를 맺으며 승리하는 그리스도인이다.

당신은 자신의 생명과 사랑하는 사람들과 돈과 장래와 모든 것을 하나님께 맡길 수 있다! 그분은 사랑의 아버지이시고 그분의 사랑은 세상 어느 아버지의 지혜보다 현명하고 세상 어느 어머니의 부드러움보다 부드럽다. 매일 매 순간 당신의 전 생애를 하나님께 맡기는 것을 두려워하지 말라. 그는 당신을 성령으로 충만케 해주실 것이다.

내게는 사랑하는 두 아들이 있다. 그들이 아주 어렸을 때 나에게 와서 "아빠, 우리는 아빠를 사랑해요. 어떻게 하면 아빠에게 이것을 알릴 수 있을까 하고 종일 생각했어요. 그래서 아빠가 원하시는 모든 것을 해 드리기로 결심했어요."라고 말했다고 가정해 보자. 내가 어떻게 반응하겠는가? "얘들아, 아빠는 바로 이 순간을 기다려왔단다. 아빠가 원하는 것은 무엇이든지 하겠다고 했으니 이제 나는 너희들을 방에 가두고 너희가 아끼는 모든 물건을 버리고 너희들이 가장 하기 싫은 일을 시키겠다. 이 도시에서 가장 불쌍한 아이들로 만들어 버리겠어!"라고 말하겠는가? 그렇게 말하는 아버지는 한 명도 없을 것이다. 오히려 나는 감격하여 그들을 향한 나의 사랑을 훨씬 더 크게 나타내도록 노력할 것이다. 마찬가지로 하나님 아버지도 우리의 의지와 우리의 모든 것을 내려놓는 순간 우리의 삶을 축복하시며 풍성하게 하실 준비가 되어 있다.

하나님께 대한 신뢰의 부족과 실패의 경험들로 인해 많은 그리스도인들은 성령충만한 삶의 기쁨을 누리지 못하고 있다.

아마 당신은 "내가 성령 충만을 받기 전에도 모든 패배와 좌절을 극복하여 승리할 수 있지 않을까?"라고 생각할지도 모른다. 절대로 그렇지 않다! 예수 그리스도만이 당신의 죄를 용서하실 수 있는 분인 것처럼, 성령만이 우리의 실패와 연약함을 뛰어 넘는 능력과 승리를 주실 수 있는 유일한 분이시다.

적용

1. 이 과에서 당신에게 가장 의미 있는 것은 무엇인가?

2. 당신은 앞에서 성령 충만 받지 못하게 하는 장애물들을 나누었다. 이것을 극복하기 위해 어떻게 하겠는가?

외울 말씀 **요한일서 2:15-17**

15이 세상이나 세상에 있는 것들을 사랑하지 말라 누구든지 세상을 사랑
하면 아버지의 사랑이 그 안에 있지 아니하니 16이는 세상에 있는 모든
것이 육신의 정욕과 안목의 정욕과 이생의 자랑이니 다 아버지께로부터
온 것이 아니요 세상으로부터 온 것이라 17이 세상도, 그 정욕도 지나가되
오직 하나님의 뜻을 행하는 자는 영원히 거하느니라

읽을 말씀 **갈라디아서 5-6장; 사도행전 5:1-11**

제5과

어떻게 성령 충만을 지속할 수 있는가?

학 습 목 표 : 순간순간 성령 충만한 삶의 실재를 경험할 수 있다.

당신이 그리스도인이라면 성령은 이미 당신 안에 내주하고 계신다. 배터리로 작동되는 기구를 구입할 때, 종종 박스에 '배터리가 포함되어 있지 않음' 이라는 안내문이 들어 있는 것을 볼 수 있다. 그러나 당신이 예수 그리스도를 당신의 구주와 주님으로 영접할 때 예수 그리스도의 영이요, 능력의 근원이 되는 성령은 당신 안에 들어오시며 영원히 떠나지 않으신다. 그런 의미에서 성령의 내주하심은 결코 닳지 않는 영구 배터리에 비유될 수 있다.

그리스도를 영접하는 순간 성령은 당신 안에 들어오실 뿐 아니라 당신에게 영적 생명을 주셔서 하나님의 자녀로서 거듭나게 하신다. 성령은 또한 당신에게 세례를 주셔서 그리스도의 몸에 속하도록 하신다. 성령의 내주하심, 거듭나게 하심, 그리스도의 몸에 속하게 하심은 당신이 그리스도를 영접할 때 일어난다. 영접은 한번 하는 것이지만, 성령 충만함을 받는 것은 일회적인 경험이 아니다. 에베소서 5:18에서 분명하게 말씀하고 있는 것처럼 지속적으로 성령 충만을 받아야 한다.

1 지속적으로 성령 충만을 받는 방법

에베소서 5:18을 읽으라. "충만을 받으라"는 헬라어로 "계속해서 끊임없이 충만을 받으라."는 뜻이다. 경건한 삶을 살기 위해서는 지속적으로 성령 충만을 받아야 한다.

1) 계속해서 영혼의 호흡을 하라(영혼의 호흡에 대해서는 35쪽 참조).(인도자용은 215쪽)

(1) 영혼의 호흡의 개념을 자신의 말로 설명하라.

① 내쉼 (요일 1:9)

호흡할 때 더러운 공기를 내뿜는 것처럼 성령께서 생각나게 해주시는 죄를 고백하는 것이다. 고백에는 동의, 회개, 감사, 이 세 가지가 포함된다. 성령께서 지적하시는 나의 행동이 죄임을 동의하고, 회개하여 나의 마음과 태도를 바꾸며 하나님이 십자가에서 이미 그 죄를 용서해 주셨음을 믿고 감사하는 것이다.

② 들이쉼 (엡 5:18; 요일 5:14-15)

호흡할 때 깨끗한 공기를 들이마시듯 다시 내 마음의 왕좌에 성령께서 좌정하셔서 나를 다스려 주시도록 요청하는 것이다.

(2) 어떻게 영혼의 호흡이 경건한 삶을 살게 하고 계속 성령 충만하게 할 수 있을까?

살아 있는 사람은 끊임없이 호흡을 하는 것처럼 영혼의 호흡을 지속적으로 할 때 삶의 순간순간 의식적으로 하나님을 의존하게 되고 주님이 내 삶의 주인이 되셔서 하나님의 뜻대로 살 수 있도록 인도하실 수 있다.

2) 그리스도 안에 거해야 한다.

(1) 어떻게 그리스도 안에 거할 수 있는가? (요 14:21; 15:10)

예수님의 계명(서로 사랑, 요 15:12)을 지킴으로 거할 수 있다.

(2) 요한복음 15:1-8에 나오는 포도나무와 가지의 비유는 당신의 신앙생활에 어떤 의미를 주는가?

3) 주님이 말씀하신 두 가지 중요한 계명에 순종하라.

(1) 주님이 말씀하신 두 가지 큰 계명은 무엇인가? (마 22:36-40)

첫 번째 : 마음을 다하고 목숨을 다하고 뜻을 다하여 주 하나님을 사랑하는 것.

두 번째 : 내 이웃을 내 자신같이 사랑하는 것.

4) 성령을 슬프게 하지 말라.

(1) 에베소서 4:25-32을 읽으라. 우리가 삶 속에서 어떻게 성령을 슬프시게 하는가?

에베소서 4:25-32 25그런즉 거짓을 버리고 각각 그 이웃과 더불어 참된 것을 말하라 이는 우리
가 서로 지체가 됨이라 26분을 내어도 죄를 짓지 말며 해가 지도록 분을 품지 말고 27마귀에게
틈을 주지 말라 28도둑질하는 자는 다시 도둑질하지 말고 돌이켜 가난한 자에게 구제할 수 있도
록 자기 손으로 수고하여 선한 일을 하라 29무릇 더러운 말은 너희 입 밖에도 내지 말고 오직 덕
을 세우는 데 소용되는 대로 선한 말을 하여 듣는 자들에게 은혜를 끼치게 하라 30하나님의 성
령을 근심하게 하지 말라 그 안에서 너희가 구원의 날까지 인치심을 받았느니라 31너희는 모든
악독과 노함과 분 냄과 떠드는 것과 비방하는 것을 모든 악의와 함께 버리고 32서로 친절하게
하며 불쌍히 여기며 서로 용서하기를 하나님이 그리스도 안에서 너희를 용서하심과 같이 하라

거짓, 분냄, 도둑질, 더러운 말, 모든 악독, 비방 등 이와 같은 일을할 때 성령이 근심하시고 슬퍼하신다.

(2) 당신이 위의 말씀에서 특별히 주의를 기울여야 할 계명은 무엇인가?

(3) 로마서 8:13에 의하면 성령께서 당신을 위해 하기 원하시는 것은 무엇인가?

로마서 8:13 너희가 육신대로 살면 반드시 죽을 것이로되 영으로써 몸의 행실을 죽이면 살리니

몸의 행실을 죽이는 것.

5) 날마다 기도와 성경공부를 하라.

(1) 아래 구절들은 성령 충만한 사람의 생활에서 기도가 어떤 역할을 한다고 가르치는가?

① 히브리서 4:15-16 긍휼하심을 받고 때를 따라 돕는 은혜를 얻게 한다.

히브리서 4:15-16 [15]우리에게 있는 대제사장은 우리의 연약함을 동정하지 못하실 이가 아니요 모든 일에 우리와 똑같이 시험을 받으신 이로되 죄는 없으시니라 [16]그러므로 우리는 긍휼하심을 받고 때를 따라 돕는 은혜를 얻기 위하여 은혜의 보좌 앞에 담대히 나아갈 것이니라

② 야고보서 5:16 하나님께서 주시는 치유를 경험하게 한다.

야고보서 5:16 그러므로 너희 죄를 서로 고백하며 병이 낫기를 위하여 서로 기도하라 의인의 간구는 역사하는 힘이 큼이니라

③ 야고보서 1:5 하나님께 필요한 지혜를 구하는 수단이다.

야고보서 1:5 너희 중에 누구든지 지혜가 부족하거든 모든 사람에게 후히 주시고 꾸짖지 아니하시는 하나님께 구하라 그리하면 주시리라

(2) 아래 구절들은 성령 충만한 사람의 생활에서 말씀이 어떤 역할을 한다고 가르치는가?

① 로마서 1:16 모든 믿는 자에게 구원을 주시는 하나님의 능력이 된다.

로마서 1:16 내가 복음을 부끄러워하지 아니하노니 이 복음은 모든 믿는 자에게 구원을 주시는 하나님의 능력이 됨이라 먼저는 유대인에게요 그리고 헬라인에게로다

② 히브리서 4:12

히브리서 4:12 하나님의 말씀은 살아 있고 활력이 있어 좌우에 날선 어떤 검보다도 예리하여 혼과 영과 및 관절과 골수를 찔러 쪼개기까지 하며 또 마음의 생각과 뜻을 판단하나니

마음의 생각과 뜻을 판단한다. 즉 하나님의 말씀은 우리가 마음 속에 품은 생각과 의도를 다 밝혀낸다.

③ 디모데후서 3:16-17

디모데후서 3:16-17 16모든 성경은 하나님의 감동으로 된 것으로 교훈과 책망과 바르게 함과 의로 교육하기에 유익하니 17이는 하나님의 사람으로 온전하게 하며 모든 선한 일을 행할 능력을 갖추게 하려 함이라

우리의 모든 삶에 교훈, 책망을 주고 바르게 하고 의로 교육해 하나님의 사람으로 온전케 한다.

6) 그리스도를 전하라.

(1) 사도행전 1:8에 의하면 성령을 보내신 목적이 무엇인가?

그리스도의 증인이 되는 것이다.

(2) 지속적으로 성령 충만 받는 것과 그리스도의 증인이 되는 것은 어떤 연관이 있는가?

성령충만 받은 사람은 전도하게 되고, 그리스도를 전하기 위해서는 성령 충만해야 한다.

2 성령 충만의 결과

1) 끊임없이 계속 성령 충만을 받는 그리스도인의 삶에는 어떤 특징이 나타나는가?

(1) 요한복음 15:5-11

지속적으로 열매를 맺고 또 더 많이 맺는다(요 15:5). 기도의 응답을 받는다(요 15:7). 하나님이 영광을 받으시는 삶을 산다(요 15:8). 기쁨이 충만하게 된다(요 15:11).

(2) 갈라디아서 5:16

성령을 좇아 행하므로 육체의 욕심을 이루지 않게 된다.

(3) 갈라디아서 5:22-23

성령의 인격적 열매를 맺으며 전도의 열매를 지속적으로 맺는다.

2) 성령 충만하면 어떤 능력이 나타나는가? (행 1:8)

증인이 될 수 있는 권능을 주신다.

자신을 사랑하는 대신에 그리스도를 사랑하는 것을 삶의 목적과 원리로 삼는 하나님의 자녀는 성령의 충만한 임재를 체험하게 될 것이다.

성령의 충만한 임재를 체험한 사람들은 다음과 같은 특징이 나타나게 된다.

1. 모든 것을 독점하려던 것을 그치고 모든 것을 주기 시작한다.
2. 모든 것을 차지하려던 것을 그치고 양보하기 시작한다.
3. '특정한 사람에게 관심을 가지라'고 강조하던 것을 그치고 '모든 사람에게 관심을 가지라'고 강조한다.
4. 더 이상 높아지려고 하지 않고 오히려 낮아지려고 한다.
5. 섬김을 받기보다 섬기려고 한다.
6. 사람들의 칭찬에 관심을 갖지 않는다.
7. 더 이상 자기 목숨을 보존하려고 애쓰지 않고 남을 위해 자기 목숨을 내어 놓는다.
8. 더 이상 안일한 것과 쾌락과 편한 것을 찾지 않고 오히려 그리스도를 위해 고통 받고 시간을 드리고 쓰임 받기를 원한다.
9. 남들이 자신을 어떻게 대하든 상관하지 않고 하나님이 사랑하시는 것처럼 사랑하려고 한다. '감사할 줄 모르는 자와 악한 자에게도 친절하게 대한다.' 자신에게 실수가 있거나 타인에게 모욕을 주고 불친절한 태도를 보였다면 그것을 정당화하지 않고, 잘못을 서둘러 고백한다. 그리고 믿음의 선배들처럼 자기를 죽이려 했던 자들을 위해 기도하셨던 주님께 용서를 구한다.

– 제임스 맥콘키(James McConkey), 『성령의 삼중비밀』, p. 86.

결론과 요약

성령 충만은 여러 번 받는 것인가?

그렇다. 우리가 그리스도를 따를 때 성령 충만을 여러 번 경험한다. 우리는 새로운 봉사의 기회마다 성령 충만을 받아야 한다. 에베소서 5:18의 성령 충만 받으라는 권고는 헬라어 원어로 '끊임없이 계속해서 충만함을 받으라'는 뜻이다.

어떻게 하면 지속적으로 성령 충만할 수 있는가?

그리스도인이 영적 능력과 승리를 얻기 위해서는 전적으로 그리고 온전히 성령을 의지해야 된다. 우리가 성령께 우리의 의지를 더 많이 내려놓을수록, 성령은 더 자유롭게 우리의 삶을 통해 역사하신다. 다른 사람들에게 전도하게 하시고 그리스도 안에서 우리가 영적으로 더 성숙하도록 인도해 주신다.

다음은 당신이 매 순간 성령 충만한 삶을 살도록 도움을 주는 실질적인 방법들이다. 매일의 삶속에 적용하라.

1) 영광스런 진리를 묵상하라.

예수님은 문자 그대로 당신 안에 거하신다. 당신은 자아와 죄에 대하여, 모든 개인적이고 이기적인 욕망에 대하여 죽었다. 그러나 당신은 예수 그리스도를 통해 하나님께 대하여 살아 있다(롬 6:11). 죄와 좌절과 패배로 가득한 당신의 생명을 승리하는 그리스도의 생명과 바꾸었다. "그 안에는 신성의 모든 충만이 육체로 거하시고 너희도 그 안에서 충만하여졌으니 그는 모든 통치자와 권세의 머리시라"(골 2:9-10). 당신의 마음 가운데 거하시는 그분이 하늘과 땅에 있는 모든 권세를 주장하는 분이라는 것을 생각해 보라! 이것이 사도 바울이 "내게 능력 주시는 자 안에서 내가 모든 것을 할 수 있느니라."(빌 4:13)고 고백했던 이유이다.

당신은 '옛 아담'을 묻어버렸다. 당신은 관 뚜껑을 닫아 못을 박고 1m 80cm 두께의 흙 아래 묻었다. 예수 그리스도는 당신이 옛 죄의 본성을 가지고 그리스도인의 삶을 살도록 버려두지 않으신다. 그는 이제 당신의 몸을 성전으로 사용하시고, 당신의 생각을 통해 생각하시고, 당신의 마음을 통해 그의 사랑과 긍휼을 나타내시며, 당신의 입술을 통해 진리를 말씀하신다. 그의 뜻이 당신의 뜻이 되었다. 처음에는 이 모든 것이 익숙하지 않아 반복해서 새롭게 확인할 수도 있다. 그리고 당신의 사고방식과 기도를 완전히 바꿀 필요를 느낄 수도 있다. "내가 주님을 위해 무엇을 할 수 있습니까?"라고 묻거나 또는 "하나님, 당신을 위해 이것이든 저것이든 할 수 있도록 저를 사용하소서."라고 기도하지 마라. 오히려 "주 예수님, 저는 완전히 주님의 것입니다. 저를 주님이 원하시는 대로 사용하소서. 당신이 뜻하신 그곳이 어디든 저를 보내주옵소서. 왜냐하면 저는 죽었고 제 생명은 하나님 안에 그리스도와 함께 감춰져 있기 때문입니다."라고 기도하라.

그리스도 안에 거하기를 힘쓰라(요일 2:6). '그리스도 안에 거한다.'는 것은 어떤 의미인가? 예수님은 "너희도 내 계명을 지키면 내 사랑 안에 거하리라"(요 15:10)고 말씀하셨다. '거한다'는 것은 그의 계명을 지키는 것이다. 그의 계명을 지킨다는 것은 순종하는 것이다. 거하는 삶은 노력하는 삶이 아니다. 우리는 이 단순한 사실을 깨닫는데 얼마나 느린가? 가지는 열매를 맺기 위해서 *애쓰지* 않는다. 전구도 빛을 발하려고 *애쓰지* 않는다. 둘 다 어떤 노력도 하지 않는다. 이들은 그저 생명과 에너지의 무한한 공급을 받으면 되는 것이다. 그리스도인은 가지와 전구보다도 더 무한하고 커다란 자원을 갖고 있다. 식물의 생명과 전기 에너지를 창조하신 분이 우리 안에 살아 계신다. 왜 우리가 애써야 할 필요가 있는가? 참된 그리스도인의 생활 척도는 '내가 애쓰고 있는가? 혹은 그리스도 안에 거하고 있는가?'이다. 스스로 혼자서 애쓰고 있다면, 아직 주님의 생명이 흐를 수 있는 깨끗한 관이 아니다.

다음의 말씀들을 묵상하라. 요한복음 14, 15, 16장; 마태복음 6장; 골로새서 3장; 에베소서 5장; 로마서 6, 8, 12, 14장; 고린도전서 13장; 요한일서 1장; 히브리서 11장; 갈라디아서 5장; 시편 37:1-7, 23, 24. 노트를 사용해서 그리스도 안에 거하는데 도움이 된다고 믿는 권면을 기록하면서 각 장의 개요를 만들어 보라. 그리고 계속 노트를 사용해서 다른 성경 구절들의 개요를 적어 보고 암송하고 싶은 핵심 구절을 기록하라. 그리스도 안에 거하는 삶을 살아가는 데 도움이 될 것이다.

2) 하나님과 교제하기 위해 날마다 기도하면서 일정한 시간을 보내라. 그의 인도하심을 구하고 다른 영혼들을 위해 기도하라.

성령의 충만함과 능력 가운데 살기를 원한다면 하나님의 사랑, 지혜, 용서 그리고 풍부한 은혜의 자원을 끌어 쓸 필요가 있다. 기도를 통한 주님과의 끊임없는 교제없이 성령 충만한 삶을 산다는 것은 불가능하다. 결혼 관계 또는 다른 사람과의 관계에서 함께 시간을 보내는 것이 관계를 강화시켜 주듯이, 매일 하나님과 특별한 시간을 보내는 것은 하나님과 우리의 관계를 '첫 사랑'의 관계로 강화시켜 줄 것이다.

당신이 기도할 때 삶을 변하시키는 능력의 자원을 열게 된다. 그리스도를 영접할 필요가 있는 사람들의 명단을 작성하라. 하나님께서 크신 능력으로 그들의 마음을 준비시켜 주시고 그들을 하나님께로 인도해 주실 것을 기대하면서 매일 그들을 위해 기도하라(엡 6:18; 삼상 12:23).

3) 날마다 하나님 말씀을 읽고 공부하면서 시간을 보내라.

하나님의 말씀을 공부하고 묵상하는 것 역시 중요하다. 나는 수천 명의 그리스도인들과 수년 동안 함께 일하면서 순종과 성령 충만한 삶에서 이루어지는 성경공부와 기도와 전도의 적절한 균형이 없이는 충만하고 풍성한 삶을 누리는 것이 불가능하다는 것을 확신하게 되었다. 말씀 공부 이외에, 핵심 성경 구절들을 암송하는 습관을 가지라(히 4:12; 고전 2:9-12; 시 119:4, 9, 15, 16, 97, 98, 103, 105, 130).

4) 성령을 슬프시게 하지 말라.

잘못된 것인 줄 알면서도 어떤 것을 하는 그 순간, 회개하지 않는다면 성령을 슬프시게 하는 것이다. 성령을 슬프시게 한다는 것은 어떤 의미인가? 성령은 거룩하시기 때문에 그리스도인이 죄를 범하고 계속 그 죄에 거할 때 슬퍼하신다. 그러므로 당신이 지속적으로 성령 충만을 받고 그리스도를 증거하는 능력을 가지려면 하나님의 말씀에 순종하며 거룩한 삶을 살아야 한다.

당신은 '영혼의 호흡'을 통해 이것을 할 수 있다. 육체적인 호흡처럼 영혼의 호흡도 나쁜 것을 '내뿜고' 좋은 것을 '들이마시는' 과정이다. 이것은 당신이 하나님의 사랑과 용서를 체험하게 하고, 삶의 한 방식으로 성령과 동행하게 하는 믿음의 행동이다. 영적으로 "내쉬기"위해서, 당신의 생활 가운데 아는 죄를 고백하라. 하나님은 요한일서 1:9에서 "만일 우리가 우리 죄를 자백하면 그는 미쁘시고 의로우사 우리 죄를 사하시며 우리를 모든 불의에서 깨끗하게 하실 것이요."라고 약속하신다. 당신의 죄를 고백하는 것은 당신의 죄로 인해 성령을 슬프시게 했다는 것을 하나님께 동의하는 것이다. 그리고 이미 그리스도께서 당신의 죗값을 지불하신 것을 감사하는 것이며, 회개하고 죄에서 돌아서는 것이다. 영적으로 '들이쉬기' 위해, 믿음으로 성령의 충만케 하심을 내 것으로 삼으라. 사도행전 1:8의 약속의 말씀을 따라 당신의 삶을 인도하시고, 다스리시며, 능력 주시도록 초청하라.

대부분의 그리스도인은 믿음으로 행하는 영혼의 호흡의 개념을 이해하지 못하며, 그 결과로 롤러코스터를 타는 것같이 영적으로 불안정한 삶을 살아간다. 그는 세상적인 그리스도인으로서 자신이 삶의 주인이 되어 성령을 슬프시게 하면서 그의 인생 대부분을 감정적인 경험들을 추구하며 살아간다.

5) 성령을 소멸하지 말라.

성령의 인도하심에 민감해야 한다. 그는 무한한 지혜와 지식을 갖고 계시고 우리를 모든 진리 가운데로 인도하신다(요 16:13). 그에게 결코 '아니오'라고 말하지 말라. 당신이 성령 충만하고 그의 인도를 받는 삶을 살아가는 것이 익숙해

져 간다면, 성령의 인도하심을 받아 에티오피아 내시에게 전도했던 빌립처럼(행 8:26-29), 복음을 전하기 위해 마케도니아로 부름 받았던 바울처럼 당신도 놀라운 경험을 하게 될 것이다.

나의 전 생애에 있어서 가장 감격스러웠던 경험은 어떤 사람에게 그리스도에 대해 이야기하라고 말씀하시는 성령의 잠잠하고 세미한 음성을 들을 때였다. 성령의 인도하심에 순종하여 그들과 이야기할 때 항상 성령께서 그들의 마음을 준비해 놓으셨다는 것을 알게 되었다. 나는 "빌, 주님이 당신을 내게 보내 주셨습니다." 또는 "당신이 말한 모든 것이 꼭 나를 위한 것이었습니다. 누군가가 내 문제를 당신에게 이야기해 준 것이 틀림없습니다."라는 고백을 들었다. 성령께서는 모든 것을 알고 계신다. 그래서 당신과 내가 그의 임재와 능력으로 충만하다면, 도움이 필요한 사람들에게 적절한 말을 해줄 수 있을 것이다.

아주 감격스러운 성령의 인도하심이 많은데, 그 중에 한 가지를 나누고 싶다. 어느 날 나는 수많은 학생들의 삶이 변화되는 '대학생 수련회'에서 강의를 하기 위해 수련회 장소를 향해 운전을 하고 있었다. 늦은 8월의 날씨는 아주 뜨거웠다. 차가 산을 막 오르기 시작할 때 자동차에 증기 폐색이 나타나 움직이지 못하게 되었다. 우리는 모터가 식기까지 기다렸고 한참 후 마침내 시동이 다시 걸렸다.

나는 라디에이터에 물을 채우기 위해 근처 시골집의 마당에 들어가 사정을 말했다. 집 주인은 매우 친절하고 관대했다. 라디에이터에 물을 넣는 것까지 도와주었다. 그 집에서 5-10분가량 머물렀지만 그 주인에게 그리스도에 대해 이야기하지 않았다. 내 마음은 온통 산 위의 중요한 집회에 가 있었다. 라디에이터 뚜껑을 주우려고 몸을 기울일 때 셔츠 주머니에서 신약성경이 떨어졌지만, 나는 잠잠하고 세미한 성령의 음성을 듣지 못했다. 주인에게 감사를 전하고 차를 운전해 그 집을 빠져나올 때, 나는 그리스도에 대해 그 사람과 나누기 위해 돌아가고 싶은 강한 충동을 느꼈다. 하지만 나는 '수련회에 늦었어. 지금 되돌아간다면 그는 나를 광신자라고 생각할지도 몰라. 게다가 그리스도를 증거 하려면 아까 했었어야지.'하며 망설이고 있었다.

나의 인간적인 어떤 논리도 성령의 지속되는 음성에는 아무 의미가 없었다. 얼마쯤 달리다가 결국 차를 돌려 그 집으로 되돌아왔다. 길모퉁이에 차를 세우고 기도했다. "주님, 실수하지 않게 해주옵소서. 이렇게 하는 제가 무척 바보처럼 보입니다. 해야 할 말을 주십시오. 당신의 뜻이 이루어지게 하옵소서." 차를 몰고 그 집 마당에 들어서자 집 주인은 현관에 나와 다시 우리를 맞아주었다. 주인은 "빠뜨린 것이라도 있나요?"라고 물었다. "예, 선생님, 중요한 것을 빠뜨렸습니다. 좀 이상하게 생각하실 수 있지만, 저는 그리스도인입니다. 저는 하나님께서 선생님께 그리스도에 대해 전하기를 원하신다고 느꼈습니다." 더 이상 말이 필요 없었다. 그의 눈에는 눈물이 고였고, 이내 그의 뺨에 흐르기 시작했다. 그가 하나님께서 나를 자신에게 보내신 것을 안다고 말할 때 그의 턱은 떨리기 시작했다. 그는 나를 집안으로 청했고 부인까지 불렀다. 그는 "저는 여러 해 전에 교회에 나갔었답니다. 그러나 지금은 죄에 빠져 몇 해 동안 못가고 있습니다. 이번 주, 제 아내는 시내에서 열리고 있는 부흥회에 참석하고 있습니다. 저는 시간이 지날수록 죄의 짐이 점점 더 무거워져 견딜 수가 없습니다. 하나님과 올바른 관계로 돌아가고 싶습니다."라고 말했다. 우리 세 사람은 거실에서 무릎을 꿇었고 그와 그의 아내는 그들의 생애와 가정을 그리스도께 의탁했다. 나는 성령의 인도하심에 감격

하고 주님을 증거 할 수 있는 또 다른 기회를 주시도록 찬송하면서 길을 떠났다.

당신이 믿음으로 성령 충만을 구할 때, 당신은 인생 최대의 모험을 이제 막 시작한 것이다. 성령이 당신의 삶을 주관해 나갈 때 당신은 더욱 그리스도를 닮아가게 될 것이다. 성령은 당신을 혼란스럽게 하거나 감정을 극단적으로 이끌어 가시는 분이 아니다. 성령은 그리스도를 높이고 영화롭게 하기 위해 오셨다. 그러므로 당신이 성령 충만을 받으면 끊임없이 하나님의 뜻을 행하고 싶은 열망을 갖게 되는데 그것은 곧 그리스도를 기쁘시게 하고 영화롭게 하는 것이다.

예수님은 왜 이 세상에 오셨는가? 잃어버린 자를 찾아 구원하러 오셨다(눅 19:10). 무엇이 그분을 가장 기쁘게 할 수 있을까? 지상명령성취(His Great Commission)를 도움으로 그분을 기쁘시게 할 수 있다. 그분이 우리를 통해 그분의 삶을 살아가시도록 초청함으로 우리의 예루살렘에서 시작하여 온 세상에 나가 모든 족속에게 복음을 전하게 하는 것이다. 어떻게 이것이 성취되는가? 성령의 능력을 통해서만 가능하다. 이제 당신과 나는 주님의 쓰임을 받아 이 놀라운 복음으로 잃어버린 영혼들을 구원하는 대열에 서는 특권을 갖게 되었다.

성령 충만으로 기대할 수 있는 결과는 무엇인가?

당신이 참으로 성령 충만한지를 결정하는 시금석이 있다. 그리스도에 대한 큰 사랑을 갖고 있는가? 그리스도의 사랑과 용서를 모르고 있는 사람들에게 큰 관심을 갖고 있는가? 전도하는 데 보다 큰 믿음, 담대함, 자유, 능력을 경험하고 있는가? 그렇다면 당신은 성령으로 충만한 것이다. 예수 그리스도는 당신을 통해서 그리고 당신 안에서 그의 생명과 사랑을 나타내기 시작하셨다. 예수님께서 말씀하신 '성령이 임하시면 능력을 받게 된다.'는 약속을 기억하라. 능력을 받은 후, 우리는 어디에 있든지 자연스럽게 그의 증인이 된다(행 1:8). 성령으로 충만한 당신이 그리스도와 동료들과 하나님의 말씀에 대해 더 큰 사랑을 갖게 되는 것은 절대적인 사실이다. 바울이 로마서 5:5에서 이야기했던 것처럼, 우리에게 주신 성령으로 말미암아 하나님의 사랑이 우리 마음에 부은 바 된다. 또한 사랑, 희락, 화평, 인내, 자비, 양선, 충성, 온유와 절제라는 성령의 열매가 당신의 삶 가운데 더욱 분명해진다(갈 5:22-23).

한 가지 기억할 것은 성령의 은사와 성령의 열매에는 차이가 있다는 사실이다. 성령 충만은 전도하는 데 능력과 담대함을 주어 열매를 맺게 한다. 대부분의 기독교 지도자들은 토레이 박사(Dr. R. A. Torrey)의 의견에 동의한다.

"나는 이 문제를 생각하면서 성경 전체를 여러 번 읽어 본 결과 다음과 같은 주장을 아무런 거리낌 없이 할 수 있다. 성령 충만함에 대해 기록한 신약과 구약 어느 구절도 전도와 관련되어 언급되지 않은 곳은 없다."

당신이 그리스도 안에 거하고 성령 충만한 삶을 살면 성령의 열매가 계속 나타나고 영적으로 더 성숙해 간다. 성령의 열매가 무르익어 가는 것은 그리스도의 성품이 그리스도인의 삶에 나타나는 것으로, 일평생 동안 계속 진행되는 과정이다. 어떤 그리스도인들은 그리스도께 자신의 의지를 더 많이 복종시키기 때문에 다른 사람들보다 무르익은 성령의 열매를 더 많이 맺기도 한다.

성령의 열매가 나타나고 무르익어 가는 과정이 평생에 걸친 과정이지만 성령의 은사는 한 사람이 그리스도인이 되는 순간 주어진다. 고린도전서 12장에 의하면, 성령 충만한 모든 그리스도인은 전도를 위한 능력을 받지만, 모든 그리스도인들이 같은 은사를 받는 것은 아니다. 어떤 사람은 사도로, 어떤 사람은 예언자로, 어떤 사람은 전도자로, 어떤 사람은 목사로, 어떤 사람은 교사로 부름을 받는다(엡 4:11). 그러므로 우리는 주님이 우리를 위해 예비해 두신 봉사의 자리로 인도해 주시기를 구해야 한다.

다른 사람의 사역을 모방하지 말라. 참고 기다리라. 당신의 삶에서 무엇을 해야 하며 어디에서 그리스도를 섬겨야 하는지 스스로 결정하지 말라. 당신이 계속해서 하나님의 말씀을 공부하고 순종하며 성령의 인도하심에 민감할 때 당신 안에서 그리고 당신을 통해서 그분의 생명을 나타내실 것이다. 하나님의 말씀, 성령의 인도하심, 성숙한 그리스도인의 지혜로운 상담을 통해 당신은 당신을 향한 하나님의 뜻을 발견하게 될 것이다.

적용

1. 이 과에서 당신에게 가장 의미 있는 것은 무엇인가?

2. 성령의 충만함과 능력이 당신 생활 가운데 어떻게 나타나고 있는가?

3. 성령께 맡기지 못한 당신 삶의 영역을 적어 보라.

* 추천도서 : 빌 브라이트, 『능력있는 삶과 성령』 (서울: 순출판사, 1986)
빌 브라이트, 『그리스도의 계절이 오게하자』 (서울: 순출판사, 1988)

외울 말씀 요한복음 15:10
내가 아버지의 계명을 지켜 그의 사랑 안에 거하는 것 같이 너희도 내
계명을 지키면 내 사랑 안에 거하리라

읽을 말씀 사도행전 10장

4 능력 있는 기도

10 STEP
그리스도인의 성장을 위한
CCC 10단계 성경교재

4단계
능력 있는 기도

능력 있는 기도생활의 비결을 발견하기

기도란 무엇인가?

기도는 하나님과 대화하는 것이다. 그리스도인은 하나님의 자녀로서 하나님의 보좌 앞에 담대히 나오도록 초청받았다. 히브리서는 "그러므로 우리에게 큰 대제사장이 계시니 승천하신 이 곧 하나님의 아들 예수시라… 그러므로 우리는 긍휼하심을 받고 때를 따라 돕는 은혜를 얻기 위하여 은혜의 보좌 앞에 담대히 나아갈 것이니라."(히 4:14-16)고 말씀하고 있다.

하나님은 만왕의 왕이요 만주의 주이시며 하늘과 땅의 모든 권세를 가지셨다. 또한 하나님은 우리를 사랑하시며 돌보시고 우리와 교제하기를 기뻐하시는 우리의 아버지이시다. 지금까지 우리를 사랑하셨고 미래에 우리를 사랑할 그 어떤 사람보다 더 우리를 사랑하신다. 이 사실 때문에 우리는 기쁜 마음과 경외함으로 하나님의 임재 앞에 담대히 나아갈 수 있다.

어떤 이는 이렇게 말한다. "기도는 헌신의 통로일 뿐만 아니라 헌신을 창조한다. 헌신의 정신은 기도의 정신이다. 기도와 헌신은 영혼과 몸이, 생명과 심장이 연합되어 있듯이 서로 연합되어 있다. 헌신 없는 참된 기도가 없고 기도 없는 참된 헌신은 없다." 참된 기도는 우리가 하나님께 이야기할 때 우리에게 말씀하시도록 그분을 초청하여, 하늘에 계신 우리 아버지께 우리의 헌신을 표현하는 것이다.

누가 기도할 수 있는가?

누구든지 기도할 수 있다. 그러나 믿음으로 그리스도와 동행하며 그리스도께 순종하는 사람들만이 기도 응답을 기대할 수 있다. 예수님께서 "내가 곧 길이요, 진리요, 생명이니 나로 말미암지 않고는 아버지께로 올 자가 없느니라."(요 14:6)고 말씀하셨다. 하나님과의 교제는 예수님을 구주와 주님으로 우리 삶에 초청할 때 시작된다.

우리는 정결한 마음으로 기도해야 한다. 시편 기자는 "내가 나의 마음에 죄악을 품었더라면 주께서 듣지 아니하시리라."(시 66:18)고 말하고 있다. 우리 삶속에 고백하지 않은 죄가 있다면 하나님께서는 우리 기도에 응답해 주실 수 없다.

우리가 기도 응답을 기대한다면 믿음을 가져야 한다. 예수님은 "너희가 기도할 때에 무엇이든지 믿고 구하는 것은 다 받으리라."(마 21:22)고 하셨고, "너희 믿음대로 되라."(마 9:29)고 말씀하셨다. 하지만 우리들 중 소수만이 이 말씀을 진지하게 받아들인다. 하나님께서 우리에게 약속하신 것들을 믿음으로 주장하는 사람들이 거의 없다.

왜 기도해야 하는가?

첫째, 하나님께서 우리에게 기도하라고 명령하셨다. 신약성경에는 '기도하라'는 명령이 많이 있다. 깨어 기도하라(눅 21:36; 막 14:38). 감사함으로 기도하라(빌 4:6; 골 4:2). 성령으로 기도하라(고전 14:15). 항상 기도하고 낙심하지 말라(눅 18:1).

둘째, 우리는 하나님과 교제하기 위해 기도한다. 기도는 우리가 어려움으로부터 벗어나기 위한 도구나, 자신을 만족시키고 이기적인 목적을 성취하기 위한 수단이 아니다. 기도는 하나님과 대화하고 교제하는 '직통전화'이다. 기도를 통해 우리는 승리하는 삶에 필요한 양분을 받고 힘을 얻는다. 그리고 그리스도를 위한 증인이 되기 위해 담대함을 얻게 된다.

셋째, 성경에 근거하여 진실하게 기도하면 삶이 변화된다. 하나님께서는 이렇게 기도하는 사람들을 온전히 변화시키시고 그분의 뜻을 그들에게 드러내 보이신다. 뿐만 아니라 그들의 기도를 통하여 위대한 능력으로 자연과 사람 그리고 열방을 변화시키신다. 성경과 역사 속의 성령충만한 그리스도인들이 이것을 입증해준다.

누구에게 기도하는가?

우리는 성령을 통해 주 예수 그리스도의 이름으로 하나님 아버지께 기도한다. 우리가 하나님 아버지께 기도할 때 우리의 기도는 예수 그리스도로 말미암아 받아들여지고 성령께서 하나님 아버지께 그 기도를 전달하신다. 그런데 하나님은 삼위로 나타나시는 한분 하나님이시므로 예수님이나 성령께 기도하는 것도 전혀 문제 되지 않는다.

우리가 기도할 때 예수님과 성령께서도 우리를 위해 기도하신다. 바울은 로마서 8:34에서 "누가 정죄하리요 죽으실 뿐 아니라 다시 살아나신 이는 그리스도 예수시니 그는 하나님 우편에 계신 자요 우리를 위하여 간구하시는 자시니라."고 말한다. 또한 "성령도 우리의 연약함을 도우시나니… 마음을 살피시는 이가 성령의 생각을 아시나니 이는 성령이 하나님의 뜻대로 성도를 위하여 간구하심이니라."(26, 27절)라고 말한다.

언제 기도해야 하는가?

하나님은 우리에게 "쉬지 말고 기도하라(살전 5:17)"고 명령하신다. 찰스 스펄전(Charles H. Spurgeon)은 "땅에서 기도라는 줄을 잡아당기면 하나님의 귀에는 커다란 종소리가 울린다. 어떤 사람은 열의 없이 기도하기 때문에 종이 거의 울리지 않는다. 또 다른 사람들은 가끔 갑자기 줄을 잡아당긴다. 그러나 하늘에 계신 하나님과 대화하는 사람은 담대하게 밧줄을 붙잡고 지속적으로 온 힘을 다해 잡아당기는 사람이다."라고 말했다.

우리는 온종일 일하면서도 기도하여 하나님을 향한 우리의 헌신을 나타낼 수 있다. 나는 매일 아침을 기도로 시작하는 것이 얼마나 중요한가를 알게 되었다. 아침에 일어나면 무릎을 꿇고 "주님, 제가 주님 앞에 무릎을 꿇습니다. 주님은 저의 주인이십니다."라고 말씀드림으로 하나님을 예배한다. 온종일 나의 생각을 주님께 집중하고 나를 위해 베푸시는 그분의 선하심과 사랑과 은혜에 대해 그분께 이야기하며 자주 찬양하고 감사한다. 나는 날마다 해야 하는 수많은 결정을 위해 지혜를 구한다. 나는 친구들이나 모르는 사람들의 구원을 위해서, 아픈 사람들의 치유와 CCC와 다른 사역들의 영적, 물질적 필요들을 위해서도 기도한다. 나의 말과 행동뿐 아니라 옷차림을 통해서도 하나님께 영광을 돌리게 해 달라고 기도한다. 나의 생각으로 생각하시고 나의 마음으로 사랑하시고 나의 입술로 말씀하시도록 하나님께 요청한다. 예수님이 잃어버린 자를 찾아 구원하러 오셨기 때문에 나를 통해 잃어버린 자들을 찾아 구원해 달라고 간구한다.

저녁에 나는 "주님, 오늘 제가 주께서 기뻐하시지 않는 일, 고백해야 할 일을 한 것이 있습니까?"라고 기도한다. 성령님께서 어떤 죄나 약한 부분을 보여 주시면 그것들을 고백하고 내 삶에서 하나님의 용서와 승리를 믿음으로 주장한다. 그리고 나는 하나님의 말씀을 읽고 묵상하는 시간을 갖는다. 그러면 밤 시간 동안 내내 무의식적으로 주 예수님을 생각하게 된다.

항상 무릎을 꿇고 기도하거나 조용한 방에서 기도해야 하는 것은 아니다. 하나님께서는 우리가 어느 곳에서 무엇을 하든지 끊임없이 교제하기를 원하신다. 우리는 차 안에서도 기도할 수 있고 설거지를 하거나 길을 따라 걷고 있을 때도 기도할 수 있다. 우리의 생각과 소망을 주님과 자주 나눌수록 교제는 더 친밀해지고 우리는 주님께 더 가까이 가게 된다.

다음에 이어지는 과들을 주의 깊게 공부하여 기도의 중요성을 깨닫고 날마다 하늘에 계신 아버지와 교제하는 의미 있는 시간을 갖기 바란다.

제1과

왜 기도해야 하는가?

학 습 목 표 : 그리스도인의 생활에서 기도가 얼마나 중요한지 알 수 있다.

예수님도 기도하셨을까? 예수님도 기도가 필요했을까?

물론이다. 예수님은 기도를 하셨을 뿐만 아니라 기도에 대한 완벽한 순종의 본을 보여주셨다. 예수님은 아침부터 밤 늦게까지 대중 설교, 치유, 개인 면담, 여행, 제자 훈련 등 수많은 일을 하셔야 했지만 기도를 최우선 순위에 두셨다. 예수님께서 하나님 아버지와 홀로 교제하는 기도 시간을 그렇게 중요시했다면, 우리는 얼마나 더 많은 시간을 하나님과 교제하며 보내야 하겠는가?

누군가는 "사탄은 우리의 수고를 비웃고 우리의 지혜를 조롱하지만, 가장 약한 그리스도인일지라도 그가 무릎 꿇고 기도하면 무서워서 떤다."고 말했다. 기도는 하나님께서 그분의 일을 하시기 위해 정해 놓으신 방법이다. 기도는 하나님이 우리의 삶 가운데 역사하시도록 요청할 수 있는 가장 강력한 힘이다. 우리가 일하면 우리가 일하게 되지만, 우리가 기도하면 하나님이 일하신다(When we work, we work, but when we pray, God works!).

이 과는 기도가 그리스도인의 생활에서 왜 그렇게 중요한지 이해하도록 도울 것이다. 기도에 대해 주의 깊게 공부하고 그 원리들을 당신의 삶에 적용하라.

당신은 왜 기도하는가? 개인적인 경험을 나누라.

1 하나님은 왜 우리가 기도하기를 원하시는가?

마태복음 6:8에 "구하기 전에 너희에게 있어야 할 것을 하나님 너희 아버지께서 아시느니라."고 말씀하고 있다. 이 구절이 기도에 대해 가르치는 것은 무엇인가?

마태복음 6:8은 하나님께서 우리가 무엇이 필요한지를 아시기 위해 기도하라고 하신 것이 아니라는 사실을 가르쳐준다. 그렇다면 기도의 진정한 목적은 무엇인가? 다음의 목적들을 주목하라.

1) 하나님은 우리와 교제하기를 원하신다.

요한복음 3:5-8과 4:23-24을 읽으라.

요한복음 3:5-8 5예수께서 대답하시되 진실로 진실로 네게 이르노니 사람이 물과 성령으로 나
지 아니하면 하나님의 나라에 들어갈 수 없느니라 6육으로 난 것은 육이요 영으로 난 것은 영
이니 7내가 네게 거듭나야 하겠다 하는 말을 놀랍게 여기지 말라 8바람이 임의로 불매 네가 그
소리는 들어도 어디서 와서 어디로 가는지 알지 못하나니 성령으로 난 사람도 다 그러하니라.
4:23-24 23아버지께 참되게 예배하는 자들은 영과 진리로 예배할 때가 오나니 곧 이 때라 아버
지께서는 자기에게 이렇게 예배하는 자들을 찾으시느니라 24하나님은 영이시니 예배하는 자
가 영과 진리로 예배할지니라.

요한복음 3:8에서 헬라어로 바람(푸뉴마)과 성령(푸뉴마)은 동일한 단어로 두 가지의 뜻을 가진다. 성령의 역사는 바람과 같아서 보이지도 않고 신비스러우며, 어디서 와서 어디로 가는지 알지 못할 뿐 아니라 인간이 조종할 수 없다.

요한복음 4:23에 '영과 진리로 예배해야 한다'는 말씀은 참된 예배의 두 요소인 '태도'와 '내용'을 담고 있다. 즉, "영"은 '태도'를 말하며 "진리"는 '내용'을 말한다고 할 수 있다. "영"은 성령이 아니라 사람의 영을 의미한다. 예배자는 온 마음을 다해 진실함으로 예배해야 한다. "진리"란 하나님께서 계시하신 말씀을 따라 예배하는 것을 말한다. 예배는 형식이나 의식 또는 장소보다 하나님의 말씀에 따라 마음을 다해 드리는 것이 더 중요하다.

이제는 진리이신 예수님을 통해 영으로 예배하는 새로운 시대가 왔고 하나님은 이렇게 예배하는 자들을 찾고 계신다.

(1) 성경에서 하나님은 어떤 분이라고 말하는가? (요 4:24)

하나님은 '영'이시다. 이는 인간의 물질적이고 육체적인 속성과 반대되는 하나님의 보이지 않으시는 속성을 말한다.

(2) 하나님과 교제를 가지려면 먼저 우리에게 어떤 일이 일어나야 하는가?

우리는 성령으로 거듭나야 한다.

(3) 하나님은 어떤 예배를 원하시는가?

영과 진리로 예배드리는 것을 원하신다.

(4) 위의 사실은 기도에 대해 무엇을 말해 주는가?

기도는 성령으로 거듭난 그리스도인들이 성령을 통하여 하나님 아버지와 교제하는 것임을 말해 준다. 기도는 영적인 활동, 즉 성령에 의해 인도되는 활동이다. 그리스도인들은 기도로 하나님과 교제하는 특권을 누릴 수 있다.

그리스도인이 아닌 육에 속한 사람(비그리스도인)은 하나님의 성령의 일들을 깨달을 수 없고 또한 그것이 어리석게 보이기 때문에 받아들이지 않는다. 이는 하나님의 일은 영적으로만 분별할 수 있기 때문이다(고전 2:14). 비그리스도인의 기도의 수고가 헛되고 성령의 능력으로 기도하지 않는 그리스도인의 기도가 무기력한 이유는 바로 이 때문이다.

'하나님께서 우리와 교제하기 원하신다.'는 사실은 성경을 통해 우리에게 전해진 가장 놀라운 사실 중 하나일 것이다. 아주 놀라운 사실임에도 불구하고 그 중요성은 널리 인식되지 않았다. 하나님께서 자신의 창조물과 교제의 문을 여셨고, 우리와의 교제가 하나님께 만족과 기쁨과 즐거움이 된다는 사실은 이해하기 어렵다. 기도야말로 하나님을 만날 수 있는, 하나님께서 열어 주신 유일한 통로이다.

'아버지께서는 자기에게 예배하는 자를 찾으신다.'(요 4:23)는 말씀은, 우리 안에 주님을 구하는 열정과 소망을 북돋아준다. 자신의 유익과 만족만을 위해 성경을 읽고 기도하려는 일방적인 생각은 무의미해진다. 주님께서 우리와의 교제를 원하신다는 이 단순한 사실을 매일 아침마다 기억하라. 하나님께서 은혜를 주시기 위해 우리를 기다리시며 또한 우리가 그분 앞에 나아오기를 기다리고 계신다는 사실을 기억하면, 기도가 의무나 부담이 아니라 즐거움이 되고 암담한 시간들도 우리가 이겨내고 견딜 수 있을 것이다.

2) 기도는 신뢰의 표현이다.

(1) 마태복음 21:22은 기도에 대해 무엇을 가르쳐주는가?

마태복음 21:22 너희가 기도할 때에 무엇이든지 믿고 구하는 것은 다 받으리라 하시니라.

이 구절의 핵심은 믿고 기도하라는 것이다. 즉, 기도의 핵심은 신뢰임을 가르쳐 준다. 하나님을 신뢰하지 않는 자는 기도할 때에 믿음으로 구하지 않는다. 의심하면서, 혹시?, 설마?, 밑져야 본전! 이라는 식의 기도는 하나님께 응답받을 수 없다. 하나님은 기도 자체보다도 기도하기 전 우리의 신뢰를 더 기뻐 받으신다. 그렇기 때문에 "믿고 구하면" 다 받을 수 있다.

(2) 예수님께서 제자들에게 모범으로 가르쳐주신 주기도문은 "하늘에 계신 우리 아버지" (마 6:9)로 시작한다. 이것은 우리에게 무엇을 가르쳐주는가?

두 가지를 가르쳐준다.

첫째, 하나님은 하늘에 계신 만물을 다스리시는 창조주이며 주권자로 높이 계신 분임을 인정한다.

둘째, 그분이 멀리, 초월적으로 계시는 것이 아니라 바로 우리의 아버지 되신다는 놀라운 진리이다. 주기도문은 바로 하나님과 우리의 관계로 시작한다. 우리가 부모님을 신뢰하고 사랑하듯, 하나님은 우리가 하나님을 아버지로 사랑하고 신뢰하기를 기뻐하시고 그것을 가장 원하신다. 기도는 신뢰의 표현이다.

3) 기도는 마음속의 가장 깊은 갈망을 충족시킨다.

(1) 시편의 저자는 무엇을 노래하고 있는가? (시 42:1-2)

시편의 저자는 목마른 사슴이 물을 애타게 찾는 비유로 자신이 하나님을 얼마나 갈급하게 찾고 필요로 하는지를 노래하고 있다. 그는 하나님만이 영원의 필요와 마음의 가장 깊은 곳의 필요를 채우실 수 있는 유일한 분이심을 알았다.

(2) 시편의 저자가 아침에 눈을 뜨자마자 가장 원하는 것은 무엇인가? (시 5:1-3)
나는 아침마다 무엇을 원하며 무엇을 주로 하는가?

시편의 저자는 아침마다('아침에') 주님을 만나기를 간구한다. 본인의 간구를 들어주시기를 간구한다. 본인의 절박한 사정을 들어주실 수 있고 응답해 주실 수 있는 여호와와 가장 먼저 대화하기를 갈망한다.

기도는 우리 영혼의 목마름을 충족시켜 준다. 기도하지 않는 이유는 하나님을 향한 목마름이 없기 때문이다. 우리는 하나님께 필요한 무언가를 얻기 위해서만 기도하는가? 아니면 하나님을 구하는가?

출애굽기 33:12-17에는 이스라엘 백성이 금송아지를 만든 죄를 지은 후, 모세가 하나님의 임재를 간절히 구하는 기도가 나와 있다. 15절에서 모세는 "주께서 친히 가지 아니하시려거든 우리를 이곳에서 올려 보내지 마옵소서."라고 말한다. 하나님께서는 천사를 보내시겠다고 말씀하셨으나 모세는 천사로 만족하지 않았다. 모세는 최선의 것, 즉 하나님과의 동행을 간구했다.

4) 위의 기도의 목적 외에도 또 다른 기도의 목적이 있다.

(1) 다음 성구에 나타난 목적을 적어 보라.

① 마태복음 7:7 자신의 필요를 채워주시도록 하나님께 간청하기 위해서

② 마태복음 9:38 추수할 일꾼들을 보내주시도록

③ 마태복음 26:41 시험에 들지 않도록

④ 요한복음 14:13 하나님께 영광 돌리기 위해서

요한복음 14:13 너희가 내 이름으로 무엇을 구하든지 내가 행하리니 이는 아버지로 하여금 아들로 말미암아 영광을 받으시게 하려 함이라

⑤ 골로새서 4:3 전도할 문을 열어 주셔서 그리스도를 전할 수 있도록

골로새서 4:3 또한 우리를 위하여 기도하되 하나님이 전도할 문을 우리에게 열어 주사 그리스도의 비밀을 말하게 하시기를 구하라 내가 이 일 때문에 매임을 당하였노라

(2) 여기에 나타난 기도의 또 다른 목적들을 크게 두 가지 영역으로 나누어 보라.

첫째 : 우리의 기도를 통해 영원한 일들을 하시기 위해서이다. 하나님의 나라가 확장되고 영혼이 구원을 받으며 천국사역에 참여할 수 있는 기회를 제공해 주시기 위해서이다(②,⑤).

둘째 : 기도를 통해서 하나님의 자녀로서의 특권을 누릴 수 있게 해주신다(①,③,④).

2 사도들은 어떻게 기도를 했는가?

사도행전 4장을 읽으라.

1) 사도들이 당면했던 문제는 무엇이었는가?

그리스도의 부활을 전파한다는 이유로 박해와 위협을 받았다.

2) 사도들은 왜 박해를 없애달라고 기도하지 않았는가?

복음을 전하는 데는 반드시 반대가 있다는 것을 알았고, 개인의 안전과 안락함보다는 복음이 더 중요하다고 생각했기 때문이다. 즉 복음을 전하기 위해서 박해는 피할 수 없는 것이었으므로 박해를 없애달라는 것은 복음을 전하지 않겠다는 것과 같기 때문이다.

3) 오히려 사도들은 무엇을 위해 기도했는가? (29-30절)

위협에도 불구하고 담대함으로 하나님의 말씀을 전하고 병 고침과 표적과 기사를 통해 예수의 이름을 증거하도록 기도했다. 박해를 이겨내고 복음을 전할 수 있도록 기도했다.

기도는 곤경에서 벗어나기 위한 비상구가 아니며, 안락한 삶을 살기 위한 도구도 아니다. 사도들처럼 우리에게 희생이 따를지라도 하나님의 영광을 위해 기도해야 한다.

하나님이 원하시는 기도는 먼저 그의 나라와 의를 구하는 기도이다. 사도행전 4:31은 하나님께서 사도들의 기도를 응답하셔서 그들을 성령 충만케 하심으로 그들이 담대히 하나님의 말씀을 전할 수 있었다고 말한다.

적용

1. 이 과에서 당신에게 가장 의미 있는 것은 무엇인가?

2. 당신이 기도하는 동기와 하나님의 기도의 목적에서 깨달은 것은 무엇인가?

3. 기도노트를 만들고 기도제목과 응답받은 날짜를 기록하라.
(순출판사의 『세상을 담는 기도주머니』 기도노트를 활용해도 좋다.)

날짜	기도 내용	응답 받은 날짜

외울 말씀 **요한복음 14:13**
너희가 내 이름으로 무엇을 구하든지 내가 행하리니 이는 아버지로 하여금 아들로 말미암아 영광을 받으시게 하려 함이라

읽을 말씀 **사도행전 1-2장**

제2과

누구에게 기도하는가?

학 습 목 표 : 기도에 있어서 아버지와 아들과 성령 하나님의 역할이 무엇인지를 배울 수 있다.

히브리서 기자는 "그러므로 우리가 긍휼하심을 받고 때를 따라 돕는 은혜를 얻기 위하여 은혜의 보좌 앞에 담대히 나아갈 것이니라."(히 4:16)고 말하고 있다. 그렇다면 어떻게 우리가 온 우주를 다스리시는 권능의 하나님께 나아갈 수 있는가? 우리가 그분에게 직접 기도할 수 있는가? 아니면 우리가 예수님께 기도하고 그분에게 우리의 필요를 하나님께 알려 달라고 요청해야 하는가? 어떻게 우리가 거룩하신 하나님 앞에 담대하게 나아갈 수 있는가?

아버지와 아들과 성령 하나님은 모든 일에 있어서 완전한 연합과 조화를 통해 역사하시지만 또한 각각 뚜렷한 역할을 하신다. 이 과에서는 삼위일체 하나님께서 어떻게 우리 기도에 관여하시는지, 그리고 왜 각각 개별적이면서도 연합을 통해 그 역할을 수행하시는지를 배우게 될 것이다.

1 우리는 왜 '예수님의 이름으로' 기도하는가?

1) 우리는 기도 끝에 꼭 '예수님의 이름으로 기도합니다'로 마친다.
이렇게 기도를 마치는 이유는 무엇인가? 다음에서 맞는 답을 골라 ○ 표 해보라.

(1) 기도의 능력을 제공하는 주술적인 공식이다. (　　)
(2) 이것을 붙이지 않으면 내 기도는 무효화된다. (　　)
(3) 일종의 형식이지 큰 의미는 없다. (　　)
(4) 오랫동안 내려온 전통이요 습관이므로 꼭 해야 한다. (　　)
(5) 기도가 끝났다는 신호이다. (　　)
(6) 그냥 남들이 하니까 따라한다. (　　)
(7) 위에 답이 없다. (　　)

2) '예수님의 이름으로'의 의미

(1) 다음의 구절들을 찾아 읽고 '예수님의 이름으로'가 의미하는 바를 생각해 보라.

① 요한복음 14:13-14

"내 이름으로"에는 두 가지 뜻이 있다. 첫째는 예수님을 대표로 하여 구하는 것이다. 개인 자신의 권위가 아닌 예수님의 권위로 구하는 것이다. 둘째는 예수님의 뜻대로 구한다는 의미이다.

② 요한복음 15:16

당시에는 제자들이 원하는 선생을 택해서 좇아다녔지만, 예수님은 이와 반대로 제자들을 택했다고 말씀하신다. 예수님이 제자를 택하신 것은 특별한 임무를 맡기기 위함이었고 그 맡기신 임무는 열매를 맺는 것이다. 이를 성취하기 위해서 '예수님의 이름으로' 구하면 들어주신다.

③ 요한복음 16:23-24

이제까지 제자들은 예수님의 이름으로 아무것도 구하지 않았다. 그러나 예수님의 죽음이 임박한 이제부터는 예수님의 이름으로 구하라고 하신다. 이 구절에서 '예수님의 이름으로'는 하나님의 일과 관련된다. 하나님의 일을 이루기 위해 예수님의 이름으로 구할 때 응답을 받을 것이며 그 결과 기쁨이 충만해질 것이다. 하나님의 역사하심을 경험하기 때문이다.

(2) 베드로는 앉은뱅이에게 베드로의 이름이 아닌 "나사렛 예수의 이름으로 일어나 걸으라."(행 3:6)고 명했다. 이것은 무엇을 의미하는가?

그것은 자신의 권세가 아닌 예수님의 권세로 명한 것이다. 즉, 누가 이러한 권세를 주어 이런 역사를 일으키는지를 분명하게 밝힌 것이다. 도대체 너를 누가 보냈어? 라고 묻는다면 베드로는 당당하게 "나사렛 예수"라고 답할 것이다.

(3) 사도바울은 사도행전 16:18에서 어떠한 일을 했는가?

더러운 귀신을 '예수 그리스도의 이름으로' 책망하여 나오게 했다. 자신의 이름이 아닌 '예수 그리스도의 이름으로' 쫓아냈다. 예수님의 권세로 했다.

(4) 위의 구절들을 참고하여 '예수 그리스도의 이름으로'라는 말의 뜻을 네 가지로 정리해 보라. 무엇을 의미하는가?

우리도 가끔 '내 이름을 걸고' 맹세한다고 말한다. 이것은 단지 이름 석자가 아닌, 자신의 명예, 인격, 모든 것을 걸고 맹세함을 의미한다. '예수님의 이름으로' 한다는 것은 네 가지로 정리해 볼 수 있다.

첫째, 나의 권세와 권위가 아닌 예수님의 권세와 권위로 한다는 뜻이다.

둘째, 예수님의 전 인격에 합당한 기도를 한다는 의미이다. (예수님의 인격과 명예를 걸고 기도한다는 의미이다.)

셋째, 하나님을 나타내시고 하나님의 뜻을 성취하시는 예수님의 뜻에 적극 참여함의 믿음의 표현이다. ('예수님의 뜻대로' 기도한다는 의미이다.)

넷째, 예수님께서 하신 사역에 대한 신앙고백이다. (우리가 하나님께 나아올 수 있는 유일한 근거는 예수님의 십자가의 사건이다. 예수님이 아니라면 우리는 하나님께 나올 자격이 없다. 그러므로 우리는 '예수님의 이름으로' 하나님께 기도할 특권을 얻은 것이다.)

이 멋진 신학적, 신앙적 고백의 표현을 형식적으로, 주술적으로, 습관적으로 사용하는 것은 죄에 가깝다. 이 표현을 쓸 때마다 감사와 감격이 있어야 한다.

2 우리는 누구에게 기도해야 하는가?

…어떤 사람들은 "모든 기도가 다 하나님께 드려지는 것이 아닌가?"라고 말한다. 그렇지 않다. 대표 기도이든 개인 기도이든 모든 기도가 하나님께 드려지는 것은 아니다. 기도가 참으로 하나님께 드려지려면 기도할 때 분명하게 의식적으로 하나님ㅈ께 나아가야 한다. 하나님께서 우리를 향하시며 진지하게 듣고 계신다는 것을 분명하고 생생하게 깨달아야 한다. 기도할 때 대부분 하나님을 생각하지 않는다. 우리의 마음이 전능하시고 사랑이 많으신 아버지께 사로잡혀 있지 않다. 우리는 기도하는 대상에 집중하지 않고 온 세상 이곳저곳을 헤매고 다닌다. 우리가 진실로 하나님의 임재 안에 거하고 진실로 그분의 얼굴을 대하여 만나고, 우리가 바라는 것을 진실로 그분에게 구할 때 거기에 능력이 있다.

– R. A. 토레이, 『기도하는 방법』 중에서

1) 성부 하나님

(1) 우리는 누구에게 기도해야 하는가? (마 6:6)

마태복음 6:6 너는 기도할 때에 네 골방에 들어가 문을 닫고 은밀한 중에 계신 네 아버지께 기도하라 은밀한 중에 보시는 네 아버지께서 갚으시리라

하늘에 계신 우리 아버지이신 성부 하나님께 기도한다.

(2) 우리가 기도하는 그분은 어떤 분인가?

① 역대상 29:11-12

역대상 29:11-12 11여호와여 위대하심과 권능과 영광과 승리와 위엄이 다 주께 속하였사오니 천지에 있는 것이 다 주의 것이로소이다 여호와여 주권도 주께 속하였사오니 주는 높으사 만물의 머리이심이니이다 12부와 귀가 주께로 말미암고 또 주는 만물의 주재가 되사 손에 권세와 능력이 있사오니 모든 사람을 크게 하심과 강하게 하심이 주의 손에 있나이다

하나님은 모든 것을 소유하신 분이다(광대하심, 권능, 영광, 이김, 위엄, 주권, 만유의 머리가 되심, 권세와 능력이 하나님께 있음).

② 시편 145:18

시편 145:18 여호와께서는 자기에게 간구하는 모든 자 곧 진실하게 간구하는 모든 자에게 가까이 하시는도다

우리가 기도할 때 가까이 하시며 우리의 기도를 들으시는 분이다.

성부 하나님께 기도 드리는 것이 가장 기본적이며, 구약의 기도뿐 아니라 예수님께서 가르쳐주신 주기도문의 본을 따르는 것이다. 이것은 합당할 뿐만 아니라 당연한 것이다.

2) 성자 하나님

(1) 우리가 성자 예수님께 직접 기도할 수 있다고 생각하는가?

(의견을 나누어 보고 왜 그렇게 생각하는지 성경적 근거도 물어보라.)

(2) 다음의 구절들을 보며 누구에게 무엇을 기도했는지 찾아보라.

① 사도행전 7:59

사도행전 7:59 그들이 돌로 스데반을 치니 스데반이 부르짖어 이르되 주 예수여 내 영혼을 받으시옵소서 하고

스데반은 순교하며 "주 예수여 내 영혼을 받으시옵소서"라고 기도했다.

② 고린도전서 16:22

고린도전서 16:22 만일 누구든지 주를 사랑하지 아니하면 저주를 받을지어다 우리 주여 오시옵소서

바울은 "우리 주여 오시옵소서"라고 기도했다.

③ 고린도후서 12:8

고린도후서 12:8 이것이 내게서 떠나가게 하기 위하여 내가 세 번 주께 간구하였더니

바울은 육체의 가시를 제해 달라고 세 번 주님께 간구했다.

④ 요한계시록 22:20

요한계시록 22:20 이것들을 증언하신 이가 이르시되 내가 진실로 속히 오리라 하시거늘 아멘 주 예수여 오시옵소서

요한은 "아멘 주 예수여 오시옵소서"라고 기도했다.

(위의 구절들은 성경적으로 우리가 얼마든지 성자 예수님께 기도할 수 있음을 보여 준다.)

(3) 우리의 위대한 대제사장이신 예수님은 어떤 분인가? (히 4:14-16)

히브리서 4:14-16 [14]그러므로 우리에게 큰 대제사장이 계시니 승천하신 이 곧 하나님의 아들
예수시라 우리가 믿는 도리를 굳게 잡을지어다 [15]우리에게 있는 대제사장은 우리의 연약함을
동정하지 못하실 이가 아니요 모든 일에 우리와 똑같이 시험을 받으신 이로되 죄는 없으시니
라 [16]그러므로 우리는 긍휼하심을 받고 때를 따라 돕는 은혜를 얻기 위하여 은혜의 보좌 앞에
담대히 나아갈 것이니라

예수님은 우리의 연약함을 아시고 동정하신다. 모든 일에 우리와 똑같이 죄의 유혹과 시험을 받으셨기 때문에 우리의 연약함을 아시고 동정하신다. 그러나 예수님은 죄가 없으시다.

이렇게 위대한 대제사장이신 예수님께 기도하라!

예수님의 이름은 하나님께 모든 것을 의미한다. 하나님은 예수님을 하늘 가장 높은

곳으로 올리셨고 그의 이름을 하늘과 땅에 있는 어떤 이름보다도 높이셨다(빌 2:5-11). 모든 이름 위에 뛰어난 예수님의 이름으로 죄 사함을 받고(행 2:38), 예수님의 이름으로 치유 받는다(행 3:6-16; 4:10, 30). 예수님의 이름으로 기도하는 것은 우리에게 주신 특권 중의 특권이다.

3) 성령님

(1) 성경에서 성령께 기도한 구절은 한 군데도 없다. 그러나 성령께서 우리의 기도를 도와주신다고 말한 구절은 찾아볼 수 있다. 로마서 8:26-27을 읽으라.

> 로마서 8:26-27 [26]이와 같이 성령도 우리의 연약함을 도우시나니 우리는 마땅히 기도할 바를 알지 못하나 오직 성령이 말할 수 없는 탄식으로 우리를 위하여 친히 간구하시느니라 [27]마음을 살피시는 이가 성령의 생각을 아시나니 이는 성령이 하나님의 뜻대로 성도를 위하여 간구하심이니라

'성령이 우리의 연약함을 도우신다'(8:26)는 의미는 성령께서 우리를 대신하여 기도하기 때문에 우리가 기도하지 않아도 된다는 뜻이 아니라 우리와 함께하셔서 우리의 연약한 기도가 효과적인 기도가 되도록 도와주심을 의미한다.
"마음을 살피시는 이"(8:27)는 하나님이시다. 하나님께서 성령의 생각을 아시기 때문에 성령이 우리를 위해 간구하실 때 하나님께서 자연히 우리의 간구를 아신다.

① 왜 성령께서 우리의 기도를 도와주셔야 하는가?

우리는 연약하여 어떻게 기도해야 하는지 모르기 때문이다. 우리는 하나님의 뜻이 아닌 내 육체의 욕심으로 잘못 기도하기도 하고 염려와 낙심으로 기도하지 못하기도 하는 연약한 존재이기 때문이다.

② 성령께서 어떻게 우리의 기도를 도우시는가?

성령님은 우리를 위해 중보하신다. 우리가 어떤 일을 위해 기도할 때 우리가 그 일에 대한 하나님의 뜻을 잘 모르기 때문에 성령께서 하나님의 뜻대로 기도해 주시고 또 우리가 하나님의 뜻대로 기도하도록 도우신다.

③ 왜 하나님께서 성령님의 기도를 들으시는가?

마음을 감찰하시는 하나님은 성령의 생각을 아시는 분이다. 성령께서 하나님의 뜻대로 성도를 위해 간구하시기 때문에 하나님은 성령님의 기도를 들으신다.

(2) 그렇다면, 우리가 성령님께 기도할 수 있는가?

① 성령님께 기도한 성경구절도 없지만, 그것을 금한 성경구절도 없다.

② 성령님도 삼위일체의 한분이시므로 얼마든지 성령님께도 기도할 수 있다.

③ 성령님의 사역에 관계된 영역에서는 얼마든지 성령님께 기도할 수 있다. 성령님은 우리의 기도를 도와주신다. 기도가 어려울 때 성령님께 도움을 구하라.

우리는 성령 안에서 기도해야 한다. 성령 안에서 기도하지 않으면 기도의 능력을 체험할 수 없다. 오직 성령 충만할 때 역동적인 믿음의 기도를 할 수 있다. 성령의 인도함을 받지 않으면 육적이고 이기적이고 무기력한 기도를 할 수밖에 없다.

스펄전(C.H. Spurgeon) 목사는 다음과 같이 말했다. "당신의 모든 염려는 하나님의 귀 외에 다른 곳에는 털어놓을 곳이 없다. 당신이 걱정거리를 친구들에게 털어 놓는다면 잠시 시원하기는 하겠지만, 그 걱정거리는 다시 당신에게로 온다. 기도를 통해 주님께 그 짐을 던져라. 그러면 결코 다시는 떠오를 수 없는 깊은 심연으로 사라지게 될 것이다. 당신의 죄를 던져버린 바로 그곳에 당신의 문제를 던져버리라. 문제가 생기면 30분을 넘기지 말라. 곧 기도로 하나님께 당신의 문제를 아뢰라. 문제가 생기자마자 먼저 해야 할 것은 기도로 하나님 아버지께 곧 아뢰는 것이다."

우리는 소중한 기도의 특권을 맘껏 누려야 한다. 기도는 수많은 것을 성취하며 다른 어떤 방법으로도 이룰 수 없는 것을 이루어낸다.
지속적인 기도는 모든 짐과 걱정거리로부터의 지속적인 해방을 의미한다. 기도를 통해서만 행복한 그리스도인이 될 수 있다.

적용

1. 이 과에서 당신에게 가장 의미 있는 것은 무엇인가?

2. 삼위일체 하나님께 기도하는 것과 다른 종교에서 기도하는 것은 어떤 차이점이 있을까? (참고. 시 115:3-9)

* 기도에 관한 추천도서

박성민, 『기도와 신앙고백의 패러다임』 (서울:순출판사,2003)
김준곤, 『리바이벌:금식기도의 실제적 지침서』 (서울:순출판사,1998)
김석원, 『기도의 신학』 (서울:순출판사,1999)
보넷 브라잇, 『기도로 사는 삶』 (서울:순출판사,1993)

외울 말씀 **빌립보서 4:6-7**

아무 것도 염려하지 말고 다만 모든 일에 기도와 간구로, 너희 구할 것을 감사함으로 하나님께 아뢰라 그리하면 모든 지각에 뛰어난 하나님의 평강이 그리스도 예수 안에서 너희 마음과 생각을 지키시리라

읽을 말씀 **사도행전 3-4장**

제3과

어떻게 기도해야 하는가?

학 습 목 표 : 기도 시간을 더 풍성하게 하기 위한 기도의 방법과 요소들을 배워 당신의 일상적인 기도 시간에 적용할 수 있다.

『천로역정』의 저자 존 번연은 "기도할 때 진심 없는 말보다 말없이 진심으로 기도하는 것이 더 낫다."고 말했다. 하나님께서는 우리의 말보다 우리의 마음에 더 관심을 가지신다.

기도할 때 우리가 따라야 할 간단한 지침이 있다. 단순한 지침을 따르는 것은 유익하지만 형식적이 되지 않도록 하라.

하나님의 말씀은 효과적인 기도를 위해 기도의 내용과 관련하여 몇 가지 기본적인 요소들을 알려 준다. 이 과에서는 일상적인 기도생활에 사용할 수 있는 간단한 지침을 살펴볼 것이다.

기도에 포함된 4가지 요소를 영어의 첫 글자로 연결하여 ACTS라는 말로 쉽게 기억할 수 있다.

* 찬양 – Adoration
* 고백 – Confession
* 감사 – Thanksgiving
* 간구 – Supplication

기도의 요소들인 찬양, 죄 고백, 감사, 간구는 모두 하나님께 영광을 돌리려는 공통의 목적을 갖는다. 단순히 개인의 즐거움만을 위해 기도하고 하나님의 영광을 구하지 않는다면 그것은 헛된 기도일 뿐이다.

1 찬양(Adoration)

찬양은 하나님의 전능하심과 인생 모든 분야의 주권적 통치로 인해 거룩하신 하나님께 영광을 드리는 행동, 곧 뜨거운 헌신과 애정을 바치는 것이다.

1) 왜 우리는 하나님을 찬양해야 하는가?

(1) 요한일서 4:10

> 요한일서 4:10 사랑은 여기 있으니 우리가 하나님을 사랑한 것이 아니요 하나님이 우리를 사랑하사 우리 죄를 속하기 위하여 화목제물로 그 아들을 보내셨음이라

하나님께서 우리를 사랑하셔서 우리의 죄를 대속하기 위해 화목제물로 그의 아들을 보내셨기 때문에

(2) 시편 100:1-5

그는 우리 하나님이시고 우리를 지으신 분이시고 우리는 그의 백성, 그의 기르시는 양이기 때문에

(3) 요한계시록 4:11

요한계시록 4:11 우리 주 하나님이여 영광과 존귀와 권능을 받으시는 것이 합당하오니 주께서 만물을 지으신지라 만물이 주의 뜻대로 있었고 또 지으심을 받았나이다 하더라

만물을 지으신 하나님이시기에 영광과 존귀와 능력을 받으시는 것이 합당하다.

2) 지금 이 시간 찬양받기 합당하신 하나님께 찬양을 드리라. 하나님의 성품, 행하신 일들과 당신 삶의 구체적인 내용을 가지고 하나님을 찬양하라.

2 죄 고백(Confession)

자신의 허물, 특히 죄를 고백한다는 헬라어의 원뜻은 '같은 말을 한다'는 것으로, 자신의 죄에 대해 하나님께 동의한다는 것이다.

1) 하나님과의 교제를 방해하는 것은 무엇인가? (사 59:1-2) 죄

이사야 59:1-2 [1]여호와의 손이 짧아 구원하지 못하심도 아니요 귀가 둔하여 듣지 못하심도 아
니라 [2]오직 너희 죄악이 너희와 너희 하나님 사이를 갈라놓았고 너희 죄가 그의 얼굴을 가리어
서 너희에게서 듣지 않으시게 함이니라.

2) 시편 32:1-7을 읽으라.

(1) 죄를 고백하지 않았을 때 다윗은 어떠했는가? (3, 4절)

하루 종일 신음하고, 뼈가 쇠하고 여름 가뭄에 마름같이 되었다.

「쉬운성경」은 다음과 같이 표현하고 있다.

"내가 죄를 고백하지 않고 입을 다물고 있을 때 뼛속 깊이 사무치는 아픔을 느끼고 온 종일 괴로워 신음하였습니다. 낮이고 밤이고 주께서 손으로 나를 짓누르시니 무더운 여름날 과일의 진액이 빠지듯 탈진하게 되었습니다"(시 32:3, 4).

(2) 죄를 고백했을 때 다윗은 무엇을 경험했는가? (5절)

용서와 구원

3) 시편 51편은 다윗이 하나님과 교제가 끊어진 이후 드렸던 기도이다. 결국 다윗은 하나님께서 그에게 원하시는 것이 무엇이라고 결론 내렸는가? (시 51:6, 16, 17)

진실함, 상한 심령, 통회하는 마음

4) 기억하지 못하거나 인식하지 못한 죄들에 관해서는 어떻게 해야 하는가? (시 19:12)

"나를 숨은 허물에서 벗어나게 하소서"라는 기도를 하면 된다.

또한 성령께 고백해야 할 죄를 생각나게 해 달라고 요청할 수 있다.

5) 지금 현재 당신이 하나님과의 교제가 끊어졌다면 요한일서 1:9의 말씀을 의지하여 죄를 고백하라. 그리고 그분의 용서하심을 받아들여라.

요한일서1:9 만일 우리가 우리 죄를 자백하면 그는 미쁘시고 의로우사 우리 죄를 사하시며 우리를 모든 불의에서 깨끗하게 하실 것이요.

(죄 고백은 날마다 하나님과 우리와의 관계를 회복시킨다.)

죄를 고백할 때 알아야 할 중요한 원칙들이 있다.

(1) 죄를 고백하기 위해 '신령한' 기분을 느낄 필요는 없다. 만일 고백할 죄가 있다는 것을 깨닫게 되면, 깨닫는 순간 즉시 고백하라.

(2) 고백은 솔직해야 하나 그렇다고 자학적인 자기 점검이나 과도한 자기 분석은 아니다.

(3) 고백은 하나님의 용서하심을 기꺼이 받아들이며 잘못된 행동을 바꾸는 것이다. 어떤 사람들은 자신의 죄를 고백한 후에도 하나님께서 모든 불의에서 우리를 깨끗하게 하신다는 사실을 받아들이지 않기 때문에 여전히 죄의식과 자기 연민에 빠져있게 된다.

3 감사(Thanksgiving)

1) 골로새서 4:2은 기도에 대해 무엇을 가르치는가?

골로새서 4:2 기도를 계속하고 기도에 감사함으로 깨어 있으라

사도바울은 성숙한 기도생활을 했으며 이것을 다른 성도들에게 가르쳤다. 첫째는 계속적으로 기도생활을 하라는 것이다. 기도는 영적 사치가 아닌 우리의 영적 성장을

위한 필수적인 것이다. 숨을 쉬지 않으면 죽듯이 기도하지 않으면 영적 성장은 일어나지 않는다. 둘째, '깨어 있으라'는 것은 기도생활을 할 때 세상적인 것에 관심을 기울임으로 영적으로 둔감해 지는 것을 주의하라는 것이다. 셋째, 그렇게 주의하는 중요한 방법이 '감사함으로' 하는 것이다. 감사는 하나님 앞에서 올바른 태도이며, 세상의 욕심을 부리지 않도록 우리의 방향을 잡아준다. 기도할 때 늘 감사가 수반되어야 함을 기억하라.

2) 모든 상황에서 하나님께 대한 당신의 믿음과 신뢰를 나타내는 최선의 방법은 무엇인가? (빌 4:6)

빌립보서 4:6 아무것도 염려하지 말고 다만 모든 일에 기도와 간구로, 너희 구할 것을 감사함으로 하나님께 아뢰라

아무것도 염려하지 말고 모든 일에 기도와 간구로 구할 것을 감사함으로 하나님께 아뢰는 것이다.

3) 어려운 상황에 닥쳤을 때는 어떻게 해야 하는가? (롬 5:3-4)

로마서 5:3-4 3다만 이뿐 아니라 우리가 환난 중에도 즐거워하나니 4이는 환난은 인내를, 인내는 연단을, 연단은 소망을 이루는 줄 앎이로다

환난은 인내를, 인내는 연단을, 연단을 소망을 이루기 때문에 우리는 여전히 즐거워해야 한다(참고. 약 1:2-4).

4) 왜 그렇게 해야 하는가? (롬 8:28)

모든 것이 합력하여 선을 이루기 때문이다.

감사는 하나님께 감사와 고마움을 표현하는 기도이다. 십계명을 범하는 것이 죄이듯 모든 일에 감사하지 않는 것 또한 죄이다. 욥은 그의 재물과 가족을 다 잃어버린 이후에도 "여호와의 이름이 찬송을 받으실지니이다."(욥 1:21)라고 하나님을 경배했다. 만약 욥과 같은 상황을 당한다면 당신은 어떠한 태도를 취하겠는가? 하나님의 성령으로 충만하고 그분이 모든 것을 주관하신다는 사실을 안다면 찬송과 감사를 드릴 수 있다.

5) 당신이 지금 고민하고 있는 문제, 실망스러운 일, 골칫거리 또는 어려운 일을 적어 보라. 이 모든 일에 대해 하나님께 감사하라. 감사는 하나님을 향한 당신의 믿음의 표현이다.

4 간구(Supplication)

1) 중보기도(intercession, 자신이 아닌 다른 사람을 위한 기도를 중보기도라고 한다.)

(1) 중보기도의 모범은 골로새서 1:3-5, 9-12에서 볼 수 있다. 바울은 골로새 그리스도인들을 위해 어떻게 기도했는가?

3-5절 : 바울은 골로새 성도들의 믿음과 모든 성도에 대한 사랑과 소망으로 인해 하나님께 감사했다.

9절 : 하나님께서 공급해 주시는 모든 영적인 지혜와 깨달음을 통하여 골로새 성도들이 하나님의 뜻을 아는 지식으로 가득 채워지기를 기도했다.

10절 : 골로새 성도들이 주님께 합당한 생활을 함으로써 모든 면에서 주님을 기쁘시게 하고, 모든 선한 일에 풍성한 열매를 맺으며, 하나님을 아는 지식이 날로 자라나게 되기를 기도했다.

11절 : 또한 하나님의 영광의 권능으로부터 비롯되는 모든 능력으로 골로새 성도가 더욱 강하게 되어 기쁨으로 모든 일을 끝까지 참고 견디기를 바라고 기도했다.

12절 : 그래서 빛의 나라에 속한 성도들이 받을 상속자의 자격을 주신 하나님 아버지께 감사하게 되기를 기도했다.

우리가 다른 사람들에게 줄 수 있는 가장 큰 선물은 그리스도를 전하는 것이다. 전도 대상자를 위해 충분히 기도한 후 복음을 전하는 것이 하나님께서 정하신 순서이다. 이런 순서를 따르면 좋은 결과를 얻게 될 것이다. 기도는 진실로 사람들을 그리스도께로 인도하는 방법이다. 복음을 전하는 것은 단지 기도의 열매를 거두는 것일 뿐이다.

(2) 당신 주변에 있는 그리스도인들과 비그리스도인들을 위한 기도제목을 적어 보라.

2) 기원 (Petition)

(1) 하나님께서 우리의 기도에 응답해 주실 것을 기대할 수 있는 이유는 무엇인가? (마 7:9-11; 롬 8:32)

마태복음 7:9-11 [9]너희 중에 누가 아들이 떡을 달라 하는데 돌을 주며 [10]생선을 달라 하는데 뱀을 줄 사람이 있겠느냐 [11]너희가 악한 자라도 좋은 것으로 자식에게 줄 줄 알거든 하물며 하늘에 계신 너희 아버지께서 구하는 자에게 좋은 것으로 주시지 않겠느냐

로마서 8:32 자기 아들을 아끼지 아니하시고 우리 모든 사람을 위하여 내주신 이가 어찌 그 아들과 함께 모든 것을 우리에게 주시지 아니하겠느냐

하나님께서 우리를 매우 사랑하시고 우리에게 좋은 선물들을 주시기 때문이다.

(2) 기도할 때 믿음은 어떤 역할을 하는가? (막 11:24)

마가복음 11:24 그러므로 내가 너희에게 말하노니 무엇이든지 기도하고 구하는 것은 받은 줄로 믿으라 그리하면 너희에게 그대로 되리라

믿음으로 기도할 때 구한 것을 얻을 수 있다.

"받은 줄로 믿으라."는 의미는 우리가 구한 것을 하나님께서 들으셨다는 확신을 갖는 것을 말한다. 우리가 무엇을 구하고 기도할 때는 하나님께서 확실히 응답해 주실 것을 믿고 조용히 응답을 기다리는 것이 올바른 자세이다.

(3) 믿음은 응답받는 기도의 필수 요소이다. 이 외에 또 무엇이 필요한가? (요일 5:14-15; 마 26:39)

요한일서 5:14-15 [14]그를 향하여 우리가 가진 바 담대함이 이것이니 그의 뜻대로 무엇을 구하
면 들으심이라 [15]우리가 무엇이든지 구하는 바를 들으시는 줄을 안즉 우리가 그에게 구한 그
것을 얻은 줄을 또한 아느니라

마태복음 26:39 조금 나아가사 얼굴을 땅에 대시고 엎드려 기도하여 이르시되 내 아버지여 만일 할 만하시거든 이 잔을 내게서 지나가게 하옵소서 그러나 나의 원대로 마시옵고 아버지의 원대로 하옵소서 하시고

하나님 뜻대로 구해야 한다.

(4) 어떤 기도는 왜 하나님께서 응답하지 않으시는가? (약 1:6-8; 4:3)

야고보서 1:6-8 [6]오직 믿음으로 구하고 조금도 의심하지 말라 의심하는 자는 마치 바람에 밀
려 요동하는 바다 물결 같으니 [7]이런 사람은 무엇이든지 주께 얻기를 생각하지 말라 [8]두 마음
을 품어 모든 일에 정함이 없는 자로다

야고보서 4:3 구하여도 받지 못함은 정욕으로 쓰려고 잘못 구하기 때문이라

① 믿지 않고 의심하기 때문이다(약 1:6-8).

② 우리 자신의 유익을 위해 올바르지 않은 동기로 구하기 때문이다(약 4:3).

(5) 응답받지 못한 기도에 대해서 성경은 어떻게 가르치는가? (고후 12:7-10)

고린도후서 12:7-10 [7]여러 계시를 받은 것이 지극히 크므로 너무 자만하지 않게 하시려고 내
육체에 가시 곧 사탄의 사자를 주셨으니 이는 나를 쳐서 너무 자만하지 않게 하려 하심이라 [8]
이것이 내게서 떠나가게 하기 위하여 내가 세 번 주께 간구하였더니 [9]나에게 이르시기를 내 은
혜가 네게 족하도다 이는 내 능력이 약한 데서 온전하여짐이라 하신지라 그러므로 도리어 크게 기뻐함으로 나의 여러 약한 것들에 대하여 자랑하리니 이는 그리스도의 능력이 내게 머물
게 하려 함이라 [10]그러므로 내가 그리스도를 위하여 약한 것들과 능욕과 궁핍과 박해와 곤고를
기뻐하노니 이는 내가 약한 그때에 강함이라

하나님께서는 항상 우리가 구하는 대로 응답하시는 것이 아니라 우리에게 가장 알맞은 것으로 우리의 기도에 응답하신다. 때로는 내가 약할 때에 그리스도의 힘이 더 드러나며 그것을 통해 내가 영적으로 더 강해질 수 있다. 그러므로 하나님을 무조건 신뢰하는 것이 중요하다.

3) 서로의 기도제목을 나누고 서로를 위해 중보기도하라.

태평양을 횡단하는 방법이 세 가지 있다.
첫째는 헤엄쳐서 가는 것이다. 이는 전적으로 자신의 힘을 의지하여 가는 것으로, 이 방법으로는 얼마 못가 물에 빠져 죽고 말 것이다.
둘째는 통나무배와 같은 것을 타고 노를 저어 가는 것이다. 이 방법 역시 어느 정도 자신의 힘에 의존하여 가는 것이며, 이 경우에도 강풍을 만나면 얼마 가지 못하고 배는 뒤집힐 것이다.
마지막으로 대형 여객선을 이용하는 것이다. 이 경우에는 당신 스스로 해야 할 일이 없기 때문에 모든 것을 선장과 여객선에 완전히 맡기면 된다. 이 여객선은 폭풍이나 파도에도 당신이 안전하게 여행하도록 보장해 준다.
그리스도 안에 거함도 이와 마찬가지이다. 자기 자신이 아닌 성령의 힘과 능력에 의지하여 모든 것을 성령께서 인도하시게 맡기는 것이다. 작은 부분이라도 자신을 의지해서는 안 된다. 힘만 들 뿐 결과가 보장되지 않는다.

적용

1. 이 과에서 당신에게 가장 의미 있는 것은 무엇인가?

2. 당신이 1과 마지막 부분에서 적었던 기도목록에 새로운 기도제목을 첨가하라.

3. 매일 홀로 하나님께 드리는 기도 시간에 이 기도지침(ACTS)을 활용하라. 며칠이 지난 후에 당신의 기도제목이 어떻게 바뀌었는지 기록해 보라.

외울 말씀 **시편 32:6**
이로 말미암아 모든 경건한 자는 주를 만날 기회를 얻어서 주께 기도할 지라 진실로 홍수가 범람할지라도 그에게 미치지 못하리이다

읽을 말씀 **사도행전 5-6장**

제4과

기도의 능력을 경험하라!

학 습 목 표 : 믿음으로 기도의 능력을 경험하는 법을 배울 수 있다.

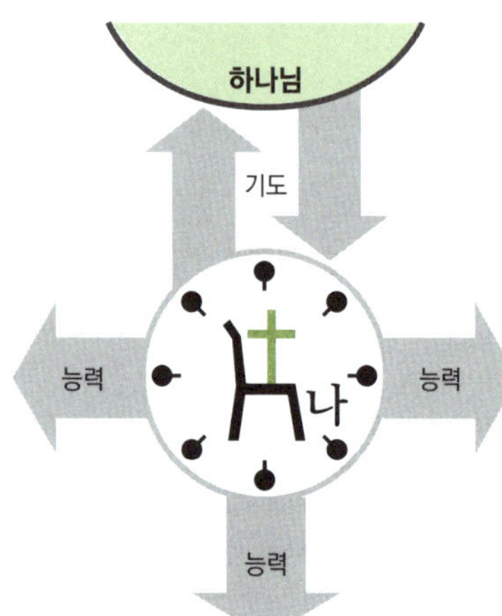

조나단 고포드(Jonathan Goforth)는 기도의 능력을 경험한 사람이었다. 기도하는 중에 하나님의 뜻이라는 확신을 갖게 되면 그는 그 일이 성취될 때까지 능력을 얻기 위해 계속해서 기도했다.

많은 위대한 일들이 이 능력 있는 기도의 사람을 통해 성취되었다. 이 과의 목적은 당신이 기도의 능력을 경험하게 하여 보다 효과적이고 만족스러운 기도를 하게 하는 데 있다.

중국 만주 부흥운동의 주역 조나단 고포드는 1859년 캐나다 온타리오 주의 서부에 있는 작은 마을에서 태어나 18세에 회심하였고 1887년 토론토의 녹스(Knox)대학 학생으로서 D.L. 무디가 이끈 대학 복음화 운동의 영향을 받았다. 고포드는 중국에서의 선교활동을 기록한 허드슨 테일러의 책을 읽고 감동을 받아 그의 아내 로잘린드와 중국에서 하나님을 섬기는 일에 삶을 헌신했다. 처음에 고포드는 후난성에서의 효과적 사역을 위한 조언을 듣고자 테일러에게 서신을 보냈다. 테일러는 자신이 조직한 '중국내지선교회(CIM: China Inland Mission)'가 후난성 사역에 실패한 적이 있어서 그 일이 쉽지 않으리라는 것을 알았기 때문에 그 젊은 선교사에게 "무릎으로 전진하라"는 답장을 보내왔다. 고포드는 19세기 말과 20세기 초에 중국에서 사역한 선교사 중에 가장 탁월한 전도자 중의 한 사람이었으며 헌신된 하나님의 일꾼이었다.

1 응답 받는 기도의 능력

1) 사도행전 12:5-18을 읽으라.

(1) 베드로가 옥에 갇혔을 때 믿는 형제들은 어떻게 반응하였는가? (5절)

그들은 베드로를 위해 기도했다.

(2) 그들의 기도에 대해 하나님께서 어떻게 응답하셨는가? (6-11절)

베드로가 기적적으로 풀려났다.

(3) 하나님의 응답에 대해 그들은 어떤 반응을 보였는가? (13-16절)

그들은 하나님의 응답을 믿지 않았으며 베드로를 보고 놀랐다.

(4) 하나님께서 당신의 기도에 응답하시는 것을 경험한다면 기도에 대한 당신의 태도가 어떻게 변하겠는가?

2) 능력 있는 기도를 하기 위해 하나님께서 요구하시는 것은 무엇인가?

(1) 히브리서 11:1, 6

히브리서 11:1, 6 1믿음은 바라는 것들의 실상이요 보이지 않는 것들의 증거니 6믿음이 없이는 하나님을 기쁘시게 하지 못하나니 하나님께 나아가는 자는 반드시 그가 계신 것과 또한 그가 자기를 찾는 자들에게 상주시는 이심을 믿어야 할지니라

믿음

(2) 로마서 12:1-2

로마서 12:1-2 1그러므로 형제들아 내가 하나님의 모든 자비하심으로 너희를 권하노니 너희 몸을 하나님이 기뻐하시는 거룩한 산 제물로 드리라 이는 너희가 드릴 영적 예배니라 2너희는 이 세대를 본받지 말고 오직 마음을 새롭게 함으로 변화를 받아 하나님의 선하시고 기뻐하시고 온전하신 뜻이 무엇인지 분별하도록 하라

우리 몸을 거룩한 산 제물로 드리는 것. 구약시대의 동물을 죽여 드리는 제사와 달리 자신을 산 제물로 드린다는 것은 하나님께 자신의 삶 전체를 다 드린다는 의미이다.

(3) 마가복음 11:25

마가복음 11:25 서서 기도할 때에 아무에게나 혐의가 있거든 용서하라 그리하여야 하늘에 계신 너희 아버지께서도 너희 허물을 사하여 주시리라 하시니라

용서의 태도를 가져야 한다. 기도할 때, 남의 혐의(예: 죄, 불법행위)를 먼저 용서하라고 말씀하신다. 다른 사람을 용서할 때 우리도 하나님의 용서를 경험할 수 있다. 하나님께서는 우리가 다른 사람들을 용서할 때까지 우리와 거리를 두고 기다리신다. 응답받는 기도를 경험하려면 용서는 필수이다. (서서 기도하는 것은 유대인들의 평범한 기도의 자세이다.)

(4) 요한일서 3:22

요한일서 3:22 무엇이든지 구하는 바를 그에게서 받나니 이는 우리가 그의 계명을 지키고 그 앞에서 기뻐하시는 것을 행함이라

그의 계명, 곧 하나님의 말씀을 지키는 것이다.

토레이(R. A. Torrey)박사는 자신에게 찾아와 이제는 더 이상 성경을 믿지 않는다고 말했던 한 여자에 대한 이야기를 했다.
그가 이유를 묻자 그 여자가 대답하기를, "저는 성경의 약속들을 시행해 보았으나 그것들은 사실이 아니더군요! 성경은 '무엇이든지 믿고 구하면 모두 받으리라.'고 말하고 있습니다. 그래서 저는 기도하여 모든 것을 얻고자 했지만 얻지 못했습니다. 그 약속은 신빙성이 없더군요."라고 말했다. 그러자 토레이 박사는 요한일서 3:22의 "무엇이든지 구하는 바를 그에게 받나니 이는 우리가 그의 계명들을 지키고

그 앞에서 기뻐하시는 것을 행함이라."라는 말씀을 그녀에게 펼쳐 주었다. 그리고 나서 그는 "당신은 그분의 계명을 지키고 있습니까? 그를 기쁘시게 하는 것들을 행하고 있습니까?"라고 물었다. 그녀는 그렇지 않다고 고백했다. 성경의 약속이 아니라 불순종하는 그녀의 삶이 문제였던 것이다.

(5) 에베소서 5:18

에베소서 5:18 술 취하지 말라 이는 방탕한 것이니 오직 성령으로 충만함을 받으라

성령 충만함

2 응답 받는 기도의 조건

1) 응답받는 기도의 조건은 무엇인가? (요일 5:14-15)

요한일서 5:14-15 14그를 향하여 우리가 가진 바 담대함이 이것이니 그의 뜻대로 무엇을 구하
면 들으심이라 15우리가 무엇이든지 구하는 바를 들으시는 줄을 안즉 우리가 그에게 구한 그
것을 얻은 줄을 또한 아느니라

하나님의 뜻대로 구해야 한다.

우리의 기도가 하나님의 영광과 그분의 뜻을 따른 것인지, 아니면 이기적인 욕망을 만족시키기 위한 것인지 신중하게 생각해 보라.

"너희가 얻지 못함은 구하지 아니하기 때문이요 구하여도 받지 못함은 정욕으로 쓰려고 잘못 구하기 때문이라"(약 4:2하, 3).

(1) 하나님의 뜻은 어떻게 알 수 있는가? (요 15:7)

요한복음 15:7 너희가 내 안에 거하고 내 말이 너희 안에 거하면 무엇이든지 원하는 대로 구하라 그리하면 이루리라

요한복음 15:7은 효과적인 기도의 조건을 말해 준다. "너희가 내 안에 거하고 내 말이 너희 안에 거하면 무엇이든지 원하는 대로 구하라 그리하면 이루리라." 예수님 안에 거한다는 것은 말씀 안에 거한다는 뜻이다. 우리는 기도할 때 말씀을 통해 하나님의 뜻을 알 수 있다.

그렇기 때문에 성경암송과 성경읽기를 꾸준히 해야만 기도의 지혜와 능력이 더해질 수 있다. 성경의 약속과 명령들을 더 많이 그리고 깊이 알아야 한다. 신앙이 어린 신자들은 아직 말씀을 많이 모르기 때문에 성경공부에 참여하고 성숙한 그리스도인의 인도를 잘 받고 조언을 얻어야 한다.

만일 우리가 하나님의 뜻에 맞지 않는 기도를 했을 때 하나님이 응답하신다면, 과연 하나님께서는 우리를 위해 최선의 길로 행하신다고 할 수 있겠는가? 부엌에서 놀던 아이가 번쩍이는 칼을 보고 그것을 가지고 놀고 싶다고 할 때, 그것이 얼마나 위험한 것인지를 아는 어머니가 아이에게 그 칼을 주겠는가? 마찬가지로 우리가 매우 갖고 싶어 하는 것이라도 그것이 우리의 삶을 불행하게 하고 영적 건강을 해친다면, 하나님은 당연히 그것을 주시지 않을 것이다. 하나님의 뜻이 아니기 때문이다.
그렇다면 하나님의 뜻을 어떻게 알 수 있는가? 그분의 말씀을 통해 알 수 있다. 말씀 속에 신앙생활의 모든 일반적인 원칙들이 들어있다. 종종 우리는 하나님의 말

씀을 알지 못하기 때문에 하나님의 뜻대로 기도하지 못한다.
요한복음 16:13에서는 "진리의 성령이 오시면 그가 너희를 모든 진리 가운데로 인도하시리니"라고 말씀하신다. 만일 우리가 전적으로 그리스도를 신뢰한다면 성령께서 우리의 기도를 인도해 주실 것이다. 우리가 하나님과 항상 동행하며 충분한 기도 시간을 보낼 때, 우리는 생활 속에서 성령님의 인도를 받을 수 있다.

(2) 하나님의 뜻을 성경에서 뚜렷이 알 수 없는 경우에는 당신은 어떻게 하는가?

서로 토론해 보라. 우리 삶에는 이런 경우가 너무나 많다. 이 회사를 들어가야 하는지, 이 집으로 이사를 가야 하는지, 무엇을 전공해야 하는지, 이 사람과 동업을 맺어야 하는지 등.

몇 가지 알아야 할 원리가 있다.

1. 모호하게 보이는 경우라도 잘 생각해 보면 여전히 말씀에서 답을 찾을 수 있는 경우가 많이 있다.
(예를 들면, 어떤 회사가 주일에도 늘 일하도록 요구한다면, 다시 고려해 볼 필요가 있다. 동업자가 믿지 않는 사람이거나, 평판이 안 좋을 경우에도 다시 생각해 보아야 한다. 말씀의 원리에 어긋날 때 피하는 것이 좋다. 더 많은 성경구절을 찾아보도록 노력하라.)

2. 동기를 잘 살펴보라.
동기가 중요하다. 나의 동기가 성경적인가를 분별해야 한다. 나의 기도가 하나님의 영광과 그분의 뜻을 따른 것인지 아니면 이기적인 욕망을 만족시키기 위한 것인지 신중하게 고려함으로 알 수 있다.
"너희가 얻지 못함은 구하지 아니하기 때문이요 구하여도 얻지 못함은 정욕으로 쓰려고 잘못 구하기 때문이라."(약 4:3)

3. "하나님의 거룩한 뜻대로 인도해 달라"고 하나님께 맡기는 믿음의 기도를 하라. 좀 더 잘 알 수 있도록 그리고 최선의 선택을 할 수 있도록 요청하는 기도를 하라.

4. 잠잠히 하나님께서 응답하실 때까지 기다리라. (시편 38:15 여호와여 내가 주를 바랐사오니[기다린다는 뜻] 내 주 하나님이 내게 응답하시리이다.)

이런 과정을 거치는 동안 문제가 분명해지는 경우가 많이 있다. 하나님께서 내 마음을 바꾸시기도 하고, 상황을 변화시키시기도 하며, 새로운 통찰력을 주시기도 한다. 판단할 수 있는 지혜와 확신도 주신다. 그러므로 상황이 아무리 모호한 경우일지라도 염려하지 말고 천천히 이런 과정을 거치면서 하나님께 기도함으로 상황을 돌파하라.

2) 한 사람이 기도하는 것에 비해 여러 사람이 함께 기도하는 것이 어떤 효과가 있는가? (마 18:19)

> 마태복음 18:19 진실로 다시 너희에게 이르노니 너희 중의 두 사람이 땅에서 합심하여 무엇이든지 구하면 하늘에 계신 내 아버지께서 그들을 위하여 이루게 하시리라

기도의 능력이 더해진다. 기도하는 사람들이 더 확신과 믿음을 가지고 능력 있게 기도하게 된다. 하나님의 뜻에서 벗어나는 것을 방지해 준다.

하나님께서는 개인의 기도뿐 아니라 여러 사람이 함께 기도하는 것을 원하신다. 바울은 사람들에게 자신을 위해 기도해 주길 요청했다(엡 6:18-19).
많은 사람이 함께 기도할 때 하나님과의 친밀한 교제뿐만 아니라 함께 기도하는 사람들 서로 간에도 깊은 친밀감을 갖게 된다. 기도의 동역자를 만들고 기도의 짐을 서로 나누어 보라. 직장, 동료, 학교, 가족 등 함께 생활하는 그리스도인들은 모여서 함께 기도해야 한다. 합심기도는 큰 힘이 있다.

3 끈질긴 기도

조지 뮬러(George Muller)는 평생 동안 5만 번 이상 기도의 응답을 받았다. 그는 60년 이상 두 사람을 위해 매일 기도했다. 그 중 한 사람은 뮬러가 세상을 떠나기 직전에 회심하였고, 다른 한 사람은 뮬러가 죽은 후 약 1년 만에 회심하였다. 뮬러가 경험한 것처럼 우리는 항상 기도의 응답을 볼 수 있는 것은 아니다. 우리는 그 결과를 하나님께 맡겨야 한다. 오늘날 우리에게 필요한 일 중 하나는 어떤 일을 위해 기도를 시작할 뿐만 아니라 그것이 응답될 때까지 계속 꾸준히 기도하는 것이다.

참고 : 죠지 뮬러는 1805년 독일에서 태어나 20세에 친구의 초청으로 한 모임에 참여하여 예수님을 영접했다. 그후 뮬러는 할레 대학에서 공부하여 문서 선교 활동을 펼쳤다.

1835년에 영국에 선교사로 가서 브리스톨의 애슐리 다운에서 고아원을 세워 2천 명이 넘는 고아들을 기도로 양육하며 평생을 헌신했다. 그는 시편 68:5에 기록된 "하나님은 고아의 아버지"라는 말씀에 큰 감동을 받고 고아원 사역을 하게 되었다. 그는 수많은 고아들을 먹여 살리는 데 정부의 힘을 빌린 적도, 돈이 많은 부자들에게 손을 내민 일도 없었다. 단지 시편의 말씀을 붙잡고 하나님만 믿고 기도하여 그 응답을 통해서만 고아들을 먹이며 양육했다.

2천 명이 넘는 고아들을 매일 세 끼씩 먹여야 하는 부담이 있었지만 뮬러가 기도할 때마다 하나님이 필요한 것들을 다 채워주셔서 고아들을 굶기지 않고 매일 양식을 공급해 줄 수 있었다. 뮬러는 죽을 때까지 15만여 명의 고아들에게 하나님의 사랑을 확인해 주었고, 그 영향이 엄청나 오늘날 전 세계의 사람들이 그를 "고아의 아버지"라고 부르고 있다.

고아원 뿐 아니라 "성경연구원(Scriptural Knowledge Institution)"을 만들어 성경 보급과 복음 책자를 통해서 선교 활동에 힘썼으며, 여러 교회와 신학교를 지원하고 선교사들도 지원하였다.

1) 엘리야는 끈질긴 기도를 통해 무엇을 성취했는가? (약 5:17-18; 왕상 18:41-46)

야고보서 5:17-18 [17]엘리야는 우리와 성정이 같은 사람이로되 그가 비가 오지 않기를 간절히 기도한즉 삼 년 육 개월 동안 땅에 비가 오지 아니하고 [18]다시 기도하니 하늘이 비를 주고 땅이 열매를 맺었느니라

비가 오지 않도록 기도하자 3년 6개월 동안 비가 오지 않았고 비가 오게 해달라고 기도하자 비가 왔다.

2) 하나님이 우리의 끈질긴 기도를 귀하게 보시는 이유는 무엇인가? (눅 18:1-8)

끈질긴 기도는 곧 믿음의 표현이기 때문이다. 이것은 또한 하나님과의 지속적인 관계를 나타낸다.

'인자가 올 때에 세상에서 믿음을 보겠느냐'는 것은 예수님께서 오실 때에 '세상에 아직 믿음이 있겠느냐'는 질문이다. 이 질문은 그들에게 계속 믿음을 가지고 기도할 것을 요청하신 것이다.

감정은 끈질긴 기도, 믿음의 기도를 방해할 수도 있다.
많은 그리스도인들이 믿음이 없어서 기도가 응답되는 것을 끈기 있게 기다리지 못하는 경우를 종종 본다. 그들은 즉시 결과를 보기 원한다. 그러나 성령의 열매 중에 인내가 있다. 하나님께서 수십 년 후에 우리의 기도에 응답하신다고 해도 불평하지 않아야 한다. 인내하며 기다리는 것을 통해서 하나님은 우리의 믿음이 자라고 우리의 성품이 다듬어지도록 역사하신다.

3) 열왕기상 18장의 엘리야와 누가복음 18장의 과부의 예는 당신이 기도할 때 어떤 도움을 주는가?

4) 끈질긴 기도의 응답으로 하나님께서 당신이나 당신이 알고 있는 어떤 사람을 위해 행하셨던 일을 나누어 보라.

적용

1. 이 과에서 당신에게 가장 의미 있는 것은 무엇인가?

2. 응답받는 기도의 조건에 비추어 당신의 기도생활을 점검해 보라.

3. 당신이 끈질기게 기도하려는 기도제목을 한 가지 적으라.

외울 말씀 **야고보서 5:16**
그러므로 너희 죄를 서로 고백하며 병이 낫기를 위하여 서로 기도하라
의인의 간구는 역사하는 힘이 큼이니라

읽을 말씀 **사도행전 7-8장**

제5과

하나님의 약속을 붙잡아라!

학 습 목 표 : 기도에 대한 하나님의 약속을 알고 주장할 수 있다.

성경에는 대략 5,000가지 이상의 개인적인 약속들이 있다. 그러나 많은 그리스도인들이 이 약속들을 믿음으로 주장하지 않기 때문에 그들에게는 별 의미가 없거나 유익이 없다. 믿음은 곧 행동을 의미한다. 예를 들면, 창고에 아무리 많은 시멘트가 있을지라도 물과 모래와 자갈을 함께 섞지 않는다면 콘크리트가 될 수 없다. 마찬가지로 하나님의 약속도 우리의 믿음과 행동이 없다면 구체화되지 않을 것이다. 우리가 하나님의 약속들을 믿고 믿음으로 행하면 그것들은 틀림없이 당신의 것이 될 것이다.

이 과에서 당신은 여러 가지 응답 받는 기도의 조건과 하나님의 약속 그리고 하나님의 공급하심에 대해서 배우게 될 것이다.

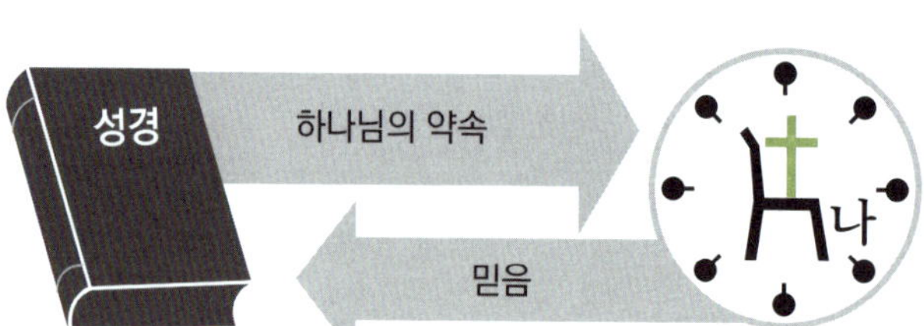

1 기도에 관한 하나님의 약속

다음 성경 구절을 찾아보고 기도 응답의 조건과 하나님의 약속을 적어 보라.

1) 예레미야 33:3

(1) 조건 : 하나님께 부르짖으라.

(2) 약속 : 하나님께서 응답하시고 우리가 알지 못하는 크고 은밀한 일을 보이신다.

하나님께서 이 약속을 하실 때 예레미야는 유다의 마지막 왕인 시드기야의 명령으로 시위대 뜰에 갇혀 있었다. 이스라엘은 이미 하나님에게서 멀리 떠나 딴 길을 걷고 있었다. 그들은 우상 숭배에 빠졌고, 결국에는 바벨론의 포로가 되는 하나님의 무서운 심판이 그들을 기다리고 있었다. 하나님께서는 선지자 예레미야에게(예레미야 33장 이후) 하나님이 우상 숭배에 빠진 민족을 완전히 개조시키고 변화시키실 날이 올 것을 말씀해 주신다. 이 얼마나 놀라운 계시인가? 하나님의 선지자인 그의 가슴에 얼마나 큰 격려가 되었겠는가?

때때로 우리는 주변의 상황에 얽매어 하늘의 소망을 잃을 수도 있다. 그러나 우리는 비관적인 상황과 자신에게서 눈을 돌려야 한다. 하나님과 우리의 개인적인 관계를 돌아보며 하나님께서 우리를 위해 '크고 비밀한 것'을 가지고 계심을 바라보아야 한다.

2) 베드로전서 3:11-12

(1) 조건 : 악을 버리고 선한 일을 행하며 화평을 추구하라고 권면한다. 말과 행실에서 선을 행하는 자가 되어야 한다.

(2) 약속 : 하나님은 의인과 악인의 행위를 다 보고 계시며, 의인의 간구(기도)에 귀를 기울이신다.

3) 요한일서 3:22-23

(1) 조건 : 우리가 하나님의 계명을 지키고 하나님이 기뻐하시는 것을 행하는 것이 기도의 필수조건이다. 하나님의 계명은 예수 그리스도를 믿고 서로 사랑하는 것이다.

(2) 약속 : 그렇게 할 때 무엇을 구하든지 응답해 주시는 기도를 할 수 있다.

4) 요한복음 14:14

(1) 조건 : 예수님의 이름으로 구하라.

(2) 약속 : 하나님께서 행하실 것이다.

그리스도의 이름으로 구한다는 의미는 무엇인가? 이는 기도문 끝에 '예수님의 이름으로'라고 기도하는 이상의 의미가 있다. 그리스도의 이름으로 구한다는 것은 그리스도께서 우리에게 주시는 권위에 근거하여 구한다는 뜻이다. 우리는 하나님의 영광을 위해 그리스도의 권위를 의지해 기도해야 한다. "아버지로 하여금 아들을 인하여 영광을 받으시게 하려 함이라"(요 14:13하).

2 기도를 통한 하나님의 공급하심

다음 성경 구절에서 각 필요에 따른 하나님의 약속을 적어 보라.

1) 물질적인 필요

(1) 빌립보서 4:19

빌립보서 4:19 나의 하나님이 그리스도 예수 안에서 영광 가운데 그 풍성한 대로 너희 모든 쓸 것을 채우시리라

하나님께서 우리의 필요를 채우실 것이다.

(2) 시편 84:11

시편 84:11 여호와 하나님은 해요 방패이시라 여호와께서 은혜와 영화를 주시며 정직하게 행하는 자에게 좋은 것을 아끼지 아니하실 것임이니이다

하나님께서는 좋은 것을 아끼지 아니하신다.

하나님께서는 당신의 욕구가 아니라 당신의 모든 쓸 것을 채우시겠다고 약속하신다. 만약 당신에게 수십억의 재산을 가진 후원자가 있다면 내일의 양식을 염려하겠는가? 주님의 재산은 수십억보다 훨씬 많다. 주님께서 기꺼이 채워 주시려고 하시기 때문에 우리는 아무런 염려도 할 필요가 없다.

2) 인도하심

(1) 잠언 3:5-6

잠언 3:5-6 5너는 마음을 다하여 여호와를 신뢰하고 네 명철을 의지하지 말라 6너는 범사에 그를 인정하라 그리하면 네 길을 지도하시리라

하나님께서 우리의 길을 지도하실 것이다.

(2) 시편 32:8

시편 32:8 내가 네 갈 길을 가르쳐 보이고 너를 주목하여 훈계하리로다

우리의 갈 길을 가르쳐 보이고 주목하여 훈계하실 것이다.

하나님께서는 우리의 미래를 단번에 모두 보여 주시지 않고 하루하루 우리를 인도하시겠다고 약속하신다. 그것은 우리가 '주님을 신뢰'할 때만 가능하다. 그러므로 중요한 결정을 내리기 전에 우리는 항상 주님의 인도하심을 간구해야 한다. 생활의 극히 작은 일들도 주님께 순복하고 신뢰하는 태도로 대해야 한다.

3) 영적인 필요

(1) 에베소서 1:3

에베소서 1:3 찬송하리로다 하나님 곧 우리 주 예수 그리스도의 아버지께서 그리스도 안에서 하늘에 속한 모든 신령한 복을 우리에게 주시되

하나님께서 모든 신령한 복을 우리에게 주셨다.

(2) 빌립보서 4:13

빌립보서 4:13 내게 능력 주시는 자 안에서 내가 모든 것을 할 수 있느니라

우리에게 능력 주시는 그리스도를 통해서 모든 것을 하나님의 뜻대로 할 수 있다.

하나님께서는 모든 사람들이 물질적으로 백만장자가 되게 하지는 않으신다. 어떤 이들은 화려한 저택에서 살고 있지만, 단칸방에서 사는 사람들도 있다. 그러나 하나님께서는 모든 그리스도인들을 영적 백만장자로 만드셨다. 우리의 과제는 하나님께서 우리에게 주신 영적 유산을 누리는 것이다.

인생의 가장 중요한 영적인 필요는 오직 하나님 만이 채워주실 수 있다. 영적인 필요는 마음의 행복과 만족, 죄에 대한 승리, 사탄을 이기고 시련을 직면하는 용기를 말한다. 성경은 다른 어떤 복보다 하나님께서 우리에게 영적인 복을 더욱 풍성하게 주신다고 약속하셨다.

3 하나님을 신뢰할 수 있는 이유

하나님께서 약속을 지키실 것을 신뢰할 수 있는 이유를 적어 보라.

1) 시편 9:10 하나님은 그분을 찾는 자들을 버리지 아니하신다.

2) 시편 115:11 하나님은 우리의 도움이시요 방패시다.

3) 이사야 26:4

이사야 26:4 너희는 여호와를 영원히 신뢰하라 주 여호와는 영원한 반석이심이로다 하나님은 영원히 변치 않으신다.

4) 나훔 1:7

나훔 1:7 여호와는 선하시며 환난 날에 산성이시라 그는 자기에게 피하는 자들을 아시느니라

하나님은 선하시며 환난 날에 산성이시고 그분을 신뢰하는 자들을 돌보신다.

5) 사무엘하 7:28

사무엘하 7:28 주 여호와여 오직 주는 하나님이시며 주의 말씀들이 참되시니이다 주께서 이 좋은 것을 주의 종에게 말씀하셨사오니

하나님의 말씀은 참되시며 하나님은 약속을 지키신다.

4 응답받지 못하는 기도

우리는 3과에서 응답받지 못하는 기도에 대해 조금 다루었다. 하나님의 뜻대로 구하지 않거나(약 4:3), 의심하는 자는(약 1:6-8) 응답받지 못한다고 했다. 이제 조금 더 자세하게 살펴보도록 하자. 구한 것을 그대로 받지 못하는 기도의 경우는 또 어떤 것들이 있을까?

1) 기도의 응답이 오래 지체되는 경우가 있다(예: 메시아의 재림). 이것은 응답받지 못하는 것이 아니라 기도의 응답이 아주 오래 지체된 경우이다. 하나님의 때까지 기다릴 수밖에 없다.

2) 하나님께서 다른 계획을 가지고 계실 때가 있다.

(1) 요셉 (창 41:21)

구덩이에서 살려달라고 애원했으나 형들에게 거절당한 것은 하나님이 요셉에 대해 다른 계획을 가지고 계셨던 것이다.

(2) 예수님 (눅 22:42)

십자가의 잔을 옮겨 달라고 했으나 하나님께서는 들어주지 않으셨다.

(3) 바울 (고후 12:8-9)

바울은 육체의 가시를 제거해 주시기를 세 번 기도했으나 고쳐 주지 않으셨다.

3) 확실한 것은 하나님께서 우리 모두의 기도를 들으신다는 것이다. 어떤 기도든 하나님의 뜻에 합당하게 응답하실 것을 신뢰하라(계 5:8; 8:3-4).

적용

1. 이 과에서 당신에게 가장 의미 있는 것은 무엇인가?

2. 다음의 빈칸에 과거에 응답받은 세 가지 이상의 기도제목을 적고 하나님께 감사하는 기도를 드리라. 만약 응답받은 기도가 없다면 응답받기 원하는 기도를 적어 보라.

기도제목	감사

외울 말씀 예레미야 33:3
너는 내게 부르짖으라 내가 네게 응답하겠고 네가 알지 못하는 크고 은밀한
일을 네게 보이리라

읽을 말씀 사도행전 9-10장

제6과

경건의 시간 시작하기

학 습 목 표 : 날마다 당신의 기도생활이 지속적이고 효과적이 될 수 있도록 한다.

하나님의 아들인 예수 그리스도도 일정한 시간을 정해 하나님 아버지와 교제하셨다. 예수 그리스도보다 더 바쁜 사람은 아마 없을 것이다. 그는 많은 무리들에게 설교하시고 병자를 고치시며, 전도 여행을 떠나시고 제자들을 가르치시느라 아침부터 저녁까지 무척 바쁘신 중에도 홀로 하나님과 지내는 시간을 보내셨다.

고금을 통하여 하나님의 위대한 일을 한 사람들의 기록과 전기들에는 경건의 시간의 필요성이 기록되어 있다. 감리교의 창설자이며 하나님의 능력으로 세계를 진동시킨 위대한 영적 지도자의 한 사람인 존 웨슬리(John Wesley)는 다른 어떤 일보다 기도가 그의 본업이라고 고백했다.

어린 아이가 성장하기 위해서는 음식이 필요한 것과 마찬가지로 우리가 영적으로 성장하기 위해서는 영적 양식이 필요하다. 한 끼 정도 굶는 것은 괜찮겠지만, 일주일을 굶으면 몸이 쇠약해지고 병든다. 영적 생명도 마찬가지다. 성경 공부와 기도는 영적 생활에 절대적인 요소이다. 말씀을 먹고 기도하는 일을 하루쯤 쉴 때는 우리의 영적 생활에 별로 이상이 나타나지 않을지 모르나, 만약 일주일을 중단하면 승리하는 그리스도인의 삶의 능력을 상실하고 말 것이다.

그리스도인의 생활은 전쟁터의 군인과 비교할 수도 있다. 최전선에 나가 있지만 무전기를 통해 사령부와 연결이 되어 있어 수시로 당면한 문제와 어려운 사정을 보고하고, 사령관은 이 보고에 의해 전투 지역의 상황을 파악한 후 명령을 내릴 수 있다.

이처럼 그리스도인들도 하나님이 말씀으로 인도하시고 지시하시는 것을 따라, 그들의 기쁨과 슬픔, 승리와 패배, 그리고 필요한 모든 것을 하나님과 함께 나눌 수 있다. 우리들의 싸움을 지휘하시는 분은 하나님 아버지이시다. 그분은 우리가 취해야 할 조치를 모두 알고 계신다. 그러므로 우리는 그분의 인도하심을 받기 위해 충분한 기도 시간을 마련해야 한다.

1 일정한 시간을 정하라

매일 경건의 시간을 통해 예수 그리스도와 교제하는 개인적인 예배와 묵상을 시작하라. 이렇게 하루를 시작하면 하루 종일 주님과 교제를 지속할 수 있다(시 119:97; 살전 5:17).

1) 각자의 하루 일정이 다양하지만 많은 사람들은 그날의 일과를 시작하기 전, 아침 시간을 선호한다.

(1) 다윗은 '하나님의 마음에 합한 사람'이라 일컬어졌다. 그는 언제 하나님과 교제를 했는가? (삼상 13:14; 행 13:22)

아침

(2) 예수님의 경건의 삶에 대한 두 가지 특징을 적어 보라. (막 1:35)

마가복음 1:35 새벽 아직도 밝기 전에 예수께서 일어나 나가 한적한 곳으로 가사 거기서 기도하시더니

1) 새벽에 일어나셨다.

2) 한적한 곳으로 가셨다.

예수님은 매우 바쁜 일과 속에서도 기도하는 일을 미루지 않으셨다. 그 이유는 무엇인가? 예수님께서는 자신의 사역이 하나님과 홀로 보내는 시간에 달려 있다는 사실을 깨달았기 때문이다. 하나님과 조용한 시간을 갖지 못할 정도로 분주한 사람은 어떤 것도 제대로 하지 못하는 사람이다.

2) 당신이 경건의 시간을 갖기 위한 가장 좋은 때가 언제인지 정하라.

어느 누구도 너무 바빠서 기도와 성경공부에 할애 할 시간이 없다고 말할 수 없다. 우리는 정말 자기가 하고 싶은 일에는 시간을 내기 때문이다. 길든지 짧든지 일정한 시간을 마련하라.

경건의 시간을 쫓기듯이 보내지 말라. 다음 시간에 해야 할 일을 생각하지 말라. 주님과의 교제에 마음을 집중하라. 날마다 일정한 시간에 갖는 것이 효과적이다. 집중하는 짧은 시간이 여러 가지 일로 마음이 분산되는 긴 시간보다 낫다.

2 일정한 장소를 정하라

예배드릴 수 있는 조용한 개인 공간을 찾고 주위가 산만한 곳을 피하라. 개인 공간을 찾을 수 없다면 집중하는 것을 배워야 한다. 자신의 집이나 방에서 경건의 시간을 가질 수 없다면 아래 장소 중 어느 한 곳이 적당할 것이다.

* 학교 운동장 구석 또는 공원
* 학교 도서관의 한쪽 구석
* 당신의 사무실(출퇴근 전후)

개인기도와 성경공부를 하기에 적절한 다른 장소 세 곳을 적어 보라.

1)

2)

3)

마가복음 1:35을 보면 그리스도는 방해를 받지 않고 조용히 지낼 수 있는 장소를 택하셨다. 이것이 경건의 시간의 기본 요소이다. 우리는 시간을 집중하여 전적으로 하나님께 드릴 수 있어야 한다. 가능하면 좋은 장소 곧 교회나 아름다운 자연 경관으로 둘려진 장소가 좋다. 이것이 불가능하다면, 찬송을 부르거나 찬양을 들으며 경건의 시간을 진정한 예배의 시간으로 바꿀 수 있다. 이렇게 하면 하루의 어떤 일과보다 경건의 시간이 더욱 즐거울 것이다.

3 경건의 시간의 목적과 내용

1) 경건의 시간의 목적은 하나님과 개인적이고 깊은 교제를 통해 우리의 영적인 필요를 채우는 것이다.

우리가 다른 사람의 영적 성숙을 돕기 위해서는 우리 자신의 영적 생활이 높은 수준에 있어야 한다. 유(類)는 유(類)를 낳는다.

경건의 시간을 통해 자신의 죄를 발견하고 고백하며 앞에 놓인 일들에 대한 재헌신을 다짐해야 한다. 전날의 영적 싸움을 재정비하고 다음날의 공격을 계획해야 한다.

(1) 당신은 오늘 어떤 영적 필요를 느끼고 있는가?

....

(2) 어제는 어떤 영적 전투를 치렀는가?

....

2) 경건의 시간은 성경공부, 기도, 개인적 예배, 조용한 묵상이 포함된다.

이 모든 요소가 서로 밀접하게 연관되어 있어서 실제로는 동시에 이루어진다. 예를 들어, 감사의 시편이나 찬송의 시편을 읽으며 시작하라. 읽을 때 당신의 마음이 반응하며 계속 감사하는 마음으로 찬양과 경배를 드리게 된다. 로마서 8장과 같은 성경 본문을 읽을 때도 그리스도인으로서 당신에게 적용되는 각각의 진리에 대해 읽는 것을 잠깐 멈추고 하나님께 감사하라. 그렇게 하기 시작할 때, 하나님께 감사하며 찬양할 것이 얼마나 많은지 발견하고 놀라게 될 것이다.

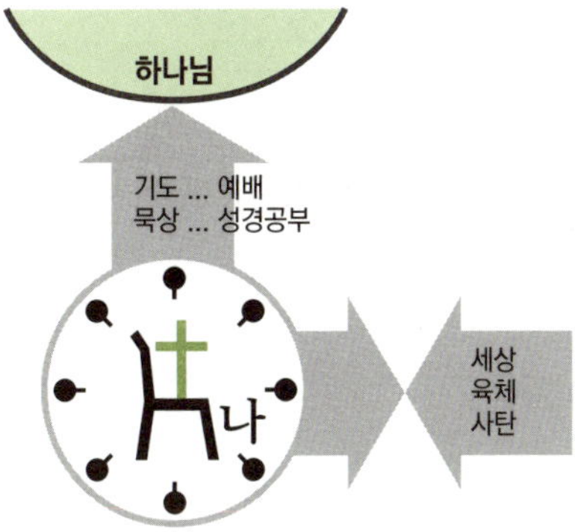

지금 잠시, 시편 103편을 읽고 기도한 후 하나님께서 주시는 가르침에 잠잠히 귀 기울이라. 마음에 어떤 생각이 떠오르면 적어 보고 이것들을 위해 기도하라.

우리의 능력은 돈이나 재능이나 열심과 헌신에 있지 않다. E.M. 바운즈(Bounds)는 다음과 같이 썼다. "교회는 더 좋은 방법들을 찾고 있으나 하나님은 더 나은 사람을 찾고 계신다. 오늘날 교회가 필요한 것은 더 많고 더 좋은 시스템, 더 새로운 조직, 또는 참신한 방법들이 아니라, 성령께서 쓰실 수 있는 사람, 즉 기도의 사람, 기도의 능력이 있는 사람들이다. 성령님은 방법을 통해 역사하시는 것이 아니라 사람을 통해 역사하신다. 그분은 시스템에 임하시는 것이 아니라 사람에게 임하신다. 그분은 계획에 기름 부으시는 것이 아니라 사람들, 즉 기도의 사람들에게 기름을 부으신다."

적용

1. 이 과에서 당신에게 가장 의미 있는 것은 무엇인가?

2. 다음 항목에 해당하는 것을 정해보라.

(1) 나는 매일 경건의 시간을 갖기 위해 다음과 같이 하루 중 일정한 시간을 따로 떼어 놓겠다.

(2) 나는 다음 장소에서 경건의 시간을 가질 것이다.

(3) 내가 일정한 시간과 장소를 정해서 경건의 시간을 갖는 목적은 다음과 같다.

(4) 나는 경건의 시간에 다음과 같은 활동들을 할 것이다.

외울 말씀 이사야 40:31
오직 여호와를 앙망하는 자는 새 힘을 얻으리니 독수리가 날개치며 올라감
같을 것이요 달음박질하여도 곤비하지 아니하겠고 걸어가도 피곤하지
아니하리로다

읽을 말씀 사도행전 11-12장

MEMO